독자의 1초를
아껴주는 정성을
만나보세요!

세상이 아무리 바쁘게 돌아가더라도 책까지 아무렇게나 빨리 만들 수는 없습니다.
인스턴트 식품 같은 책보다 오래 익힌 술이나 장맛이 밴 책을 만들고 싶습니다.
땀 흘리며 일하는 당신을 위해 한 권 한 권 마음을 다해 만들겠습니다.
마지막 페이지에서 만날 새로운 당신을 위해 더 나은 길을 준비하겠습니다.

길벗 IT 도서 열람 서비스

도서 일부 또는 전체 콘텐츠를 확인하고 읽어볼 수 있습니다.
길벗만의 차별화된 독자 서비스를 만나보세요.

더북(TheBook) ▶ https://thebook.io

더북은 (주)도서출판 길벗에서 제공하는 IT 도서 열람 서비스입니다.

[NYUMON] DOMAIN KUDO SEKKEI—KISO TO JISSEN·CLEAN ARCHITECTURE
by Toru Masuda, Hisateru Tanaka, Toshiki Okuzawa, Atsushi Nakamura, Masanobu Naruse, Masanori Onishi
Copyright © 2024 Toru Masuda, Hisateru Tanaka, Toshiki Okuzawa, Atsushi Nakamura, Masanobu Naruse,
Masanori Onishi
All rights reserved.
Original Japanese edition published by Gijutsu-Hyoron Co., Ltd., Tokyo
This Korean language edition published by arrangement with Gijutsu-Hyoron Co., Ltd., Tokyo in
care of Tuttle-Mori Agency, Inc., Tokyo, through Botong Agency, Seoul.

이 책의 한국어판 저작권은 보통 에이전시를 통한 저작권자와의 독점 계약으로 (주)도서출판 길벗에 있습니다.
신저작권법에 의해 한국 내에서 보호를 받는 저작물이므로 무단전재와 복제를 금합니다.

현장에서 통하는 도메인 주도 설계 실전 가이드
Domain-Driven Design in Practice

초판 발행 • 2025년 8월 22일

지은이 • 마스다 토오루, 타나카 히사테루, 오쿠자와 토시키, 나카무라 아츠시, 나루세 마사노부, 오오니시 마사노리
옮긴이 • 이승환
발행인 • 이종원
발행처 • (주)도서출판 길벗
출판사 등록일 • 1990년 12월 24일
주소 • 서울시 마포구 월드컵로 10길 56(서교동)
대표 전화 • 02)332-0931 | **팩스** • 02)323-0586
홈페이지 • www.gilbut.co.kr | **이메일** • gilbut@gilbut.co.kr

기획 및 책임편집 • 정지은(je7304@gilbut.co.kr) | **디자인** • 송민우 | **제작** • 이준호, 손일순, 이진혁
마케팅 • 임태호, 전선하, 박민영, 서현정, 박성용 | **유통혁신** • 한준희 | **영업관리** • 김명자 | **독자지원** • 윤정아

교정교열 • 강민철 | **전산편집** • 책돼지 | **출력 및 인쇄** • 정민문화사 | **제본** • 정민문화사

▶ 이 책은 저작권법의 보호를 받는 저작물로 이 책에 실린 모든 내용, 디자인, 이미지, 편집 구성은 허락 없이 복제하거나 다른 매체에 옮겨 실을 수 없습니다.
▶ 인공지능(AI) 기술 또는 시스템을 훈련하기 위해 이 책의 전체 내용은 물론 일부 문장도 사용하는 것을 금지합니다.
▶ 잘못 만든 책은 구입한 서점에서 바꿔 드립니다.

ISBN 979-11-407-1553-4 93000
(길벗 도서번호 080442)

정가 24,000원

독자의 1초를 아껴주는 길벗출판사

(주)도서출판 길벗 | IT단행본&교재, 성인어학, 교과서, 수험서, 경제경영, 교양, 자녀교육, 취미실용 www.gilbut.co.kr
길벗스쿨 | 국어학습, 수학학습, 주니어어학, 어린이단행본, 학습단행본 www.gilbutschool.co.kr

페이스북 • https://www.facebook.com/gbitbook

현장에서 통하는 도메인 주도 설계 실전 가이드

마스다 토오루, 타나카 히사테루, 오쿠자와 토시키,
나카무라 아츠시, 나루세 마사노부, 오오니시 마사노리 지음
이승환 옮김

Domain-Driven
Design In Practice

추천사

빠르게 변화하는 IT 환경 속에서 그 흐름과 맥락을 정확히 이해하고 따라잡는 것은 쉬운 일이 아닙니다. 새로운 개발 흐름을 단순히 이해하는 것을 넘어, 실제 프로젝트에 성공적으로 적용하기 위해서는 개념에 대한 깊은 이해와 함께 실무에 적용할 수 있는 역량이 필수입니다. 특히 프로젝트 현장에서 다양한 이해관계자들과 소통하고, 복잡한 비즈니스 요구사항을 원만하게 풀어내는 능력은 IT 실무자들에게 요구되는 핵심 역량입니다. 이 책은 IT 실무자들이 도메인 주도 설계를 실무에 적용하기 위해 알아야 할 핵심 개념들을 쉽고 명확하게 정리해 주고 있습니다. 특히 다양한 예제와 실무에 적용한 사례를 통해 실제 업무와의 연결고리를 놓치지 않도록 구성한 점이 매우 인상적입니다. 이를 통해 독자들은 도메인 주도 설계의 필요성과 어떻게 자신의 프로젝트 환경에 도입하고 실행할 수 있는지에 대한 현실적인 감각을 얻을 수 있습니다. 한 번 읽고 끝내는 입문서가 아니라, 프로젝트 현장에서 반복해서 참고할 수 있는 실용적인 안내서가 될 것입니다. 도메인 주도 설계의 개념에 대해 탄탄한 기반을 다지고 싶거나, 당장 자신의 프로젝트에 적용하고자 하는 실무자들에게 이 책을 자신 있게 추천합니다.

김유석_한국정보공학기술사회 회장

소프트웨어 개발이 복잡해지고, 비즈니스 문제를 해결하기 위해 도메인 주도 설계에 대한 관심이 빠르게 증가하고 있는 상황에서, 이 책은 현장에서 바로 사용할 수 있는 한 줄기 단비와 같은 역할을 할 수 있을 것입니다. 복잡한 비즈니스 문제를 해결하기 위해 처음 개발을 시도하는 개발자부터 전문가까지 볼 수 있는 책으로, 현장에서 바로 도메인 주도 설계를 적용하기 위한 도메인의 개념, 도메인 주도 설계 방식, 핵심 내용과 응용 사례까지 전반적으로 설명하고 있습니다. 저자의 다양하고 많은 경험을 기반으로 이해하기 쉽고 구체적으로 설명하면서 다양한 사용자들이 도메인 주도 설계를 바로 적용할 수 있도록 도와줍니다.

이 책을 처음부터 끝까지 읽고 나면, 복잡한 비즈니스 문제를 해결하고 복잡한 소프트웨어를 개발할 때 도메인 주도 설계 방식을 어떻게 적용할지에 대해 한 단계 더 성장한 자신의 모습을 발견하게 될 것입니다.

마치 도메인 주도 설계를 알려주는 인생의 멘토를 만난 것처럼!

심형광_한국아이디정보 연구소장

DOMAIN DRIVEN DESIGN

소프트웨어 개발은 단순히 코드를 작성하는 일을 넘어, 다양한 실무 관계자들이 복잡한 비즈니스 문제를 해결해 나가는 과정입니다. 많은 IT 프로젝트가 처음의 계획과 달리 실패로 이어지는 이유 중 상당수는 소프트웨어가 해결하고자 하는 업무 영역(도메인)에 대한 이해 부족에서 비롯됩니다. 성공적으로 소프트웨어를 개발하려면 업무 이해관계자와의 소통과 협업을 강화해야 하며, 요구사항 분석부터 설계와 구현, 테스트에 이르는 개발 과정의 문제 해결을 위한 깊이 있는 통찰이 필수입니다. 이 책은 그러한 과정을 도메인 주도 설계라는 나침반을 통해 안내하고 있습니다.

단순한 기술 중심의 사고를 넘어 '기술'과 '비즈니스'가 서로 소통하고 조화를 이루는 방식을 자연스럽게 익히게 될 것입니다. 개발자에게는 유지보수와 확장이 유연한 코드를 설계하는 구체적인 방법을, 프로젝트를 이끄는 PM이나 실무자에게는 개발자와 효과적으로 협업할 수 있는 사고의 틀을 이해하도록 도움을 줄 것입니다. 경영자에게는 기술적 의사결정이 왜 비즈니스 성과에 직접적인 영향을 주는지를 자연스럽게 전달합니다.

DDD의 개념을 좀 더 쉽게 이해하고 싶은 분, 개발자와 실무자 간의 더 나은 소통을 고민하는 분, 소프트웨어 이해관계자 모두가 공감하는 성공적인 프로젝트를 만들고자 하는 모든 분께 이 책을 추천합니다.

남우기_한국정보통신기술사회 회장

이 책은 DDD의 핵심 개념과 원칙을 체계적으로 정리하여 초심자도 쉽게 이해하고 기초를 다질 수 있도록 명확하게 설명하고 있습니다. 실무에서 바로 활용할 수 있는 실용적 가이드와 더불어, 실제 현업에서 자주 접하는 복잡한 비즈니스 규칙을 풍부한 예제와 도메인 모델로 체계화하여 실질적 이해를 돕습니다. 또한, 잘 알려진 소프트웨어 아키텍처의 다양한 패턴들을 DDD 관점에서 재해석하여 아키텍처와 DDD의 통합 활용 방안을 명확히 제시합니다. 다양한 현장 중심 실무 사례를 통해 이론과 실제 간의 간극을 좁히며, 프로젝트 상황에 특화된 현실적인 해결책을 제시하여 독자에게 폭넓은 시각을 선사합니다.

소프트웨어 개발의 결과뿐 아니라 과정의 가치를 중요하게 생각하는 모든 개발자에게 이 책을 권합니다. 실전에 적용하는 순간, 비즈니스 요구사항을 정확히 반영한 탄탄한 소프트웨어 설계 능력과 함께 개발 역량이 한 단계 도약하는 경험을 얻게 될 것입니다.

이기용_현대오토에버

옮긴이의 말

IT 기술의 변화 속도에 비해 조직의 개발 방법론과 문화는 상대적으로 더디게 변화하는 경우가 많습니다. 이러한 간극은 비효율적인 개발과 수많은 이해관계자 간의 갈등으로 이어지곤 합니다. 지난 20여 년간 크고 작은 개발 프로젝트를 경험하면서, 어떻게 하면 프로젝트에 참여한 조직이 같은 방향을 바라보며 효율적으로 협업할 수 있을까 하는 고민이 늘 있었습니다. 도메인 주도 설계는 그런 점에서 하나의 방향을 제시해 줍니다. 단순히 기술적인 혁신이나 도구에 의존하는 데 그치지 않고, 개발자와 실무자가 서로 어떻게 협력하고 성장할 수 있는지에 대한 사려 깊은 통찰을 제공합니다. 특히 이 책 저자의 오랜 실무 경험에서 비롯된 고민과 통찰을 예시 형식으로 정리한 내용은 이론과 실무를 이어주는 다리 역할을 하며 독자들이 자연스럽게 실천 전략을 습득하게 합니다.

도메인 주도 설계라는 개념이 등장한 지도 상당한 시간이 흘렀지만, 난해한 개념과 실무와의 괴리 때문에 여전히 도입하기 꺼리거나 적용하는 데 어려움을 겪는 기업이나 조직이 많습니다. 이 책은 도메인 주도 설계에 대한 단순한 개념이나 도구를 소개하는 데 그치지 않고, 변화하는 IT 개발 환경 속에서 어떻게 하면 효율적인 개발 프로젝트를 수행할 수 있을지에 대한 더 나은 원칙과 실천 방향을 제시하고 있습니다. 애자일, 데브옵스와 같은 방법론에 익숙한 분들은 물론, 도메인 주도 설계를 처음 접하는 분들에게도 의미 있는 길잡이가 되어줄 것이라 믿습니다.

번역 과정에서 국내 개발 환경과 괴리가 있거나 실무에서 사용하기에 낯선 용어도 있었지만 최대한 한국어로 자연스럽게 전달하기 위해 고민했습니다. 특히 원서에서 제시하는 기본 용어에 대한 개념을 국내 개발 정서에 맞게 표현하고, 실무에서 바로 사용할 수 있도록 용어의 선택이나 문장의 흐름에도 깊게 고민했습니다. 급변하는 IT 기술 환경 속에서 과거의 조직 문화나 경직된 업무 방식을 유지하려는 오래된 습성은 자칫 프로젝트의 성패에 큰 영향을 미치기도 합니다. 이 책이 도메인 주도 설계의 개념을 좀 더 쉽게 이해하고 나아가 실무자와 프로젝트 조직을 더 나은 방향으로 이끌어 가는 견인차 역할을 할 수 있기를 기대합니다.

끝으로 번역과 출간의 긴 여정 동안 믿고 애써 주신 출판사 관계자분들께 감사드리며, 무엇보다도 변함없이 아낌없는 격려를 보내준 아내에게 진심으로 감사의 마음을 전합니다.

이승환

베타 리더 후기

DOMAIN DRIVEN DESIGN

점차 복잡해지는 서비스 환경에서 업무 도메인별로 프로세스와 규칙을 명확히 이해하고 이를 기반으로 개발하기 위한 설계 원칙을 다룹니다. 그뿐만 아니라 이를 통해 변화할 수 있는 비즈니스 업무 정책에 따라 서비스를 더 쉽게 개발하고 변경하기 위한 관점을 정리하여 단순화할 수 있는 접근법도 설명합니다. 특히 책에서 다루는 도메인 모델의 목적과 활용 방법 및 설계와 계층 구조, 아키텍처에 관한 내용을 실제 예시와 함께 소스 코드를 통해서 설명하고 있어 이해를 돕습니다. 책의 내용을 기반으로 실무에 접목하여 도메인 모델을 이해하고 이를 통해 업무 단위별 도메인 로직을 분리하고 독립시킴으로써 효과적인 개발 생산성을 높여 주는 데 도움이 될 것입니다.

최인주_에스에스지닷컴

도메인 주도 설계의 핵심은 '어떻게 구현하느냐'보다 '무엇을 설계하고, 왜 그렇게 설계하는가'를 깊이 이해하는 데 있습니다. 우리는 소프트웨어를 개발할 때 가장 불투명하고 가장 모르는 시점에 가장 중요한 결정을 내려야 합니다. 그러므로 코드보다 도메인을 충분히 이해하고, 업무 로직을 중심으로 설계하며, 점진적으로 개선할 수 있게 해야 합니다. 이 책은 도메인에 집중하는 사고방식과 설계 전략을 흐름에 맞게 짚어주며, 복잡한 비즈니스 속에서 우리가 어디에 집중하고, 무엇을 기준으로 판단해야 하는지를 명확히 알려줍니다. 특히 유비쿼터스 언어를 활용해 이해관계자와 협업하며 도메인 중심으로 문제를 해결하는 방식을 강조하고, 현장에서 팀과 함께 현실적인 설계를 발전시키는 구체적인 방법도 제시합니다. 이 책을 통해 많은 분이 도메인 주도 설계의 핵심 가치를 공감하고, 더 쉽게 입문하길 바랍니다.

이윤선_백엔드 개발자

실무 중심의 예제와 실제 경험이 잘 녹아 있어, 도메인 주도 설계의 핵심 개념을 좀 더 용이하게 이해할 수 있었습니다. DDD 이론이 현장 상황에 맞게 구체적으로 설명되어, 바로 적용해 보고 싶은 동기를 얻을 수 있었습니다.

장성일_DONGKUK SYSTEMS

이 책은 도메인 주도 설계를 이해하고 적용하기 위한 핵심 개념들을 잘 정리해 주는 책입니다. 단순한 설명을 넘어, 왜 DDD가 필요한지, 그리고 어떻게 접근해야 하는지를 다양한 사례와 함께 설득력 있게 풀어냅니다. 또한 현실적인 제약 속에서도 DDD를 도입할 수 있는 방법과 방향을 함께 제시해 준다는 점이 인상 깊었습니다.

서재완_프런트엔드 개발자

구체적인 예제와 명확한 설명 덕분에 도메인 주도 설계를 쉽게 이해할 수 있었습니다. 다양한 예제 코드와 프로세스 흐름이 자연스럽게 이어져, 다양한 경험 수준의 독자들에게 많은 도움이 될 것으로 기대합니다. 전체적으로 알찬 내용으로 구성되어 있어, 현업 개발자들에게 추천하고 싶은 좋은 책입니다.

이기하_OPDC

DOMAIN DRIVEN DESIGN

DDD에 대한 책은 많습니다. 하지만 도메인을 이토록 쉽고, 간결하고, 명확하게 설명하는 책은 없었습니다. 에릭 에반스의 〈도메인 주도 설계〉가 추상적이라면, 이 책은 구체적이고 명확합니다. 무엇보다 핵심을 간결하고 쉽게 설명합니다. 도메인 주도 설계가 모호하거나 어렵다고 느끼는 분들이 이 책을 보면 생각이 바뀔 것입니다. 이 책으로 도메인 주도 설계의 핵심을 '제대로' 배울 수 있습니다.

김동우_스타트업 백엔드 개발 및 PM

1장   도메인 주도 설계 입문: 개념과 설계 방식 이해하기 ····· 013

1.1 도메인 주도 설계란?: 설계의 개념을 이해하기 위한 기초 지식   014
  1.1.1 들어가기 전에   014
  1.1.2 도메인 주도 설계의 개념 이해하기   015
  1.1.3 도메인 모델을 활용하기   017
  1.1.4 도메인 지식을 내재화하기   018
  1.1.5 의사소통할 때 공통 언어 사용하기   020
  1.1.6 모델과 구현을 연결하기   022
  1.1.7 애플리케이션 개발과 도메인 주도 설계   023
  1.1.8 도메인 주도 설계와 객체지향 프로그래밍   029
  1.1.9 도메인 주도 설계와 애자일 소프트웨어 개발   030
  1.1.10 요약   030

1.2 도메인 모델을 이해하자: 업무 지식을 소프트웨어로 정확하게 표현하기 위한 개념   031
  1.2.1 도메인 모델의 세 가지 사용법   031
  1.2.2 업무 로직을 기술하는 방법 비교하기   032
  1.2.3 비즈니스 활동의 모델 만들기   034
  1.2.4 도메인 모델을 만들기 위한 기초 지식   037
  1.2.5 모델 주도 설계의 구성 요소   042
  1.2.6 도메인 모델을 발전시키기   050

1.3 분산 아키텍처와 도메인 주도 설계: 모델과 구현을 연결하기 위한 세 가지 설계 패턴   051
  1.3.1 전략적인 설계   051
  1.3.2 분산 아키텍처란?   053
  1.3.3 도메인 주도 설계 도입하기   058
  1.3.4 서비스 간 연동 방법과 도메인 주도 설계   060
  1.3.5 핵심 도메인에 집중하기   063
  1.3.6 요약   066

1.4 도메인 주도 설계를 개발 프로세스에 도입하기: 다양한 현장에서 바라본 네 가지 관점   066
  1.4.1 도메인 주도 설계를 적용하기 쉬운 개발 방법은?   066
  1.4.2 개발 프로세스에 도입할 때 네 가지 관점   067
  1.4.3 도메인 지식을 얻기 쉬운 환경 만들기   068
  1.4.4 업무 규칙을 효과적으로 도출하기   069
  1.4.5 팀에서 도메인 지식 공유하기   070
  1.4.6 현실의 제약 속에서 도메인 주도 설계를 계속 적용하기   072

1.4.7 적용 사례 ① – 적절한 팀 구성　074
1.4.8 적용 사례 ② – 상세 설계서를 프로그래밍 언어로 작성　076
1.4.9 적용 사례 ③ – 스케줄 관리 방법의 연구　078

1.5 도메인 주도 설계 패턴명 및 용어집: 용어 해석 길라잡이　081
1.5.1 단어의 의미를 생각하기　081
1.5.2 도메인 모델과 관련된 패턴과 용어　082
1.5.3 전략적 설계와 관련된 패턴과 용어　086
1.5.4 도메인 모델을 사용하는 패턴과 용어　089

2장　도메인 주도 설계 실천 가이드: 이론에 앞서 응용력을 기르자 …… 091

2.1 도메인 주도 설계의 개요: 본래의 목적을 다시 확인하고 경량 DDD에서 탈피하기　092
2.1.1 도메인 주도 설계란?　092
2.1.2 도메인 주도 설계의 특징　093
2.1.3 도메인 주도 설계의 설계 기법 이해하기　096
2.1.4 경량 DDD　097
2.1.5 본래의 도메인 주도 설계에 집중하기　099
2.1.6 기초가 되는 설계 기법　099
2.1.7 핵심이 되는 설계 기법　102
2.1.8 전체를 연계하는 설계 기법　104
2.1.9 요약　108

2.2 유비쿼터스 언어: 정의와 효과를 이해하고 팀에서 실천해 보기　109
2.2.1 들어가기 전에　109
2.2.2 유비쿼터스 언어란?　110
2.2.3 유비쿼터스 언어의 도입을 실천하기　112
2.2.4 유비쿼터스 언어를 만들어 보기　113
2.2.5 유비쿼터스 언어의 장점을 전파하기　117
2.2.6 팀원들과 함께 유비쿼터스 언어를 결정해 보기　119
2.2.7 유비쿼터스 언어 수립을 유형화하기　120
2.2.8 마지막으로　125

2.3 이벤트 스토밍: 도메인을 해석해 모델 만들기   125
- 2.3.1 이벤트 스토밍을 통한 모델링   125
- 2.3.2 빅 픽처   128
- 2.3.3 비즈니스 프로세스 모델링   131
- 2.3.4 소프트웨어 시스템 모델링   139
- 2.3.5 피드백 루프   142
- 2.3.6 요약   143

2.4 이벤트 소싱: 이벤트 스토밍 다이어그램 기반으로 구현하기   144
- 2.4.1 이벤트 스토밍 다이어그램 사례   144
- 2.4.2 이벤트를 전제로 하지 않는 구현   146
- 2.4.3 이벤트 중심의 구현   148
- 2.4.4 이벤트 소싱을 통한 구현   149
- 2.4.5 이벤트 스토밍과 이벤트 소싱   159
- 2.4.6 인프라스트럭처 구성   160
- 2.4.7 요약   161

3장 클린 아키텍처란 무엇인가: 개발에 활용할 수 있는 설계의 핵심을 알아보자 ······ 163

3.1 클린 아키텍처의 용어: 블로그, 책, 시대적 배경에서 용어 의미를 이해하기   164
- 3.1.1 클린 아키텍처란   164
- 3.1.2 아키텍처와 소프트웨어 설계   168
- 3.1.3 도메인 주도 설계와 클린 아키텍처   172

3.2 클린 아키텍처의 본질에 접근하기: 관심사 분리, 동심원 그림, SOLID 원칙의 요점   174
- 3.2.1 관심사 분리   174
- 3.2.2 전형적인 클린 아키텍처의 예   176
- 3.2.3 SOLID 원칙의 요점 파악하기   180
- 3.2.4 테스트 용이성의 확보   186
- 3.2.5 아키텍처 설계 사례   187
- 3.2.6 마무리   188

DOMAIN DRIVEN DESIGN

3.3 소스 코드로 이해하기: 전형적인 시나리오에서 클린 아키텍처의 핵심을 도출하자 189
    3.3.1 진형적인 시나리오 189
    3.3.2 실천으로 이어지는 변화 200
    3.3.3 요약 204

3.4 응용 프로그램을 통해 이해하기: 강한 결합→느슨한 결합→클린 아키텍처 체감하기 205
    3.4.1 들어가기 전에 205
    3.4.2 애플리케이션의 사례 206
    3.4.3 강한 결합 애플리케이션의 구조와 그 과제 207
    3.4.4 강한 결합의 과제 210
    3.4.5 느슨한 결합과 리팩터링 210
    3.4.6 비클린 아키텍처의 과제 217
    3.4.7 클린 아키텍처를 향한 리팩터링 219
    3.4.8 불안정한 클린 아키텍처와 안정적인 클린 아키텍처 224
    3.4.9 요약 226

3.5 실전 모바일 앱 개발: 앱 아키텍처 가이드를 기반으로 현실적인 방법을 생각하기 227
    3.5.1 들어가기 전에 227
    3.5.2 앱 아키텍처 가이드 227
    3.5.3 MVVM 아키텍처 228
    3.5.4 모듈화 229
    3.5.5 안드로이드 앱에서의 클린 아키텍처 230
    3.5.6 요약 235

찾아보기 236

1장

도메인 주도 설계 입문: 개념과 설계 방식 이해하기

1.1 도메인 주도 설계란?: 설계의 개념을 이해하기 위한 기초 지식

1.2 도메인 모델을 이해하자: 업무 지식을 소프트웨어로 정확하게 표현하기 위한 개념

1.3 분산 아키텍처와 도메인 주도 설계: 모델과 구현을 연결하기 위한 세 가지 설계 패턴

1.4 도메인 주도 설계를 개발 프로세스에 도입하기: 다양한 현장에서 바라본 네 가지 관점

1.5 도메인 주도 설계 패턴명 및 용어집: 용어 해석 길라잡이

1.1 도메인 주도 설계란?: 설계의 개념을 이해하기 위한 기초 지식

이번 절에서는 '도메인이란 무엇인가?', '어떤 설계 기법인가?'라는 주제로 도메인 주도 설계의 근본적인 개념을 설명합니다. 또한 〈도메인 주도 설계〉에서 제시하는 애플리케이션 개발, 객체지향, 애자일 개발 세 가지 관점에서 도메인 모델의 활용 방법을 살펴볼 것입니다. 이렇게 설계의 개념을 하나씩 풀어 나가면서 도메인 주도 설계의 기본을 이해해 봅시다.

1.1.1 들어가기 전에

도메인 주도 설계란 무엇일까요? 소프트웨어 개발에서 어떠한 개념과 설계 방식을 도메인 주도 설계라고 부르는 것일까요? 1.1절에서는 도메인 주도 설계의 요점을 정리하여 설명합니다.

계속해서 1.2절에서는 도메인 주도 설계의 중심이 되는 도메인 모델을 만들고 사용하는 방법을 설명합니다. 1.3절에서는 도메인 주도 설계가 주목받고 있는 이유 중 하나인 마이크로서비스와 같은 분산 아키텍처와의 관계를 다루고, 1.4절에서는 개발 현장에서 도메인 주도 설계를 도입하는 데 참고할 만한 소프트웨어 개발 사례를 소개합니다. 마지막 1.5절에는 도메인 주도 설계의 패턴과 관련된 용어를 정리합니다.

도메인 주도 설계의 확산

〈도메인 주도 설계〉(위키북스, 2011)는 거의 20년 전에 출간되었습니다.[1] 기술서로는 비교적 오래된 책이라 할 수 있습니다. 출간 초기에는 객체지향 소프트웨어 개발자를 중심으로 상당한 반향을 일으켰습니다.

최근 들어 마이크로서비스 등 분산 아키텍처 설계에 도메인 주도 설계 기법을 도입하거나 애자일 제품 개발을 위한 접근법으로 도메인 주도 설계를 참고하는 경우가 많아지고 있습니다. 게다가 기간계 시스템의 설계에도 도입하는 사례가 생겨나고 있습니다. 20년 전과 달리 객체지향 프로그래밍이 보편화된 것도 도메인 주도 설계가 널리 관심을 받게 된 이유 중 하나일 것입니다.

---

[1] 원서 〈Domain-Driven Design: Tackling Complexity in the Heart of Software〉는 2003년에 출간되었습니다.

1.1.2 도메인 주도 설계의 개념 이해하기

도메인 주도 설계가 전제하는 개념은 그림 1-1과 같습니다. 도메인 주도 설계로 소개되는 유비쿼터스 언어, 경계 컨텍스트(bounded context, 경계가 분명한 컨텍스트), 값 객체, 애그리게이트(aggregate), 리포지터리 등 다양한 패턴은 이와 같은 개념을 전제로 소프트웨어를 설계하기 위한 도구입니다.

▼ 그림 1-1 도메인 주도 설계가 전제하는 개념

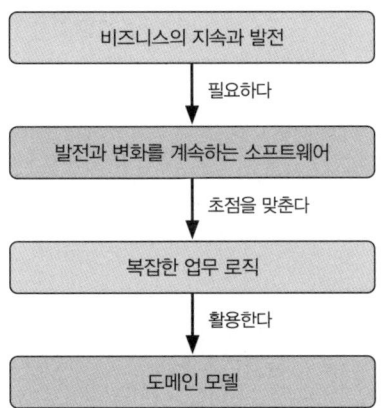

※ 〈도메인 주도 설계〉를 참고해 작성함

도메인 주도 설계의 기본 개념을 이해하면 각 패턴의 목적과 사용법이 명확해집니다. 도메인 주도 설계의 기본 개념을 이해하지 못하면 패턴의 의도를 잘못 이해하거나 엉뚱한 용도로 사용할 수 있습니다. 먼저 도메인 주도 설계의 기초가 되는 개념을 제대로 이해하는 것부터 시작해 보겠습니다.

비즈니스 활동의 발전과 소프트웨어 설계

도메인이란 소프트웨어가 대상으로 하는 영역입니다. 업무용 애플리케이션이라면 비즈니스 활동 자체가 도메인입니다.

애플리케이션의 대상 영역인 비즈니스 활동이나 업무 내용을 먼저 이해하는 것은 소프트웨어 개발에 있어서 당연한 것으로, 도메인 주도 설계만의 고유한 개념은 아닙니다.

예를 들어, 일반적인 소프트웨어 개발은 그림 1-2와 같은 V 모델로 볼 수 있습니다. 도메인 주도 설계의 목표는 V 모델에서 최상위의 비즈니스와 최하위의 소프트웨어를 직접적으로 강하게 연결하는 것입니다. 또한 도메인 주도 설계는 비즈니스 환경이 변하고 발전하는 동안에도 계속해서 존속하는 것을 목표로 합니다.

> 비즈니스 활동의 지속과 발전을 위해서는 비즈니스 환경의 변화와 함께 계속해서 진화하는 소프트웨어가 필요합니다.

이것이 도메인 주도 설계의 근본이 되는 개념입니다. 즉, 〈도메인 주도 설계〉란 계속 진화하는 소프트웨어를 만들어 내기 위한 개념과 설계 방식을 에릭 에반스의 지식과 경험을 기초로 정리한 것입니다.

▼ 그림 1-2 시스템 개발의 V 모델

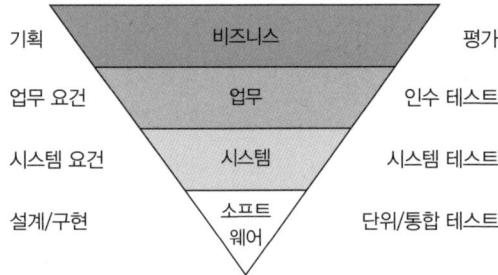

도메인의 복잡성에 초점을 맞추기

〈도메인 주도 설계〉의 서문에서는 다음과 같은 내용이 있습니다.

> 많은 애플리케이션에 있어 제일 중요한 복잡성이라는 것은, 기술적 복잡성이 아니다. 복잡한 것은 **도메인 그 자체**, 즉 사용자 활동과 비즈니스에 있다.
>
> 대부분의 소프트웨어 개발 프로젝트에서는 **도메인과 도메인 로직**에 초점을 맞추어야 한다.

에반스는 소프트웨어가 복잡해지는 근본적인 원인이 소프트웨어가 대상으로 하는 영역(도메인)의 복잡성 때문이라고 생각했습니다. 그래서 업무용 애플리케이션을 개발할 때는 업무 프로세스와 업무 규칙을 이해하고, 이를 바탕으로 소프트웨어를 개발하는 것이 핵심 과제라고 말합니다.

그렇다면 업무 프로세스나 업무 규칙은 구체적으로 어떤 것일까요? 〈도메인 주도 설계〉에서는 복잡한 업무 규칙의 예를 다음과 같이 설명하고 있습니다.

- 비즈니스 분야: 국제 해상 컨테이너 운송
- 업무 규칙:
    - 오버부킹 규칙
    - 경로 선택 규칙
    - 위험물 격납 규칙

- 비즈니스 분야: 신디케이트 론(Syndicated Loan)
- 업무 규칙:
    - 융자 한도와 융자의 분담 규칙
    - 수수료의 배분 규칙
    - 원금 상환의 배분 규칙
    - 금리의 배분 규칙

이런 용어들은 대부분 소프트웨어 개발자에게는 생소할 것입니다. 도메인 주도 설계는 이렇게 개발자에게 생소한 업무 영역을 대상으로 애플리케이션을 개발할 때 사용하는 개념과 설계 방식입니다.

이러한 업무 규칙은 비즈니스 이익에 미치는 영향이 커질수록 점점 복잡해집니다. 복잡한 비즈니스 환경이나 고객 트렌드 변화에 적응하기 위해 끊임없이 규칙을 추가하거나 조정하지 않으면 비즈니스를 존속하기가 어려워집니다.

업무 규칙이 변하면 이에 따라 업무 애플리케이션도 수정해야 합니다. 끊임없는 업무 규칙의 변화에 따라 소프트웨어를 더 쉽게 변경하려면 어떻게 해야 할까요? 이를 위한 개념 및 설계 방식이 도메인 주도 설계입니다.

1.1.3 도메인 모델을 활용하기

도메인 주도 설계에서는 복잡한 업무 규칙이 적용된 소프트웨어를 쉽고 안전하게 변경하기 위해 어떤 기법을 사용할까요? 그 중심이 바로 **도메인 모델**입니다.

모델은 방대한 정보 중에서 핵심을 단순하고 알기 쉽게 정리한 구조입니다. 도메인 모델은 소프트웨어의 대상 영역(도메인)인 비즈니스 활동의 복잡한 부분을 요점으로 정리하고 단순화한 것입니다.

모델은 인간의 머릿속에 만들어지는 이미지입니다. 머릿속 이미지를 표현하는 방법은 다음처럼 다양합니다.

- 자연어(대화나 문서)
- 그림 등의 시각적 표현
- 프로그래밍 언어

모델을 표현하는 방법으로 정형화된 문서나 그림을 중시하는 기법이 있습니다. 하지만 도메인 주도 설계는 이런 기법보다 가벼운 대화나 대략적인 스케치(Rough Sketch) 등을 중시합니다. 또한 형식적으로 모델을 표현하는 데에 프로그래밍 언어를 사용합니다. 모델을 소스 코드로 표현하기를 중시하는 것도 도메인 주도 설계의 한 가지 특징입니다.

도메인 주도 설계에서는 도메인 모델을 세 가지 목적(그림 1-3)으로 사용합니다.

▼ 그림 1-3 도메인 모델의 활용 방법

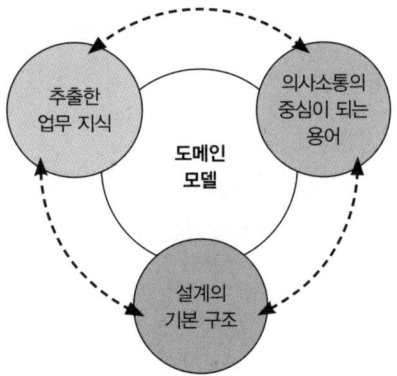

앞서 설명한 '국제 해상 컨테이너 운송'이나 '신디케이트 론'을 처리하는 애플리케이션을 만들려면 도메인 모델을 어떻게 활용할 수 있을까요? 모델을 활용하는 방법은 〈도메인 주도 설계〉에 설명되어 있습니다.

- 1장: 지식 탐구
- 2장: 의사소통과 언어 사용
- 3장: 모델과 구현의 연계

이런 도메인 모델의 활용 방법에 대해 차례로 살펴보겠습니다.

1.1.4 도메인 지식을 내재화하기

복잡한 업무 규칙을 이해하고 소프트웨어를 개발하려면 개발자는 해당 사업의 업무 방식을 이해하고 있어야 합니다. 우선 학습한 내용을 정리해서 중요한 부분을 찾아내고, 그다지 중요하지 않은 정보는 일단 따로 분류해 둡니다.

예를 들어, 해상 컨테이너 운송의 오버부킹 규칙[2]을 배울 때는 다음과 같은 간단한 업무 지식부터 이해해야 합니다(그림 1-4).

▼ 그림 1-4 오버부킹의 간단한 모델

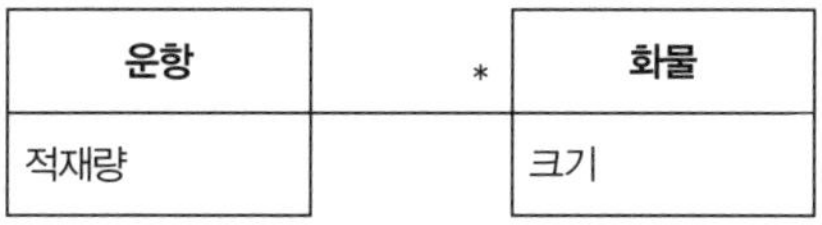

운항	*	화물
적재량		크기

- 한 번의 (선박) 운항으로 여러 화물을 운반한다.
- 운항에는 적재량이 정해져 있다.
- 화물에는 각각의 크기가 있다.

이러한 기초적인 지식이 있다면 다음의 규칙도 자연스럽게 이해할 수 있을 것입니다.

- 오버부킹 규칙: 화물 크기의 총합은 적재량의 110%까지만 예약할 수 있다.

이 정도의 간단한 규칙이라면 코드 몇 줄로 쉽게 작성할 수 있을 것입니다.

지속적인 학습과 깊이 있는 이해

실제 오버부킹 규칙은 이렇게 단순하지 않습니다. 업무 지식을 넓혀가다 보면 다음과 같은 요구사항을 접하게 될 것입니다.

- 주요 고객의 우대
- 특정 화물의 우선순위
- 계절과 항로에 따른 허용 범위의 차이

이처럼 도메인(대상 영역)에 대해 지속적으로 학습하고 요구사항을 파악하는 것은 소프트웨어 개발에서 중요한 활동입니다. 요구사항이 구체적이고 상세하게 작성되어 있으면 소프트웨어로 업무 규칙을 구현하는 것 자체는 그리 어렵지 않습니다.

그러면 왜 이와 같은 규칙이 있는 걸까요? 거기까지 이해할 수 있으면 소프트웨어 설계의 품질이 크게 향상될 것입니다.

---

[2] 해상 운송에서 오버부킹이란 한 번의 운항으로 선박에 실을 수 있는 적재량보다 더 많은 화물 예약을 받는 영업 전략을 말합니다.

운송업은 예약 취소가 빈번하게 발생하는 분야입니다. 적재량에 비해 예약이 부족하면 그만큼 매출이 줄어들게 됩니다. 반면에 적재량 이상으로 과도하게 예약을 받으면 적재할 수 없는 화물이 발생할 것입니다. 예약을 받았는데 운송할 수 없다면 결국 고객의 신뢰를 잃습니다. 이것을 피하려고 초과한 물량을 다른 운송 수단으로 실어 보낸다면 운송 비용이 늘어나 이익이 줄어들 것입니다.

이처럼 오버부킹은 사업의 매출과 이익을 좌우하는 중요한 경영 과제입니다. 또한 예약과 취소 데이터를 분석해서 오버부킹 규칙을 최적화하는 것은 비즈니스의 존폐를 좌우할 정도로 중요합니다.

이런 부분까지 이해할 수 있다면, 단순히 몇 줄의 if 문으로 오버부킹 규칙을 작성하는 설계로는 부족하다는 것을 알게 될 것입니다. 도메인 주도 설계는 업무를 깊이 이해하고 업무 규칙을 동작하는 소프트웨어로 구현하는 개념과 설계 방식입니다.

1.1.5 의사소통할 때 공통 언어 사용하기

앞에서 설명한 깊이 있는 오버부킹 지식을 습득하기 위해서는 그림 1-5와 같이 다양한 출처의 정보를 수집, 해석, 정리하는 과정이 필요합니다. 이러한 지식을 습득하는 데는 두 가지 문제가 있습니다.

- 출처마다 용어와 표현 방법이 다르다.
- 알고 싶은 것 이외의 정보가 대량으로 포함되어 있다.

이와 같은 문제를 해결하는 데 도메인 모델을 사용할 수 있습니다.

▼ 그림 1-5 오버부킹 지식의 출처

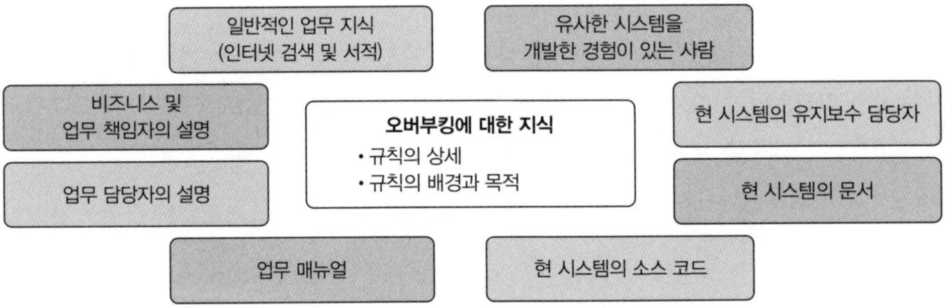

용어와 표현이 다를 경우

업무에 대한 지식이 없으면 담당자와 대화가 거의 통하지 않습니다. 우선 사전 지식으로 기본적인 용어와 그 의미를 알기 위해 인터넷 검색을 하거나 책을 읽어 보기를 추천합니다.

어느 정도 지식이 쌓이면 업무 담당자의 말을 조금씩 이해하게 될 것입니다. 담당자뿐만 아니라 업무 책임자나 비즈니스 책임자의 이야기를 들어 볼 기회가 생길지도 모릅니다. 업무 매뉴얼이 있다면 그것도 중요한 정보입니다. 시스템 측면에서는 현 시스템의 문서, 소스 코드, 유지보수 담당자의 설명, 유사한 시스템을 개발해 본 경험이 있는 사람의 설명 등도 귀중한 정보가 될 수 있습니다.

하지만 출처마다 용어와 표현이 다를 수 있습니다. 같은 용어의 의미가 미묘하게 다르거나, 부서에 따라서는 같은 의미의 용어를 다른 이름으로 부르는 경우가 있을 수도 있습니다.

일반적인 업무 용어와 특정 기업 내부에서 사용하는 용어가 일치하지 않을 수도 있고, 부서 간에 사용하는 용어가 다를 수도 있습니다. 부서 간 담당자가 같은 용어를 사용한다고 하더라도 업무를 바라보는 관점이나 중요하게 생각하는 부분이 다를 수도 있습니다.

또한 업무에서 사용되는 용어와 시스템 구현에 사용되는 용어가 일치하지 않을 수 있습니다. 유지보수 담당자의 설명과 실제 문서나 소스 코드가 일치하지 않는 경우도 있습니다. 유사한 시스템을 개발해 본 경험자는 그 시스템만의 독자적인 용어나 표현을 사용할 수도 있습니다.

도메인 주도 설계의 **유비쿼터스 언어**는 이러한 용어의 불일치 문제를 해결하기 위한 도구입니다. 간단하게 말해서 '같은 언어를 사용하여 개발한다'라는 것이 유비쿼터스 언어의 핵심 개념입니다.

유비쿼터스 언어

유비쿼터스(ubiquitous)는 '언제 어디서나'라는 의미의 단어입니다. 업무 전문가와 소프트웨어 개발 전문가가 서로 다른 용어를 사용하는 것이 아니라, 소프트웨어 개발의 다양한 활동을 통해 일관되게 '같은 용어를 사용해 소프트웨어를 개발하자'라고 하는 것입니다.

하지만 개발 업무에 따라 사용되는 용어의 수는 방대합니다. 이 모든 용어를 일일이 찾아서 정의하는 방식은 현실적이지 않습니다.

우선 당면한 과제에서 중요한 용어들을 선별합니다. 선별한 용어를 모두가 의식적으로 사용하면, 그 용어가 중심이 되어 그 주변 용어도 일치하게 된다는 것이 도메인 주도 설계에서 말하는 유비쿼터스 언어의 개념입니다. 이렇게 중심이 되는 용어들의 집합이 바로 도메인 모델입니다.

앞서 예시로 든 해상 컨테이너 운송에서는 운항, 적재량, 화물, 크기 등이 도메인 모델의 기본 용어가 됩니다. 도메인 모델이 커짐에 따라 중심이 되는 용어가 많아지고, 같은 용어를 사용해서 개발할 수 있는 범위가 넓어집니다.

유비쿼터스 언어는 업무에 정통한 사람들과 개발자 간의 대화에만 사용되는 것이 아닙니다. 개발자 간의 대화, 소스 코드의 클래스 이름이나 메서드 이름, 커밋 로그 등에도 사용되기 때문에 유비쿼터스인 것입니다.

대량의 정보 정리하기

오버부킹을 학습하기 위한 정보에는 오버부킹과 관련 없는 내용이 많이 포함되어 있을 수 있습니다(정보는 오버부킹 이외에도 다양한 내용으로 구성되어 있기 때문입니다).

이와 같은 대량의 자료에서 당면한 과제에 필요한 중요한 정보만 추출하는 것을 모델링이라고 합니다.

정보는 용어와 용어가 연결된 네트워크 구조로 되어 있습니다. 그런 방대한 네트워크에서 오버부킹에 관한 중요한 용어와 그 관계를 추출해 모델을 만들어야 합니다.

사람의 머릿속에 있는 모델을 그림, 문서 혹은 소스 코드 등과 같이 구체적인 형태로 만듦으로써 각자의 머릿속에 있는 모델에 대한 인식을 일치시키고, 의도하는 바를 빠르고 원활하게 전달할 수 있게 됩니다.

그림 1-4와 같은 단순한 모델을 통해, 같은 용어를 같은 의미로 사용하게 됨으로써 소프트웨어를 더 잘 개발할 수 있다는 것이 도메인 주도 설계의 개념입니다.

1.1.6 모델과 구현을 연결하기

모델은 지식의 습득과 정리의 도구이며, 의도를 일치시키기 위한 인식의 도구입니다. 그리고 그 지식과 의도는 최종적으로 동작하는 프로그램의 소스 코드로 연결(bind)됩니다.

〈도메인 주도 설계〉에서는 지식의 정리와 인식을 일치시키기 위해 사용하는 모델을 프로그램 기본 구조에 그대로 적용하자고 제안합니다. '묶다'라는 의미의 bind에서 상상할 수 있듯이, 강력하게 하나로 묶는 것을 강조합니다. 이것은 '모델과 설계는 상호 연관되어 있다'는 일반적인 의미가 아니라 '모델과 구현은 연결되어야 한다'는 의미입니다.

지식의 정리나 의도를 전달하는 데는 도움이 되지만, 설계에는 그다지 도움이 되지 않는 모델도 있습니다. 개발자가 그런 모델을 어떻게든 바꿔 가면서 소프트웨어를 설계하자는 것이 아닙니다. '설계에 그대로 사용할 수 있는 모델을 사용하여 지식을 정리하거나 의도를 전달한다', '설계, 지식의 정리, 의도의 전달이라는 세 가지 용도에 도움이 되는 하나의 모델을 찾아서 성장시킨다'라고 하는 것이 도메인 주도 설계의 기본 개념입니다.

모델과 구현을 연결하는 구체적인 설계 패턴으로는 **값 객체, 애그리게이트** 등이 있습니다. 이러한 모델과 구현을 연결하기 위한 패턴에 대해서는 1.2절에서 설명하겠습니다.

1.1.7 애플리케이션 개발과 도메인 주도 설계

지금까지 설명한 것처럼 도메인 주도 설계에서 집중하는 것은 복잡한 업무 로직입니다. 화면, 데이터베이스, 통신 등은 도메인 주도 설계의 주요 관심사가 아닙니다.

물론 애플리케이션 전체를 움직이기 위해서는 복잡한 업무 로직 이외의 요소들도 설계하고 구현해야 합니다. 코드의 양이나 설계에 드는 시간을 고려하면, 애플리케이션 전체에서 보여지는 복잡한 업무 로직과 관련된 활동은 작은 부분일지도 모릅니다.

도메인 주도 설계에서는 애플리케이션 전체의 설계와 복잡한 업무 로직의 설계를 다음과 같이 접근합니다(그림 1-6).

- 복잡한 업무 로직을 독립적인 구성 요소로 분리한다.
- 애플리케이션의 다른 구성 요소가, 업무 로직을 표현하는 구성 요소에 의존하게 설계한다.

화면, 데이터베이스, 통신에서 다루는 대상은 업무 로직과 관계가 없는 부분도 많습니다. 도메인 주도 설계에서는 업무 로직과 관련된 부분을 전체의 핵심으로 보고, 전체의 중심에 도메인 모델을 둡니다.

화면, 데이터베이스, 통신의 세부 사항 중에서 업무 로직과 직접적으로 관련된 부분에 초점을 맞추고, 그렇지 않은 부분은 따로 구분하여 생각합니다.

이러한 개념은 〈도메인 주도 설계〉의 4장에 설명되어 있습니다. 다만 그림이 이해하기 어렵고 기술적인 구현 방법에 대한 구체적인 예는 거의 없습니다.

이후의 아키텍처에 대한 설명은 〈도메인 주도 설계〉에 적힌 내용을 소개하는 것이 아닙니다. 일반적인 소프트웨어 아키텍처 패턴으로 잘 알려진 내용을 도메인 주도 설계의 관점에서 설명합니다.

▼ 그림 1-6 도메인 주도 설계의 아키텍처 이미지

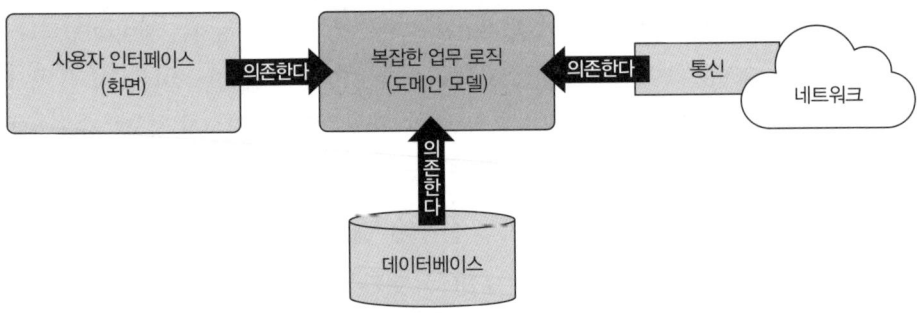

업무 로직을 독립적인 구성 요소로 만들기

도메인 주도 설계로 애플리케이션을 개발할 때 중요한 것은 업무 로직을 다른 구성 요소와 분리하여 작성하는 것입니다.

애플리케이션을 구축하려면 다음과 같은 기능이 필요합니다.

- 데이터 저장 및 참조
- 네트워크 통신을 통한 알림과 데이터 전송
- 화면을 이용한 표현 및 입력

도메인 주도 설계에서는 이러한 관심사에서 업무 로직을 분리해 독립시킵니다.

업무 로직을 알기 쉽게 정리하고, 소프트웨어로 작성하기 위해 업무 로직에만 집중합니다. 그 외 다른 관심사가 섞이지 않도록 합니다. 업무 로직에 화면, 데이터베이스, 통신 등과 같은 관심사가 섞이면 더욱 복잡해지기 때문입니다.

업무 로직을 독립시키기 위한 설계 방법의 하나가 도메인 모델입니다. 1.2절에서 도메인 모델을 자세히 설명하겠습니다.

다른 요소가 업무 로직에 의존하게 하기

도메인 주도 설계에서 업무 로직(도메인 모델)은 애플리케이션의 핵심 구성 요소입니다.

그 외에 화면, 데이터베이스, 통신의 처리는 핵심 도메인 모델의 주변에서 도메인 모델을 이용하는 형태로 이루어집니다. 즉, 도메인 모델에 의존합니다.

도메인 모델과 다른 요소들을 연결하는 방법에는 다음과 같은 다양한 개념이 있습니다.

- 도메인 모델 + 3계층 구조
- 도메인 모델 + 포트 & 어댑터
- 클린 아키텍처

기본적으로 도메인 모델을 중심으로 한다는 점에서는 같지만, 도메인 모델과 어떻게 연관시킬 것인가에 대해서는 개념의 차이가 있습니다.

도메인 모델 + 3계층 구조

도메인 모델 + 3계층 구조(그림 1-7)는 기존의 3계층 구조를 기반으로 도메인 모델을 분리하여 독립시키는 패턴입니다.

다른 구성 요소가 도메인 모델(업무 로직)을 직접 이용하는 것에 중점을 둡니다. 화면을 표시하는 데 도메인 모델의 객체를 그대로 사용하거나, 데이터베이스의 테이블에 도메인 모델의 객체를 그대로 매핑하기도 합니다.

변환이 필요한 부분도 있지만, '가능하면 도메인 모델의 객체를 그대로 사용한다'는 것에 집중합니다. 도메인 모델의 설계에 다른 부분이 의존하게 함으로써 애플리케이션 전체가 업무 지식에 대한 이해를 적절히 반영할 수 있다는 개념입니다. 물론 도메인 모델이 변경되면 사용자 화면이나 데이터베이스에도 영향을 미칠 수 있습니다.

▼ 그림 1-7 도메인 모델 + 3계층 구조

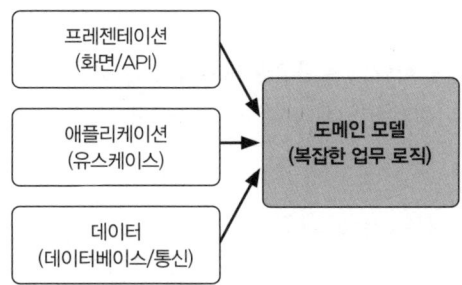

헥사고날 아키텍처(도메인 모델 + 포트 & 어댑터)

도메인 모델 + 포트 & 어댑터(그림 1-8)는 애플리케이션의 구성 요소를, 핵심인 코어와 주변부인 어댑터들로 분리하는 개념이며, 〈도메인 주도 설계〉가 등장하기 이전에도 있었습니다.

도메인 주도 설계의 관점에서 보면, 도메인 모델은 애플리케이션의 핵심을 구성하는 중요한 구성 요소입니다. 애플리케이션의 핵심에는 도메인 모델과 애플리케이션 기능을 구현하는 유스케이스도 포함된다고 볼 수 있습니다.

도메인 모델을 핵심으로 하고, 다른 애플리케이션의 구성 요소와 분리하는 '포트와 어댑터' 개념은 도메인 주도 설계로 애플리케이션을 개발할 때 좋은 선택이 될 수 있습니다.

도메인 모델 + 3계층 구조와 도메인 모델 + 포트 & 어댑터의 차이는 주변 구성 요소의 추상화 여부로 볼 수 있습니다.

도메인 모델 + 3계층 구조는 각각의 구성 요소와 도메인 모델의 관계를 별개로 보는 개념입니다. 반면에 도메인 모델 + 포트 & 어댑터는 각각의 구성 요소들을 어댑터로 일반화하고 포트로 애플리케이션의 코어와 연결하는 방식입니다.

▼ 그림 1-8 도메인 모델 + 포트 & 어댑터

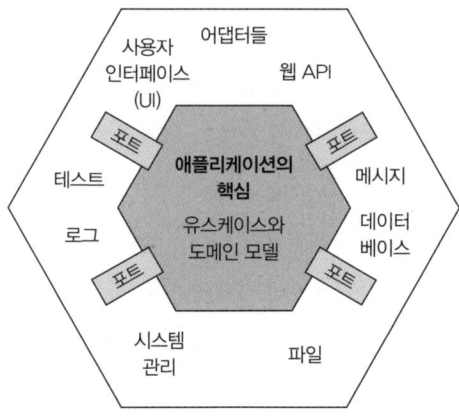

클린 아키텍처

도메인 주도 설계와 관련하여 자주 언급되는 아키텍처 중 하나로 클린 아키텍처가 있습니다. 클린 아키텍처는 두 가지 측면을 갖고 있습니다. 하나는 아키텍처의 설계 원칙이며, 다른 하나는 그 원칙을 어떻게 구현할 것인가에 대한 기법입니다.

설계 원칙으로서 클린 아키텍처의 개념은 다음과 같이 매우 단순합니다.

- 관심사를 분리하는 것
- 분리된 구성 요소의 의존 관계를 단순하게 만드는 것

그림 1-9는 클린 아키텍처의 설계 원칙을 표현한 그림입니다. 화살표가 동심원의 안쪽으로 향하는 형태이며, 동심원 네 개로 각 관심사를 분리하여 표현하고 있습니다. 하지만 〈클린 아키텍처〉(인사이트, 2019)의 저자인 로버트 C. 마틴은 '동심원을 네 개에 한정하는 것은 아니다'라고 하며, 중요한 것은 수가 아니라 관심을 분리하는 것임을 강조합니다.

▼ 그림 1-9 클린 아키텍처

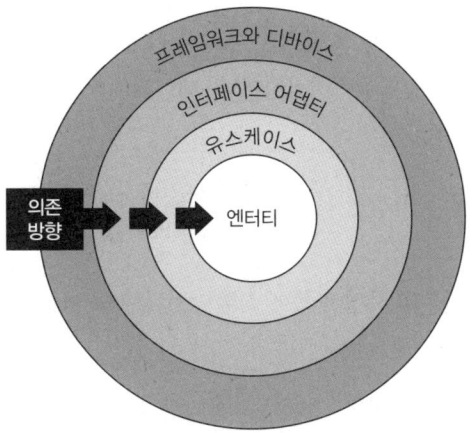

이 원칙의 구현 방법도 〈클린 아키텍처〉(인사이트, 2019)에 설명되어 있습니다. (그림 1-9의 동심원과 같이) 경계를 철저하게 분리하려면 각각의 경계에 인터페이스를 선언하여 상위 계층이 하위 계층에 의존하는 관계를 단순하게 만들어야 합니다. 또한 경계를 넘나들 때 동일한 데이터 구조에 의존하지 않도록, 외부에서 내부로 전달할 데이터 구조와 내부에서 외부로 전달할 데이터 구조를 각각 정의하고 경계를 넘나들 때 변환하도록 해야 합니다. 이렇게 하면 경계 간의 의존 관계를 최대한 줄일 수 있습니다.

하지만 로버트 C. 마틴의 저서에도 나온 것처럼, 본격적인 아키텍처의 경계를 구현하려면 상대적으로 비용이 많이 듭니다. 그래서 관심사는 분리하고 구성 요소의 의존 관계는 단순화한다는 설계 원칙에 따라서 좀 더 간략하게 경계를 구현하여 비용을 줄이는 몇 가지 방법도 있습니다. 물론 도메인 모델 + 3계층 구조나 도메인 모델 + 포트 & 어댑터 구조도 이러한 설계 원칙을 따르는 아키텍처 스타일로 볼 수 있습니다. 즉, 앞에서 언급한 세 가지 아키텍처의 기본 설계 원칙과 개념은 같습니다.

참고로 클린 아키텍처의 중심에는 엔터티가 있는데, 이는 〈도메인 주도 설계〉의 엔터티와는 다르다는 점에 주의해야 합니다.

〈클린 아키텍처〉(인사이트, 2019)에서는 업무 로직을 엔터티 클래스에 자연스럽게 포함합니다. 반면 〈도메인 주도 설계〉의 엔터티는 개체를 식별하기 위한 클래스로 사용되며, 계산과 판단을 위한 업무 로직은 포함하지는 않습니다. 도메인 주도 설계에서는 계산과 판단 로직은 값 객체나 애그리게이트에 구현합니다.

데이터 입출력과 업무 로직의 분리

애플리케이션 전체를 보면 업무 로직으로는 볼 수 없는 단순한 입출력 기능도 많이 있습니다. 예를 들면 화면에 입력한 내용을 간단히 확인하여 데이터베이스에 저장하거나, 데이터베이스의 내용을 화면이나 JSON으로 출력하기만 하는 등의 기능입니다.

물론 애플리케이션에 있어 단순한 입출력 기능은 필요하며, 개수만 따지자면 단순한 입출력 기능이 더 많을 수도 있습니다.

업무 로직과 관련된 기능이 화면의 일부 항목이나 테이블의 특정 항목에 국한되는 경우도 있을 수 있습니다.

이렇듯 업무 로직과 관련 없는 단순한 데이터 입출력이나 데이터 저장 등을 처리하기 위한 도메인 주도 설계의 개념은 다음과 같습니다.

- 업무 로직에 초점을 맞추고, 그와 관련된 화면, 테이블, 통신을 중점적으로 설계한다.
- 그 이후에 단순한 기능이나 업무 로직과 관련이 적은 데이터 처리 기능을 점차 추가한다.

하지만 이런 방식으로 하다 보면 화면, 테이블, 클래스, 패키지에 복잡한 업무 로직과 그렇지 않은 요소가 뒤섞일 수 있습니다. 이것을 한 단계 더 분리하는 것이 업무 로직에 초점을 맞추는 도메인 주도 설계의 개발 방식입니다.

구체적으로는 다음과 같은 기법으로 설계할 수 있습니다.

- 업무 로직을 표현하는 클래스와 그렇지 않은 클래스를 엄격하게 분리한다.
- 업무 로직을 표현하는 클래스만 도메인 모델에 넣는다.
- 필요한 경우, 두 클래스를 합성하기 위한 클래스를 만든다.
- 합성을 위한 컴포지트 클래스(composite class)는 도메인 모델 외부에 둔다.
- 컴포지트 클래스는 여러 개의 객체를 조합하거나 변환하는 역할을 수행한다.[3]

실제로 도메인 모델 외부의 클래스에 업무 로직이 들어가거나, 도메인 모델 내부의 클래스에 업무 로직과 무관한 기능이 추가되는 경우도 종종 발생합니다.

그때마다 단순한 입출력 기능과 핵심 업무 로직을 분리하기 위해 메서드나 클래스를 이동하는 것

---

[3] 역주 쇼핑몰을 예로 들면 여러 개의 객체는 쇼핑몰에서 구매하고자 하는 각 상품에 비유할 수 있습니다. 각 상품을 조합해서 전체 금액을 변환(계산)하는 역할을 수행한다고 보면 됩니다. 컴포지트 클래스를 도메인 모델 외부에 두면 상품의 가격이나 계산 방식이 바뀌더라도 핵심 업무 로직을 변경하지 않고 외부에 있는 컴포지트 클래스만 수정하면 됩니다.

과 같은 리팩터링을 자주 하는 것이 도메인 주도 설계의 개발 방식입니다. 이러한 리팩터링을 지속적으로 수행하다 보면 업무 지식에 대한 이해도가 점점 높아지고 숨겨진 개념을 명확하게 표현하는 방법에 더욱 능숙해질 것입니다.

1.1.8 도메인 주도 설계와 객체지향 프로그래밍

에반스는 〈도메인 주도 설계〉에서 객체지향 프로그래밍 방식으로 소프트웨어를 개발한 경험을 이야기합니다. 구체적으로는 '업무 로직'과 '업무 데이터'를 하나의 클래스로 캡슐화하는 방식으로, 20년 전 책 출간 당시의 자바 버전을 사용해서 설명하고 있습니다.[4]

현재 자바는 20년 전에 비해 많이 변했고, 자바뿐만 아니라 다양한 프로그래밍 언어에 함수형 프로그래밍의 개념이 도입되고 있습니다.

〈도메인 주도 설계〉에서도 함수형 프로그래밍이나 논리 프로그래밍으로 도메인 주도 설계를 할 수 있는 가능성을 언급했습니다.

하지만 도메인 주도 설계의 사례로는 자바 클래스를 중심으로 하는 객체지향 프로그래밍에 관한 것이 여전히 많습니다.

에반스가 언급한 것과 같이 객체지향 프로그래밍이 아닌 다른 프로그래밍으로 설계해도 되고, 자바 이외의 프로그래밍 언어를 사용해 구현하는 것도 물론 가능합니다.

다만 클래스나 타입(Type)을 사용한 〈도메인 주도 설계〉의 접근법을 실천하고 싶다면 자바와 같이 비즈니스 애플리케이션에서 개발 사례가 많은 언어를 사용해야 관련된 정보를 접하기 쉬울 것입니다.

〈도메인 주도 설계〉의 접근 방법은 베르트랑 메예르(Bertrand Mayer)의 〈Object-Oriented Software Construction〉(Prentice Hall, 1988)에서 말하고 있는, 다음과 같은 개념의 영향도 큰 것 같습니다.

- 소프트웨어의 분해는 기능이 아닌 타입을 기준으로 하는 것이 좋다.
- 타입은 클래스를 기반으로 한다.
- 클래스를 유일한 모듈로 한다.

---

4 역주 '업무 로직'과 '업무 데이터'를 하나의 클래스에 캡슐화할 경우, 데이터 무결성을 유지할 수 있는 등의 장점이 있습니다. 예를 들어 쇼핑몰에서 주문(업무 로직)과 주문 금액의 합계(업무 데이터)를 하나의 클래스로 캡슐화하는 경우입니다. 물론 이때도 주문과 주문 금액의 합계에 대해 선언하기만 뿐, 실제 주문 금액의 합계를 계산하거나 하는 등의 처리는 도메인 모델 밖에 있는 컴포지트 클래스에서 처리한다고 보면 됩니다.

간단히 말하면 클래스와 타입, 모듈을 일치시키는 설계 접근법으로, 자바는 이 개념에 가까운 프로그래밍 언어라고 할 수 있습니다.

〈도메인 주도 설계〉의 3부에서 이야기하고 있는 '암시적인 개념을 명확하게'나 '유연한 설계'를 얻는 방법을 설명할 때 이와 같은 베르트랑 메예르 방식의 클래스 설계 개념이 여기저기에 사용됩니다.

1.1.9 도메인 주도 설계와 애자일 소프트웨어 개발

에반스도 XP(Extreme programming) 개발 경험이 많았던 것 같습니다. 리팩터링이나 고객과의 의사소통이 〈도메인 주도 설계〉에 반복적으로 등장하는 것은 그러한 배경 때문일 것입니다.

에반스는 XP가 아니더라도, 증분형(incremental) 개발 방식이라면 〈도메인 주도 설계〉의 개념과 설계 방식을 실천할 수 있다고 말합니다.

하지만 20년이 지난 지금 필자는 개인적으로, 에반스의 견해가 조금 빗나갔다고 생각합니다. 리팩터링과 고객과의 빈번한 대화를 중심으로 하는 XP의 방식이 〈도메인 주도 설계〉의 개념과 설계 방식을 구현하는 데 가장 적합하다고 생각합니다.

물론 다른 애자일 방법론이나 워터폴 방식으로도 부분적으로 〈도메인 주도 설계〉의 개념과 설계 방식을 도입할 수 있고, 어느 정도의 효과는 얻을 수 있다고 생각합니다.

하지만 그렇게 부분적으로 도입하는 방식과, 리팩터링이나 고객과의 빈번한 대화를 중심으로 하는 방식을 비교한다면, 도메인 주도 설계를 도입했을 때의 효과, 품질, 속도 면에서 큰 차이가 있을 것 같습니다.

개발 방식과 도메인 주도 설계의 관계에 대한 내용은 1.4절에서 자세히 설명하겠습니다.

1.1.10 요약

도메인 주도 설계는 비즈니스와 함께 성장하고 발전하는 소프트웨어를 만들기 위한 개념과 설계 방식입니다.

이를 위해 업무 로직에 초점을 맞추고, 도메인 모델을 '업무 지식의 정리', '의사소통을 위한 기본 용어', '클래스 설계의 기본 구조'라는 세 가지의 용도로 활용합니다.

전체 애플리케이션에서 업무 로직을 표현하는 도메인 모델을 다른 구성 요소와 명확하게 분리합니다.

도메인 주도 설계의 설계 방식은 타입, 클래스, 모듈을 일치시키고, 관련 업무 데이터와 업무 로직을 클래스로 캡슐화하는 객체지향 프로그래밍입니다.

개발 방식으로는 의사소통과 리팩터링이 활발하게 이루어지는 XP의 증분형 설계가 가장 적합합니다.

1.2 도메인 모델을 이해하자: 업무 지식을 소프트웨어로 정확하게 표현하기 위한 개념

도메인 주도 설계는 업무 로직에 초점을 맞춘 개념과 설계 방식입니다. 그 중심에 있는 것이 도메인 모델의 클래스 설계입니다. 이 절에서는 도메인 모델의 클래스 설계를 설명합니다. 지속적으로 개선되고 발전하는 소프트웨어를 개발하는 기본기를 익힐 수 있습니다.

1.2.1 도메인 모델의 세 가지 사용법

1.1절에서 설명한 것처럼, 도메인 주도 설계에서는 하나의 모델을 다음 세 가지 용도로 사용합니다.

- 업무 지식의 요점 정리
- 의사소통을 위한 기본 용어
- 클래스 설계의 기본 구조

즉, 도메인 모델의 클래스를 설계하는 데는 업무 지식을 정리하고, 이해관계자와 공통된 기본 용어로 소통하는 과정을 모두 아우릅니다.

1.2.2 업무 로직을 기술하는 방법 비교하기

도메인 모델은 업무 로직(도메인 로직)을 기술하는 방법 중 하나입니다(그림 1-10). 그 외의 방법으로는 트랜잭션 스크립트와 테이블 모듈이 있습니다.[5]

▼ 그림 1-10 업무 로직을 기술하는 세 가지 방법

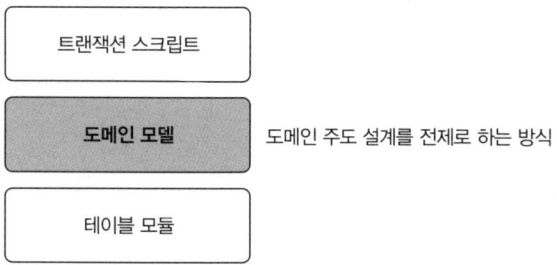

트랜잭션 스크립트

트랜잭션 스크립트는 화면이나 웹 API에 들어오는 입출력 요청을 순서대로 기술합니다(그림 1-11). 필요에 따라서는 계산이나 판단 같은 업무 로직을 삽입하기도 합니다. 하지만 같은 업무 로직이 여러 트랜잭션 스크립트에 중복되거나 관련된 업무 로직이 여러 트랜잭션 스크립트에 나뉘어서 처리되는 현상이 발생할 수 있으므로 업무 규칙의 기술에는 적합하지 않습니다.

▼ 그림 1-11 트랜잭션 스크립트

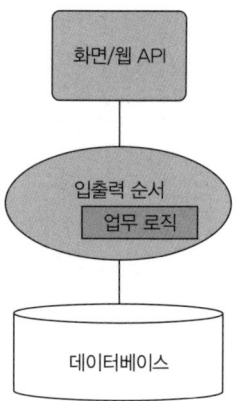

---

[5] 마틴 파울러(Martin Fowler)의 《엔터프라이즈 애플리케이션 아키텍처 패턴》(위키북스, 2015)

도메인 모델

도메인 모델에서는 업무 로직에 대한 설명과 데이터 입출력 처리에 대한 설명을 명확하게 구분합니다(그림 1-12). 도메인 모델을 구성하는 클래스에는 업무 규칙에 기반한 계산과 판단 로직만 기술하고, 데이터의 기록과 참조는 도메인 모델이 아닌 다른 애플리케이션 클래스(유스케이스 클래스)에 기술합니다. 업무 로직을 입출력의 관심사와 분리함으로써 업무 로직을 더 명확하게 정리하고 구현할 수 있습니다.

▼ 그림 1-12 도메인 모델

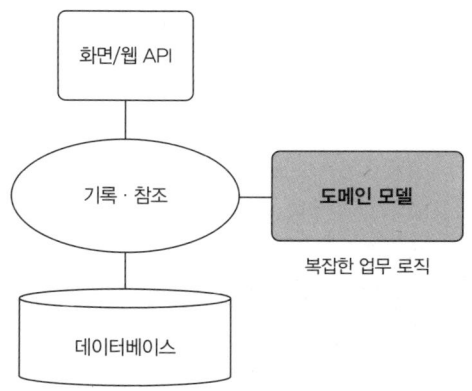

테이블 모듈

테이블 모듈은 테이블의 CRUD(Create, Read, Update, Delete) 조작을 업무 로직에 삽입하며 업무 로직은 테이블 단위로 작성됩니다(그림 1-13).

하지만 여러 테이블에 걸쳐 있는 업무 로직은 복잡하기 때문에 이러한 업무 로직을 기술하기 위해 트랜잭션 스크립트 방식의 클래스를 추가하기도 합니다.

▼ 그림 1-13 테이블 모듈

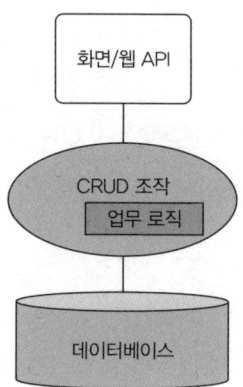

기술 방식의 선택

트랜잭션 스크립트(그림 1-11)와 테이블 모듈(그림 1-13)을 그림으로 보면 구조가 비슷하지만, 실제로는 클래스 설계 방침이 다릅니다. 트랜잭션 스크립트는 화면이나 웹 API에서의 요청 단위로 구조화되고, 테이블 모듈은 테이블 단위로 구조화됩니다. 화면과 테이블이 1대 1로 대응하는 경우, 두 가지 방식은 기본적으로 동일한 구조가 됩니다.

업무 로직이 단순하다면 트랜잭션 스크립트나 테이블 모듈도 하나의 선택지가 될 수 있습니다.

하지만 업무 로직이 복잡하다면 도메인 모델 방식을 선택하는 것이 더 합리적입니다. 복잡한 업무 로직에 초점을 맞추는 도메인 주도 설계의 관점에서 보면 도메인 모델이 가장 합리적인 선택이기 때문입니다.

1.2.3 비즈니스 활동의 모델 만들기

비즈니스 활동의 핵심을 정리하고 이해하기 위한 모델을 만드는 대표적인 방법으로 다음 세 가지가 있습니다.

- 업무 프로세스에 중점 두기
- 업무 데이터에 중점 두기
- 업무 규칙에 중점 두기

애플리케이션을 개발할 때는 이 세 가지 방법을 조합하여 사용합니다. 어느 한 가지만 사용하면 내용이 편향되거나 왜곡될 수 있어 좋은 설계가 될 수 없습니다.

여기서는 '업무 로직에 초점을 맞춘다'는 도메인 주도 설계의 관점에서 세 가지 방법을 하나씩 설명하겠습니다.

업무 프로세스에 중점 두기

컴퓨터 시스템이 등장하기 이전부터 업무 효율화를 위해 다양한 형태의 업무 프로세스 모델링 기법이 사용되어 왔습니다. 보통은 업무 진행을 위한 일련의 과정을 업무 흐름도나 UML 다이어그램 등으로 표현합니다.

여기에서는 '화물 운송의 예약'을 사례로 설명하겠습니다(그림 1-14).

그림 1-14의 예약 업무 흐름에서는 '오버부킹'과 관련된 업무 규칙이 보이지 않습니다. 이 업무 흐름도를 상세화하여 '예약 가능 여부를 판단'하는 업무 규칙을 추가하면 오버부킹 여부를 판단하기 위한 분기 조건으로 표현할 수 있을 것입니다.

▼ 그림 1-14 예약 업무 흐름

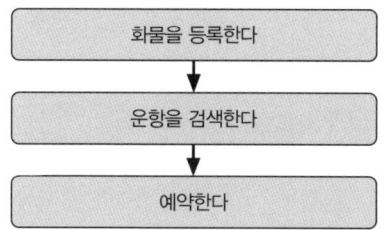

물론 이 그림을 바탕으로 '예약하기' 기능의 유스케이스를 작성하다 보면 오버부킹과 같은 업무 규칙을 발견할지도 모릅니다.

하지만 그림과 같은 개략적인 업무 프로세스의 모델에서는 오버부킹이라는 업무 규칙이 암묵적으로 숨어 있어 그 존재를 확인할 수 없습니다.

업무 프로세스에 집중해 개발하는 경우 트랜잭션 스크립트 방식을 사용하는 것이 일반적입니다. 업무 단계별 화면의 세부 사항을 정의하고, 각 세부 사항에 대한 유스케이스를 작성하면 그것이 결국 화면의 요청을 처리하는 트랜잭션 스크립트의 명세서가 됩니다. 오버부킹의 계산과 판단 규칙은 트랜잭션 스크립트 어딘가에 `if` 문 등으로 작성될 것입니다.

업무 데이터에 중점 두기

컴퓨터 시스템은 한마디로 데이터를 처리하기 위한 장치라고 할 수 있습니다. 비즈니스 활동을 이러한 데이터 처리 관점에서 모델링하는 것은 시스템 설계의 자연스러운 접근법이라고 할 수 있습니다.

데이터에 주목하는 모델링 기법 중 흔히 사용되는 방법으로, 이벤트와 리소스를 구분하기도 합니다(표 1-1).

▼ 표 1-1 업무 데이터의 모델링

데이터의 종류	설명	예시	특징
이벤트	일어난 사실(팩트)	주문 · 출하 · 청구	관리 번호와 타임스탬프를 가짐
리소스	이벤트 이외의 관리 대상	고객 · 상품 · 장소	관리 번호를 가짐

기본적인 개념은 다음과 같습니다.

- 주요 데이터에 일종의 관리 번호를 붙인다.
- 해당 관리 번호와 관련 데이터를 하나의 덩어리로 묶는다.
- 주요 데이터는 이벤트와 리소스의 두 종류가 있다.
- 이벤트는 반드시 타임스탬프를 가진다.

이와 같은 개념을 기반으로 하는 예약 데이터 모델은 그림 1-15와 같습니다.

▼ 그림 1-15 예약 데이터 모델

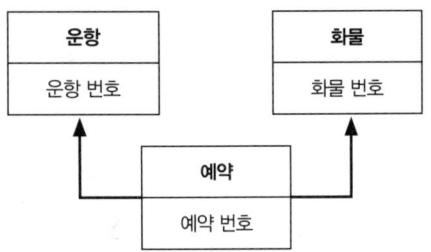

데이터 모델에서는 먼저 관리 번호에 집중하고, 해당 관리 번호와 관련된 다양한 데이터 속성을 찾습니다. 예약 데이터 모델에서는 운항의 속성으로 적재량을, 화물의 속성으로 크기를 찾을 수 있습니다.

그러나 데이터 속성으로 적재량과 크기를 찾았다고 해도 여전히 데이터 모델에서는 오버부킹이라는 업무 규칙은 보이지 않습니다. 데이터 속성을 하나씩 분석해 업무 규칙을 찾아낼 수도 있겠지만, 이런 방식으로 데이터 모델링을 하는 경우는 드뭅니다.

업무 데이터에 집중하는 모델을 구현하기 위해 선택할 수 있는 방법이 테이블 모듈을 이용하는 방법이며, 테이블에 CRUD(Create, Read, Update, Delete) 조작과 업무 기능을 직접 매핑하는 방식입니다. 이와 같은 경우 오버부킹의 업무 규칙은 예약 항목을 입력(Insert)할 때 체크하는 로직의 일부로서 작성될 수 있습니다.

업무 규칙에 중점 두기

도메인 모델은 업무 규칙의 계산과 판단 로직 자체를 모델로 만듭니다. 도메인 주도 설계는 업무 규칙에 주목하여 도메인 모델을 만드는 설계 방식 중 하나입니다. 주요 업무 규칙을 클래스로 표현하면서, 업무 규칙에 기반한 계산과 판단 로직을 메서드로 구현하는 방식입니다.

〈도메인 주도 설계〉의 1장에 나오는 예약 모델은 그림 1-16과 같습니다. 업무 규칙에 '오버부킹 정책'이라는 용어(클래스 이름)가 등장합니다. 화물의 왼쪽 별표(*)는 단일 운항으로 여러 화물을 운송한다는 것을 UML(Unified Modeling Language)의 다중성 표기법으로 표현한 것입니다.

▼ 그림 1-16 예약의 업무 규칙 모델

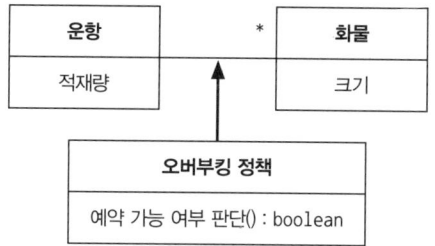

앞에서 설명한 예약 데이터 모델과 유사하지만, 다음과 같은 점이 다릅니다.

- 관리 번호 대신 적재량/크기라는 속성에 집중하고 있다.
- 예약을 운항과 화물의 관계(선)로 표현하고 있다.
- 데이터 모델의 예약 대신 업무 규칙인 오버부킹 클래스가 명시되어 있다.

업무 데이터에 집중한 모델(그림 1-15)과 업무 규칙에 집중한 모델(그림 1-16)을 비교하면 도메인 주도 설계의 '업무 규칙에 초점을 맞춘다'라는 개념을 이해할 수 있을 것입니다.

업무 흐름도 또는 데이터 모델 다이어그램을 자주 접했거나, 직접 그려 본 적도 있을 것입니다. 그에 비해 업무 규칙 모델과 같은 클래스 다이어그램을 그려 본 적은 많지 않을 수도 있습니다. 하지만 업무 규칙에 초점을 맞춘 〈도메인 주도 설계〉의 도메인 모델이 바로 이러한 업무 규칙의 모델입니다.

그렇다면 이러한 업무 규칙에 초점을 맞춘 모델을 어떻게 만들 수 있을까요? 그 설계 방식으로 〈도메인 주도 설계〉에 나와 있는 다양한 패턴을 참고할 수 있습니다. 이제부터 〈도메인 주도 설계〉에 나오는 패턴과 연관 지어서 업무 규칙에 중점을 둔 예약 모델을 어떻게 도출할 수 있는지 확인해 보겠습니다.

1.2.4 도메인 모델을 만들기 위한 기초 지식

도메인 모델은 업무 규칙을 소프트웨어로 표현하기 위한 개념과 설계 방식입니다. 구체적인 방법은 〈도메인 주도 설계〉의 2부와 3부에 다양한 패턴으로 소개하고 있습니다.

이러한 패턴을 설명하기에 앞서, 도메인 모델을 만들 때 필요한 지식을 정리해 보겠습니다.

- 도메인 모델의 세 가지 용도(그림 1-17)
- 업무 규칙과 그 복잡성

▼ 그림 1-17 도메인 모델의 세 가지 용도

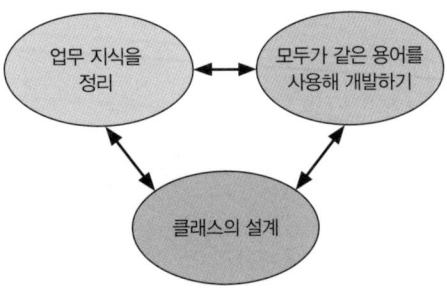

도메인 모델의 세 가지 용도 인식하기

〈도메인 주도 설계〉의 2부에 소개된 엔터티, 값 객체, 애그리게이트, 리포지터리 등의 패턴은 흔히 클래스 설계의 패턴으로 설명되는 경우가 많습니다.

클래스 설계는 도메인 모델의 세 가지 용도 중 하나에 불과하며, 위에서 언급한 것처럼 다음 두 가지도 도메인 모델에서 중요한 역할을 합니다.

- 업무 지식의 정리
- 이해관계자와의 의사소통을 위한 기본 공통 언어 사용

예를 들어 엔터티는 클래스 설계의 패턴입니다. 동시에 업무적으로 중요한 관심사를 발견하는 데에 유용한 수단입니다. 엔터티의 클래스 이름을 생각한다는 것은 이해관계자와 의사소통할 때 사용하기 위한 공통 언어를 늘리는 것입니다.

도메인 주도 설계에서 나오는 패턴은 도메인 모델을 만들기 위한 패턴이며, '도메인 모델을 세 가지 용도로 사용한다'는 것을 인식하면 각 패턴의 의미와 쓰임새가 명확해집니다.

업무 규칙과 그 복잡성

업무 규칙을 적용한 소프트웨어를 구현하기 위해 도메인 모델을 만듭니다. 그렇다면 업무 규칙이란 무엇일까요? 도메인 모델을 만들면서 업무 규칙을 이해하고 정리한다는 것은 어떤 의미일까요?

업무 규칙을 이해하는 데 필요한 기초 지식을 쌓으려면 다음과 같은 관점에서 비즈니스 활동을 파악하는 것이 유용합니다.

- 가치의 제공과 대가
- 약속과 실행
- 매출과 비용
- 시장에서의 경쟁과 비즈니스의 생존 가능성

네 가지 모두 기술적인 관점에서의 활동은 아니지만, 도메인 주도 설계는 이러한 비즈니스 활동에 대한 지식을 넓히고 깊이 이해함으로써, 그 결과를 소프트웨어 설계에 정확하게 반영할 수 있습니다. 프로그래밍 언어를 사용해 클래스를 정의하는 기술적인 활동과 비즈니스 활동의 한계와 제약 조건을 이해하는 업무적인 활동을 통합하는 개발 기법인 것입니다. 비즈니스적 관점과 기술적 관점을 원활하게 연동하는 도구로서 도메인 모델을 세 가지 용도로 활용할 수 있으며, 이것이 도메인 주도 설계의 근본적인 접근 방식입니다.

업무 규칙에 대응하기에 앞서 언급한 비즈니스 활동을 이해하기 위한 준비의 일환으로 이와 같은 네 가지 관점을 숙지해 두면 도움이 될 것입니다.

가치의 제공과 대가

비즈니스 활동의 기본은 그림 1-18과 같이 표현할 수 있습니다.

▼ 그림 1-18 가치의 제공과 대가

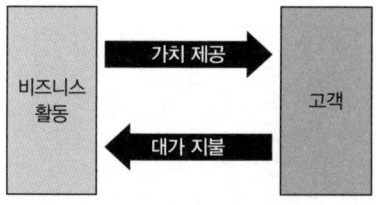

업무 규칙을 이해하고 도메인 모델을 만들어 클래스를 설계하는 과정은 이러한 기본 구조에 대한 이해가 바탕이 되어야 합니다.

오버부킹은 컨테이너선을 이용한 화물 운송 사업의 업무 규칙입니다. 이 화물 운송 사업이 고객에게 제공하는 가치는 무엇이며, 그 대가는 어떻게 결정되는 걸까요? 질문은 간단하지만, 답을 언어로 표현하는 것은 매우 어렵습니다.

참고 자료는 쉽게 구할 수 있으며 특히 회사의 사업 안내 자료 등은 좋은 자료가 될 수 있습니다. 예를 들어, 컨테이너선 운송 사업을 하는 회사는 화물 운송이라는 가치를 고객에게 제공하기 위해 그림 1-19와 같은 활동을 수행합니다.

▼ 그림 1-19 고객에 대한 가치 제공(화물의 운송)

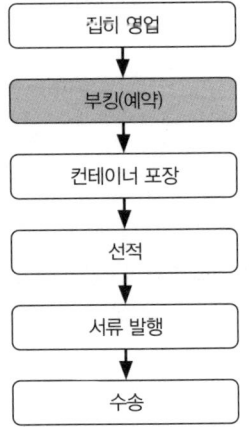

여기서 제공하는 가치는 운송입니다. 오버부킹은 운송을 약속하는 예약 업무와 관련된 업무 규칙입니다.

화물의 운송에 대한 대가는 그림 1-20과 같습니다. 운임 계산에도 복잡한 업무 규칙이 숨어 있을 것입니다.

▼ 그림 1-20 운송의 대가

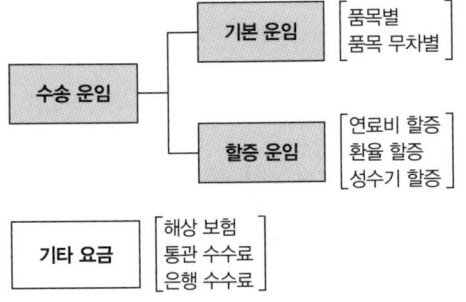

이와 같은 업무를 접하지 않은 사람에게는 이러한 용어들이 익숙하지 않습니다. 하지만 해당 사업에서 일반적으로 사용하는 용어와 표현을 이해한 후, 업무 지식을 가진 사람들과 소통하면서 클래스나 패키지를 설계하는 것이 도메인 주도 설계의 기본 활동입니다.

에반스의 〈도메인 주도 설계〉에는 국제 해상 화물 운송의 예가 곳곳에 등장합니다. 여기서 언급된 업무 용어를 이해한다면 〈도메인 주도 설계〉를 더욱 흥미롭게 읽을 수 있을 것입니다.

그림 1-19와 그림 1-20도 일종의 도메인 모델이자 업무 지식의 정리입니다. 업무를 아는 사람들과 대화할 수 있는 용어이며, 클래스와 패키지 설계의 기본 골격입니다.

약속과 리스크

업무 규칙이 복잡해지는 이유 중 하나는 가치의 제공과 대가의 지불이 현물이고 즉시 교환으로 이루어지는 것이 아니라, 미래의 가치 제공과 대가 지불에 대한 약속으로 '나중에 그것을 실행한다'라는 미래에 대한 불확실한 요소가 많다는 점에 있습니다.

미래에 대한 약속에는 항상 위험이 따릅니다(그림 1-21). 이 예시와 같이 어떤 사정 때문에 약속한 대로 화물을 운송하지 못할 수도 있습니다. 또는 예상보다 비용이 더 많이 발생하거나 예약이 취소될 수도 있습니다. 아니면 약속과 달리 대가를 지불하지 못할 수도 있습니다.

▼ 그림 1-21 약속과 위험

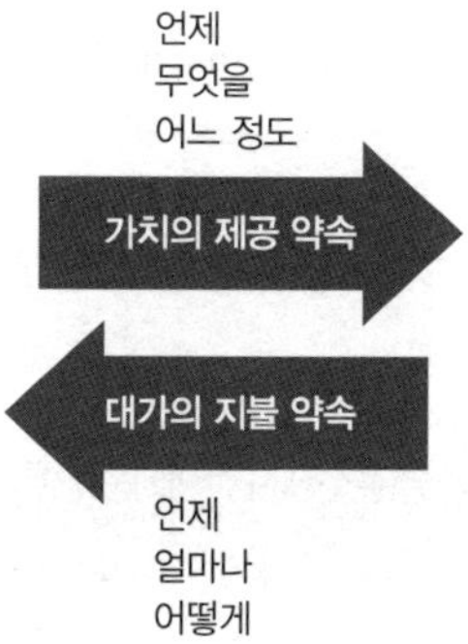

언제
무엇을
어느 정도

→ 가치의 제공 약속

← 대가의 지불 약속

언제
얼마나
어떻게

이러한 손실을 최대한 피하거나 줄이기 위해 업무 규칙이 있습니다. 해상 운송은 불확실성이 많은 사업이며 다양한 위험을 가정한 업무 규칙이 복잡하게 얽혀 있습니다. 〈도메인 주도 설계〉에 나오는 오버부킹과 경로 선택에 대한 업무 규칙의 배경에는 이러한 위험에 대비하기 위한 대책이 포함되어 있습니다.

업무 규칙의 배경이 되는 위험과 해당 사업의 위험을 대비할 수 있다면 심층적인 모델을 기반으로 소프트웨어를 설계할 수 있습니다.

매출과 비용

비즈니스 활동은 매출을 올리고, 비용을 지불하고, 매출과 비용의 차액을 이익으로 하는 활동입니다(그림 1-22). 특히 이익을 창출하는 것이 비즈니스 생존의 필수 조건입니다.

▼ 그림 1-22 매출·비용·이익

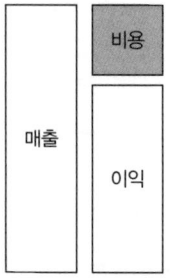

이익을 창출하려면 매출은 늘리고 비용은 줄여야 합니다.

매출을 늘리기 위해서는 가치(운송)를 최대한 많이 제공하면 됩니다. 하지만 가치를 제공하려면 반드시 비용이 듭니다. 화물을 운송할 때는 최대한 저렴한 운송 수단을 사용하는 것이 바람직하지만, 이럴 경우 고객이 원하는 날짜에 운송하지 못할 수도 있습니다.

위험물 등과 같은 특수한 화물을 취급하면 높은 운임을 책정할 수도 있습니다. 하지만 위험물을 운송하는 데 따르는 컨테이너, 창고, 장비, 인력 등의 비용이 올라갑니다.

매출을 늘리고 비용을 줄이는 것은 중요한 업무 규칙입니다. 오버부킹이나 경로 선택에 대한 업무 규칙은 이러한 이익을 최대화하기 위해 필요한 결정입니다.

다양한 위험에 대한 대응 정책도 결국 매출 및 비용과 관련이 있습니다. 화물을 제시간에 운송하지 못하면 사후 대응 비용의 증가는 물론, 고객의 신뢰를 잃어 향후 매출 감소로 이어질 수 있습니다. 대금을 늦게 지급하거나 지급받지 못하면 운송에 들어간 비용을 회수할 수 없습니다.

1.2.5 모델 주도 설계의 구성 요소

지금까지 도메인 모델을 만들기 위한 비즈니스 활동의 기초 지식을 정리했습니다. 이제 화물 운송과 관련된 복잡한 업무 규칙을 표현하는 도메인 모델을 실제로 구상해 보겠습니다.

화물 운송의 예약 업무에서 사용되는 오버부킹 규칙을 예로 들어 보겠습니다.

예약 업무

앞의 가치 제공(화물 운송, 그림 1-19)에 나온 예약 업무의 개요는 다음과 같습니다.

> 고객에게 화물 운송을 의뢰받으면 원하는 항로와 일정에 빈 공간이 있는 선박이 있는지 확인하고, 그 선박이 있으면 예약을 받습니다.

이러한 업무 내용을 단서로 초기 도메인 모델을 만들어 나갑니다. 이 설명 속에서도 화물, 운송, 항로, 일정, 선박, 공간, 예약 등의 용어를 접할 수 있습니다.

기본적인 관심사: 엔터티

이때 중요한 업무를 나타내는 용어를 판단하는 방법 중 하나가 엔터티를 확인하는 것입니다.

엔터티는 '개별적으로 인식할 수 있는 실체'를 가리키는 단어입니다. 어쩌면 추상적이고 이해하기 어렵게 느껴질 수도 있습니다. 실무적으로는 관리 번호를 가진 무언가라고 생각할 수 있으며, 번호를 매겨 따로 관리해야 하는 개체가 바로 엔터티입니다.

번호를 매겨서 관리한다는 것은 업무적으로 중요도가 높다는 걸 의미하고, 여기서 엔터티는 도메인 모델에 넣어야 할 업무 지식, 용어, 클래스의 중요한 구성 요소입니다.

앞서 설명한 내용으로 미루어 볼 때 번호를 매겨 관리해야 할 개체는 다음 세 가지입니다.

- 화물 번호
- 선박 번호
- 예약 번호

그 외의 용어는 어떨까요?

운송은 움직이는 행위이지 번호를 붙여 관리해야 할 개체는 아닌 것 같습니다.

항로는 출발지와 목적지라는 두 가지 정보로 표현할 수 있습니다. 같은 항로에 다양한 선박이 운항할 수도 있고, 같은 선박이 같은 항로를 여러 번 운항할 수도 있습니다. 하지만 항로 역시 이동 방향을 나타내는 경로의 한 유형으로, 개체는 아닙니다.

화물을 운송하려면 한 항로에서 특정 선박이 운행하는데, 선박의 1회 운행을 운항이라고 부릅니다. 따로 설명하지는 않았지만, 업무를 잘 아는 사람이 각 화물에 적합한 운항을 찾는다는 말에서 용어의 의미를 유추해 볼 수도 있습니다.

실제 업무에서도 운항은 번호를 매겨서 관리하고 있으므로 엔터티에 해당합니다.

공간은 운항당 적재량으로 표준 컨테이너의 크기를 표현합니다. 공간 번호나 적재량 번호 등으로 관리하지 않으니 공간은 엔터티가 아닙니다.

지금까지 파악한 내용에 의하면 화물, 선박, 운항, 예약은 번호로 관리해야 할 엔터티라는 것을 알 수 있습니다. 네 가지 용어의 관계는 그림 1-23과 같습니다.

▼ 그림 1-23 엔터티의 관계

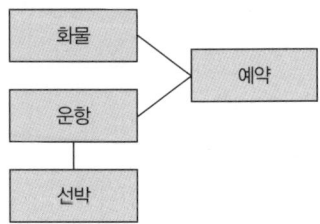

이 네 가지 용어는 업무의 주된 요소이며, 이해관계자와 소통할 때 기본 용어가 되고, 클래스나 패키지의 구성 요소가 될 수 있습니다.

업무 규칙을 찾는 방법

그림 1-23과 같이 엔터티와 엔터티 간의 관계는 모델(업무 지식)을 구성하는 중요한 요소입니다. 하지만 오버부킹과 같은 업무 규칙을 그림에서는 찾을 수 없습니다.

업무 규칙을 찾는 방법으로 표 1-2와 같이 엔터티를 세 가지 유형으로 분류할 수 있습니다.

▼ 표 1-2 엔터티를 분류하는 방법

데이터 종류	설명
이벤트	예약 등 발생한 사실
수명이 짧은 리소스	화물, 운항 등
수명이 긴 리소스	선박 등 반복적으로 사용하는 리소스

엔터티를 이벤트와 리소스로 나누는 개념은 업무 데이터에 집중하는 모델링과 같습니다. 참고로 업무 이벤트(도메인 이벤트)라는 것은 〈도메인 주도 설계〉 출간 이후에 추가된 개념입니다.

우선 리소스를 수명이 짧은 것과 수명이 긴 것으로 나눕니다. 화물과 운항은 수명이 짧은 리소스로, 화물 운송 프로세스에서 일회성으로 활용되는 리소스입니다. 반면 선박은 수명이 길어 화물 운송 프로세스에 반복적으로 활용되는 리소스입니다.[6]

이 세 가지 분류에서 업무 규칙을 발견하는 데 중심이 되는 것은 이벤트로, 여기서는 예약이 이벤트에 해당합니다.

업무 이벤트는 두 가지 종류의 업무 규칙과 관련되어 있습니다.

---

6 수명이 짧은 리소스와 수명이 긴 리소스의 분류는 〈도메인 주도 설계〉의 책임 계층(Responsibility layer)에 나오는 운영, 기능과 같은 개념입니다.

하나는 해당 업무 이벤트가 발생해도 되는 조건으로, 예약을 받아도 되는 허용 조건과 예약을 받으면 안 되는 금지 조건입니다. 다른 하나는 업무 이벤트가 발생한 후의 행동 규칙입니다. 대부분은 업무 이벤트가 발생하면 이를 기록하는 액션과 업무 이벤트 발생을 알고 싶어 하는 부서나 고객에게 통지하는 액션이 필요합니다.

예약 이벤트를 식별할 수 있다면 허용 조건 또는 금지 조건으로서 오버부킹 규칙을 발견할 수 있을 것입니다.

모델의 초점 좁히기

예약 이벤트 발생의 허용 조건과 금지 조건에 초점을 맞추면 앞서 설명한 엔터티 관련 그림(그림 1-23)은 그림 1-24와 같이 단순해집니다.

▼ 그림 1-24 오버부킹에 집중하기

예약은 허용 조건과 금지 조건을 판단한 이후에 발생하는 이벤트이며, 각각의 조건에 해당하는 내용을 파악하지 못한 상태에서는 크게 의미가 없습니다. 그러므로 이 부분은 일단 모델에서 제외합니다.

선박은 운항을 성립시키기 위해 필요한 자원입니다. 하지만 예약과는 직접적인 관계가 없으므로 그림에서도 선으로 연결되어 있지 않습니다. 그러므로 이 부분 역시 일단 모델에서 제외합니다.

이것이 '운항을 함에 있어 여유 공간이 있는지 확인하고, 공간이 있으면 예약을 받는다'는 업무 판단을 위한 최소한의 모델입니다.

업무 규칙을 발견하기 위해서는 이렇게 특정 엔터티와의 관계로 범위를 좁히는 것이 효과적입니다. 애플리케이션 전체의 엔터티를 광범위하게 검토하는 것보다 업무 규칙을 발견하고 정의하는데 밀접하게 연관된 엔터티와 그 관계만을 선별하는 활동이 중요합니다.

업무 규칙을 표현하는 기본 구성 요소: 값 객체

엔터티와 그 관계를 파악하는 것만으로는 구체적인 업무 규칙을 알 수 없습니다. 공간을 표현하는 수단이 필요하고, 공간이 있는지를 판단하는 로직도 필요합니다.

그것이 바로 운항의 적재량과 화물의 크기입니다. 이 두 가지를 통해 여유 공간 여부를 판단할 수 있습니다.

적재량이나 크기와 같이 공간에 대한 업무 지식과 관련된 용어는 클래스에서 가장 중요한 구성 요소입니다. 업무 규칙에 따른 계산과 판단 등에 사용되는 이러한 속성을 발견하여 클래스로 표현하는 패턴이 값 객체입니다.

적재량이나 크기를 int 타입의 변수로만 표현해도 계산과 판단 등의 로직을 작성할 수 있습니다. 이것을 굳이 값 객체로서 클래스로 정의하는 것에 대해 의문을 가질 수도 있습니다. 하지만 실제 적재량이나 크기에 관한 화물 운송 업무의 배경에는 상당히 복잡한 업무 지식이 존재합니다.

컨테이너의 크기는 TEU(Twenty-feet Equivalent Unit)라는 단위로 표현합니다. 20피트 크기의 컨테이너를 1TEU로, 40피트 크기의 대형 컨테이너는 2TEU로 표현합니다. 2.25TEU와 같은 크기의 컨테이너도 존재합니다. 어떤 운항의 적재량이 10,000TEU일 때 다양한 크기의 컨테이너를 몇 개나 적재할 수 있는지를 TEU 단위로 환산하여 판단합니다. 이러한 업무 지식을 알기 쉽게 정리하고 표현하기 위해 값 객체를 만들어 관련 업무 데이터와 계산 로직을 하나의 클래스로 캡슐화합니다.

업무 데이터와 계산 및 판단 로직을 한 곳에 모아 정리하는 캡슐화는 단순하지만, 매우 강력한 설계 기법입니다. 이렇게 업무 규칙을 표현하는 기본 구성 요소가 되는 것이 바로 값 객체입니다.

업무 지식으로 다음과 같은 내용이 나온다면 업무 규칙이 관련되어 있을 가능성이 높습니다.

- 금액
- 수량
- 비율
- 날짜, 일수, 기간

이러한 값들은 업무 활동의 상태를 나타냅니다. 어떤 수량을 적재량이라고 부르고, 어떤 날짜를 운항일이라고 이름을 붙이는 것은, 그것이 업무상 주요한 요소이기 때문입니다. 업무 규칙에 기반한 계산과 판단 로직의 대상이 되는 것은 이렇게 업무적으로 이름이 붙여진 값입니다. 또한 업무 규칙을 이용한 계산과 판단의 결과도 역시 이름이 붙여져 있을 것입니다.

업무 데이터로 기록하고 참조하는 값의 종류를 파악하고 이름에 주목하면 다양한 업무 규칙을 발견할 수 있습니다. 업무 규칙에 초점을 맞춘 도메인 모델의 핵심은 바로 값 객체입니다.

〈도메인 주도 설계〉에서 사용된 업무 규칙을 표현하는 클래스의 예시를 보더라도 중심이 되는 것은 엔터티가 아닌 값 객체입니다. 오버부킹을 계산하는 적재량과 화물의 크기, 신디케이트 론의 수수료와 이자율의 분배 비율, 항로 선택을 위한 운항 일수나 운항 비용의 집계 등이 그것입니다.

이러한 업무 규칙은 엔터티 이름과 그 관리 번호에 대해 논의할 때는 찾을 수 없습니다. 적재량, 수수료, 운항 일수 등의 값에 초점을 맞출 때 그 값을 사용하는 계산과 판단 로직, 즉 업무 규칙을 찾을 수 있습니다.

다중성을 클래스로 표현한다: 컬렉션 객체

그림 1-25는 운항과 화물의 관계를 나타낸 것입니다.

▼ 그림 1-25 여유 공간을 판단하는 모델

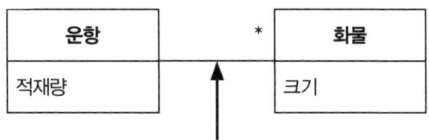

여유 공간 = 적재량 - 화물 크기의 합계

여기서 선(연관성)과 별표(다중성)는 '단일 운항에 여러 화물을 운송한다'는 업무 활동의 구조를 표현한 것입니다. 이 구조를 클래스로 표현하는 패턴이 컬렉션 객체입니다.

컬렉션 객체는 배열(array), 집합(set), 맵(map) 등을 인스턴스 변수로 가지고, 그 인스턴스 변수를 사용하는 연산 로직(표 1-3)을 같은 클래스에 모으는 설계 패턴입니다.

▼ 표 1-3 컬렉션 객체 로직

연산의 종류	설명
filter	컬렉션에서 조건에 맞는 요소만 꺼낸다.
map	어떤 유형의 컬렉션을 다른 유형의 컬렉션으로 변환한다.
reduce	합계, 평균, 최대, 최소 등과 같이 하나의 값으로 합친다.

이번 예제의 경우, 코드 1-1과 같이 설계할 수 있습니다.

이제 여러 화물을 취급하는 것과 화물의 크기를 합산하는 것을 클래스로도 표현할 수 있게 되었습니다.

연관된 다중성은 어떤 업무 규칙(계산과 판단 로직)이 존재한다는 것을 암시합니다. 계산과 판단 로직을 발견하고 정리하는 수단으로 컬렉션 객체가 유용합니다.

코드 1-1 화물의 컬렉션 객체

```
/*
 * 예약된 화물 목록
 */
```

```
class BookedCargo {
    Set<Cargo> 예약된 화물; // 동일한 화물을 중복 예약하지 않음

    int 크기 합계() {
        return 예약된 화물.stream()
            .mapToInt(Cargo::크기)
            .sum();
    }
}
```

여러 객체의 조합: 애그리게이트

여유 공간을 판단하는 계산식은 아직 클래스로 표현하지 못했습니다. 그것을 표현하기 위한 패턴이 애그리게이트입니다.

업무 규칙을 하나의 클래스로 표현하려고 하면 클래스가 비대해집니다. 이것을 피하고 알기 쉽게 정리하기 위해서, 기초가 되는 계산과 판단 로직을 값 객체나 컬렉션 객체로 분리합니다. 그리고 몇 개의 로직을 조합하여 전체를 계산하는 특화된 클래스를 만듭니다. 이것이 바로 애그리게이트 클래스입니다.

예를 들어 그림 1-26과 같은 클래스를 준비합니다. 컨텍스트(context)는 문맥이라는 뜻으로 예약(booking) 가능 여부를 판단하기 위한 여러 조건의 집합입니다.

▼ 그림 1-26 공간이 있는지 여부를 판단하는 클래스

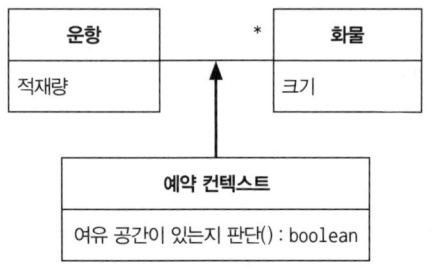

코드 한 줄로 판단할 수도 있는 여유 공간의 유무를 굳이 클래스로 정의하고 컨텍스트라는 거창한 이름을 사용하는 것이 조금 불편할 수 있습니다. 또한 단순한 업무 규칙에 대해 이 정도로 정교하게 클래스를 설계하는 것은 지나치다고 생각할 수도 있습니다. 그러나 실제 화물 운송에서의 예약 여부를 판단하기 위한 규칙은 이것보다도 더 복잡합니다.

가을 무렵에 아시아-북미 항로는 취소율이 상당히 높은 편입니다. 미국의 크리스마스 수요를 겨냥해서 아시아에서 북미로 대량의 화물을 운송하는 성수기이기 때문에 운송 능력에 따른 경쟁이

치열합니다. 따라서 일단 운송 수단을 확보해 놓기 위해서 예약이 많아집니다. 그 결과, 취소도 많아지며 심지어 취소율이 10%를 넘어서기도 합니다.

이런 예약 취소 때문에 적재할 수 있는 공간이 낭비되고 이어 매출이 줄어들고, 반대로 예약을 너무 많이 받으면 잔여 물량(롤오버)이 발생하여 대체 운송에 따른 비용이 추가로 발생하게 됩니다. 이와 같은 경우 고객의 신뢰를 잃게 되고 장기적으로는 미래의 매출도 점차 잃을 수 있습니다. 매출을 최대화하고 비용을 최소화하려면 최적의 오버부킹 정책을 수립해야 합니다. 이를 위해서는 항로, 계절, 화물 종류 등 다양한 요인을 종합적으로 고려하는 것이 중요합니다. 이것은 운송 사업의 이익과 바로 직결됩니다.

또한 취소율은 시장 상황이나 동종업계와의 경쟁 등에 따라 수시로 변동됩니다. 지금까지의 과거 데이터를 활용하여 취소가 발생하는 원인을 파악하고 미래의 변동을 예측하는 것은 운송 사업의 이익을 좌우합니다.

이렇게 복잡하고 지속적으로 변화하는 업무 규칙을 잘 정리해서, 변화에 빠르고 안전하게 대응할 수 있도록 하는 것은 중요합니다. 그렇게 하기 위한 설계 도구가 값 객체나 컬렉션 객체 요소를 묶기 위한 애그리게이트입니다.

조건 분기의 복잡성 표현: 분기 객체

비즈니스에서 경우의 수가 많고 이들의 조합을 고려하려면 업무 규칙이 복잡해집니다. 예를 들어, 오버부킹의 판단 규칙에는 다음과 같은 경우의 수가 있습니다.

- 항로 카테고리
- 계절
- 화물의 종류

이러한 것들을 정리하기 위해서는 먼저 구분자를 열거하는 것이 중요한데, 자바의 enum을 사용하면 이러한 업무 지식을 그대로 코드로 표현할 수 있습니다(코드 1-2).

코드 1-2 enum으로 업무 지식을 표현

```
enum VoyageCategory {    // 항로의 카테고리
    아시아에서 북미(10),
    아시아 역내(5),
    아시아에서 유럽(10);

    int 할증률;
```

```
        VoyageCategory(int 할증률) {
            this.할증률 = 할증률;
        }
    }
    enum Season {    // 계절
        봄여름,
        가을,
        겨울
    }

    enum CargoType { // 화물 종류
        일반,
        위험물,
        온도 조절(냉동)
    }
```

복잡하게 얽힌 업무 규칙을 이해하고 정리하기 위해서는 구분자와 관련된 로직을 클래스로 표현해 보는 것이 효과적일 수 있습니다.

전체를 정리하기: 모듈

엔터티, 값 객체, 컬렉션 객체, 구분 객체들을 모아놓은 것이 애그리게이트입니다. 업무 규칙을 표현하려면 상당한 수의 클래스를 찾아서 정의해야 합니다. 이때 전체를 알기 쉽게 정리하는 패턴이 모듈입니다. 프로그래밍 언어로 말하면 패키지 또는 네임스페이스가 이에 해당합니다.

모듈을 나누는 것은 코드의 정리인 동시에 업무 지식의 정리입니다. 클래스가 늘어나면 적극적으로 패키지를 나누어 지식과 코드를 정리합니다. 물론 도메인 모델의 패키지 이름은 업무 지식을 표현하는 유비쿼터스 언어의 일부입니다.

1.2.6 도메인 모델을 발전시키기

이 절에서 다룬 오버부킹의 실제 업무 규칙을 이해하고 구현하는 것은 매우 어려운 작업입니다. 값 객체나 구분자를 정의하고 이를 애그리게이트로 묶으면 완성되는 단순한 일이 아닙니다. 초기의 단순한 도메인 모델에서 출발하여 시간을 두고 업무 지식을 늘리고 리팩터링을 반복하면서 도메인 모델을 성장시켜 나가야 합니다.

도메인 모델을 발전시키려면 다음 세 가지를 꾸준히 노력해야 합니다.

- 업무 지식을 넓히고 깊이 이해한다.
- 동일한 언어로 개발을 진행하기 위해 용어에 충실한다.
- 프로그래밍 언어를 이용한 복잡한 업무 로직의 표현을 개선한다.

비즈니스가 존속하는 한 도메인 모델의 개선과 발전은 계속됩니다. 이것이 도메인 주도 설계가 지향하는 소프트웨어 개발입니다.

1.3 분산 아키텍처와 도메인 주도 설계: 모델과 구현을 연결하기 위한 세 가지 설계 패턴

마이크로서비스 등 분산 지향적인 아키텍처가 보편화되고 있습니다. 그리고 분산 아키텍처의 설계에 도메인 주도 설계의 개념과 설계 방식을 도입하는 경우가 많아지고 있습니다.

이 절에서는 〈도메인 주도 설계〉의 4부 내용을 중심으로 분산 아키텍처와 도메인 주도 설계가 어떻게 연관되어 있는지 소개합니다.

1.3.1 전략적인 설계

이 책의 1.2절에서는 국제 해상 운송 화물의 오버부킹을 예로 들어 도메인 모델의 개념과 설계 방식을 설명하였습니다. 오버부킹 규칙은 화물 운송 사업에서 중요한 과제 중 하나입니다. 하지만 비즈니스 전체로 보면 복잡한 비즈니스 활동의 일부에 불과합니다. 비즈니스 활동을 이해하기 위한 도메인 모델이라고 해도 하나의 도메인 모델이 표현하는 대상은 비즈니스 전체가 아니라 비즈니스 활동의 일부분입니다.

그렇다면 비즈니스 활동 전체로 대상을 넓힌다면 도메인 주도 설계에서는 어떻게 모델을 만들고 설계해야 할까요? 이것이 바로 〈도메인 주도 설계〉의 4부에 나와 있는 내용입니다.

단일 모델과 분산 모델

도메인 주도 설계의 '전략적 설계'는 비즈니스 활동 전체를 하나의 도메인 모델로 보지 않습니다. 비즈니스 활동을 구성하는 업무 영역별 도메인 모델이 연결되어 네트워크를 구성하는 분산 모델로 전체를 파악합니다.

기존의 소프트웨어 설계에서는 비즈니스 활동 전체를 하나의 모델로 생각하는 것이 일반적이었습니다. 트리 구조나 피라미드 구조로 전체를 하나의 모놀리스(monolith) 구조로 보고, 이를 세분화하여 전체를 구성하는 요소들을 정의하는 방식입니다. 하지만 이러한 접근 방식은 전체 구조가 고정되어 유연성과 발전성을 잃게 됩니다.

이에 반해 분산 모델에서는 전체를 독립적으로 활동하는 각각의 구성 요소들이 동적으로 연결되어 네트워크를 구성하는 것으로 봅니다. 이 관점에서는 고정된 구조가 존재하지 않습니다. 구성 요소(컴포넌트)를 독자적으로 수정할 수 있고, 구성 요소 간 연결 방식도 시간이 지남에 따라 변화할 수 있다는 것입니다. 이 가변성이 시스템 전체의 유연성과 발전성을 만들어냅니다.

도메인 주도 설계의 '전략적 설계'는 전체를 거대한 단일 모델로 보는 것이 아니라 독립성이 높은 구성 요소들이 역동적으로 연결된 네트워크를 기본 개념으로 삼습니다. 그리고 이러한 분산 모델에 관한 개념이 마이크로서비스 등 분산 아키텍처의 설계 원칙으로 주목받고 있습니다.

도메인 주도 설계 및 분산 아키텍처

도메인 주도 설계의 목표는 비즈니스와 함께 지속적으로 변화하고 발전하는 소프트웨어를 만드는 것입니다. 그리고 비즈니스 규모가 커졌을 때 지속적으로 변화할 수 있는 설계 정책에 관해 이야기하고 있는 것이 〈도메인 주도 설계〉의 4부입니다.

마이크로서비스 등의 분산 아키텍처와 도메인 주도 설계의 관계는 그림 1-27과 같습니다.

▼ 그림 1-27 도메인 주도 설계와 분산 아키텍처

경계 컨텍스트
컨텍스트 맵
핵심 도메인

마이크로서비스
통신 방식
외부 서비스 연계

도메인 주도 설계는 분산 아키텍처 모델을 제공합니다. 어떤 단위로 분할할지, 어떻게 연결할지를 검토하고 판단하기 위한 모델입니다.

분산 아키텍처는 그 분산 모델을 어떻게 구현할 것인가에 대한 수단을 제공합니다. 특히 분산된 컴포넌트들이 어떻게 연결되고 통신할 것인가는 중요한 관심사입니다.

도메인 주도 설계가 제공하는 분산 아키텍처 모델의 핵심은 다음 세 가지 패턴입니다.

- 경계 컨텍스트
- 컨텍스트 맵
- 핵심 도메인

경계 컨텍스트

하나의 도메인 모델이 다루는 범위를 제한하는 접근 방식입니다.

컨텍스트 맵

각각의 경계 컨텍스트 안에서만 의미를 갖는 여러 도메인 모델들을 어떻게 연결할 것인가를 고민하기 위한 패턴입니다. 이러한 경계 컨텍스트를 구성 요소로 하는 전체 네트워크를 컨텍스트 맵이라고 합니다.

핵심 도메인

컨텍스트 맵의 구성 요소(개별 도메인 모델)가 많아지면 전체적인 연결이 복잡해지고, 전체에 영향을 미치는 중심과 구조가 모호해집니다. 복잡한 구조 속에서 핵심 요소에 집중하여 전체 구조에 질서를 부여하는 것이 바로 핵심 도메인입니다. 핵심 도메인을 의식하면 비즈니스 활동을 깊이 있게 이해할 수 있는 컨텍스트 맵을 만들 수 있습니다.

1.3.2 분산 아키텍처란?

경계 컨텍스트, 컨텍스트 맵, 핵심 도메인에 대한 구체적인 설명에 들어가기 전에 먼저 분산 아키텍처에 대한 기초적인 지식을 정리해 보겠습니다. 도메인 주도 설계는 모델과 구현을 강하게 연결하는 설계 기법입니다. 경계 컨텍스트와 컨텍스트 맵을 사용하여 모델을 만드는 방법과, 어떻게 구현할 것인지를 연관 지어 생각하면 더 쉽게 이해할 수 있습니다.

단일 모델과 분산 모델의 관계에서 소프트웨어 아키텍처를 생각하면 다음과 같이 분류할 수 있습니다.

- 단일 모델 지향(모놀리스 아키텍처)
- 중간적인 모델(모듈러 모놀리스)
- 분산 모델 지향(마이크로서비스 아키텍처)

〈도메인 주도 설계〉에 나오는 국제 해상 운송 사업의 전체 그림을 참고하여 각 아키텍처의 특징을 살펴보겠습니다(그림 1-28).

▼ 그림 1-28 비즈니스의 전체 그림(국제 해상 운송)

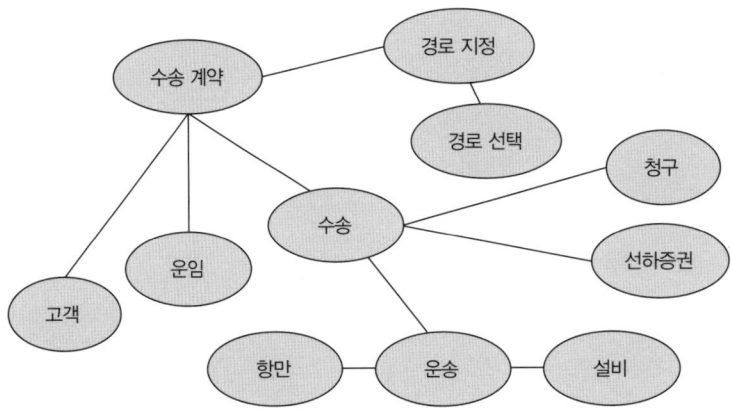

모놀리스 아키텍처

업무 활동 전체를 하나의 모델로 간주하고, 단일 모델로 구현하는 방식이 모놀리스 아키텍처입니다(그림 1-29). 모든 기능이 단일 애플리케이션으로 운영되며, 모든 데이터를 단일 데이터베이스로 관리합니다.

▼ 그림 1-29 모놀리스 아키텍처

단일 애플리케이션
단일 데이터베이스

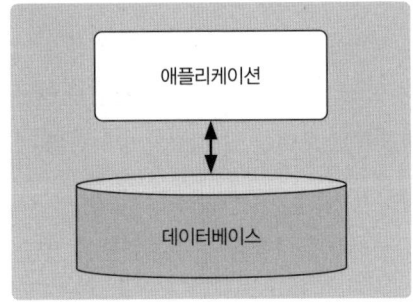

모놀리스 아키텍처는 국소적이고 부분적인 변경에도 전체를 변경했을 때와 동일한 방식으로 처리합니다. 예를 들어 경로 선택 로직만 변경하는 경우에도 전체 애플리케이션을 다시 테스트해야 합니다. 구조적으로 통합된 시스템에서는 부분적인 요소의 변경이 전체에 어떤 영향을 미치는지 파악하기 어렵기 때문입니다.

모듈러 모놀리스

애플리케이션의 변경이 전체에 영향을 미치지 않도록 하기 위한 방안으로 애플리케이션을 기능별로 분할하여 변경이 필요한 부분만 개발, 테스트, 재배치할 수 있도록 하는 방법이 있습니다. 바로 모듈러 모놀리스라고 부르는 아키텍처입니다(그림 1-30).

▼ 그림 1-30 모듈러 모놀리스

애플리케이션을 서비스로 분할
데이터베이스를 통해 서비스 연계

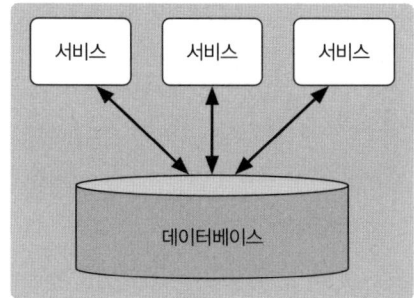

모듈러 모놀리스에서는 서비스[7](기능)를 독립적으로 개발하고 재배치할 수 있으므로 모놀리스 아키텍처에 비해 변경이 용이합니다. 예를 들어 경로 선택 로직을 수정할 경우, 다른 서비스에 영향을 주지 않고 경로 선택 로직 내에서만 변경할 수 있습니다.

하지만 모듈러 모놀리스에서는 단일 데이터베이스를 통해 서비스 간 연동이 이루어지기 때문에 데이터베이스와 관련된 변경은 모놀리스 아키텍처와 동일한 문제가 발생합니다. 이를테면 데이터베이스 구조를 변경하면 애플리케이션 전체를 다시 테스트해야 합니다.

---

[7] 분할된 애플리케이션 기능을 서비스라고 부르기도 하는데, SOA(Service-Oriented Architecture, 서비스 지향 아키텍처)의 개념에서 사용된 용어입니다.

마이크로서비스 아키텍처

기능의 분할뿐만 아니라 데이터베이스도 분할하는 것이 마이크로서비스 아키텍처입니다(그림 1-31).

▼ 그림 1-31 마이크로서비스 아키텍처
서비스 간 통신으로 연결

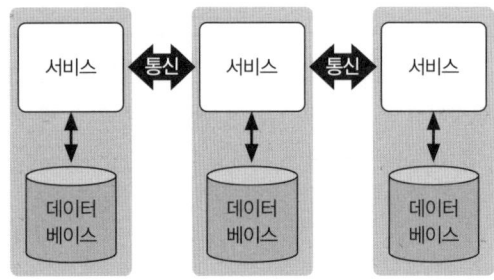

변경으로 인한 영향 범위를 물리적으로 지정할 수 있기 때문에 모놀리스 아키텍처나 모듈러 모놀리스보다 발전 가능성이 높은 아키텍처입니다.

하지만 마이크로서비스 아키텍처에는 두 가지 큰 과제가 있습니다.

- 서비스 간 연결 방법
- 서비스 간에 공유해야 할 데이터 처리 방법

서비스 간 연결을 어떻게 할까

모듈러 모놀리스에서는 서비스 간의 연결이 공통 데이터베이스를 통해 이루어집니다. 한 서비스가 데이터베이스에 저장한 결과를 다른 서비스가 참조하는 방식입니다.

마이크로서비스 아키텍처에서는 통신으로 서로 연결합니다. 연결 수단을 데이터베이스 공유에서 통신으로 바꾸면 개별 서비스 간의 독립성을 높일 수 있습니다. 각 서비스에서 기능이나 데이터베이스를 변경해도 다른 서비스는 영향을 받지 않습니다. 통신의 사양을 변경하지 않는 한, 각 서비스를 독립적으로 변경할 수 있습니다.

물론 통신으로 연결하는 것에는 문제가 있습니다. 통신은 데이터베이스에 비해 느리고 불안정합니다. 실시간으로 연결 상태를 확인하고 재시도하는 등 데이터베이스를 이용할 때는 거의 신경 쓰지 않았던 문제들에 대한 추가적인 대응이 필요합니다.

서비스 간 데이터를 어떻게 공유할까?

데이터베이스도 분할되어 독립적으로 운영되는 마이크로서비스 아키텍처에서는 여러 서비스가 동일한 데이터를 참조하는 구조를 쉽게 구현할 수 없습니다.

이를 실현하는 방법에는 몇 가지 선택 사항이 있습니다.

- 매번 필요한 정보를 다시 조회한다.
- 정보 공유를 위한 서비스를 만든다(예 상품 카탈로그 서비스).
- 정보를 복제한다(이용하는 쪽에서 캐시한다).

각각의 방법에는 장단점이 있습니다. 독립성과 발전성을 실현한다는 분산 아키텍처의 목적에 비추어 볼 때 서비스 간 실시간 의존성을 줄여 주는 세 번째 '정보를 복제하는 방법'이 좋은 선택입니다.

서비스 간 연결과 데이터 공유는 여러 가지 방법으로 구현할 수 있습니다. 어떤 방법을 선택하더라도 트레이드오프(trade-off) 관계가 발생합니다. 이러한 분산 방식의 과제를 해결하기 위해 지난 몇 년 동안 다양한 방법이 시도되어 왔으며 책으로도 출간되었습니다. 도구 혹은 클라우드 서비스와 같은 형태의 기능으로도 제공되고 있습니다.

예를 들어 분산 아키텍처의 구현 방법과 트레이드오프를 알기 쉽게 정리한 책인 〈소프트웨어 아키텍처 The Hard Parts〉(한빛미디어, 2022년)는 분산 아키텍처를 구현할 때 많은 도움이 될 것입니다.

비즈니스 활동을 지원하는 분산 아키텍처

오늘날 대부분의 비즈니스 활동은 어떤 형태로든 디지털 정보를 기반으로 이루어지고 있습니다. 적절한 소프트웨어를 개발하거나 도입하여 활용하는 것은 비즈니스의 유지와 이익에 큰 영향을 미치게 되었습니다.

어떤 업무 영역을 어떻게 시스템화하고 어떻게 연결할 것인가? 그리고 전체 시스템의 네트워크 구성을 비즈니스와 함께 성장하고 발전시켜 나가기 위해서는 어떤 모델로 설계하는 것이 좋을까? 〈도메인 주도 설계〉의 4부는 바로 이러한 과제를 해결하기 위한 개념과 설계 방식입니다.

1.3.3 도메인 주도 설계 도입하기

〈도메인 주도 설계〉가 쓰여진 20년 전만 해도 분산 아키텍처는 그다지 보편적인 선택이 아니었습니다. 〈도메인 주도 설계〉에도 분산 아키텍처를 전제로 하는 내용은 없습니다. 그럼에도 최근 분산 아키텍처에 대한 논의에서 도메인 주도 설계의 개념을 참고하는 경우가 많은 이유는 무엇일까요?

그것은 〈도메인 주도 설계〉에서 경계 컨텍스트의 개념이 분산 아키텍처의 개념과 닮은 점이 많기 때문입니다.

경계 컨텍스트

경계 컨텍스트를 이해하기 위해서는 먼저 도메인 모델을 이해해야 합니다.

도메인 모델은 복잡한 업무 규칙을 소프트웨어로 표현하기 위한 도구로, 다음 세 가지 용도로 사용합니다(이 책의 1.1절과 1.2절 참조).

- 업무 지식의 요점 정리
- 개발 활동에서 의도를 전달하는 기본 용어
- 클래스 설계의 골격

이 세 가지 용도를 고려할 때 비즈니스 전체를 하나의 도메인 모델로 표현하는 것은 적절하지 않습니다. 비즈니스 활동 전체에서 업무 지식의 요점만 정리한다고 해도 그 양이 방대할 것이며, 기본 용어만 해도 상당히 많을 것입니다. 그것들을 모두 하나의 모델로 정리하여 클래스로 표현하려면 엄청난 노력이 필요합니다. 그렇게 거대한 모델을 만든다고 해도 그 모델 전체가 실제로 도움이 되는 경우는 거의 없을 것입니다.

컨텍스트는 문장의 전후 관계에 따라 용어의 의미가 결정된다는 것을 나타내는 단어입니다. 경계 컨텍스트란 도메인 모델을 만들 때 용어의 의미가 같은 범위와 다른 범위를 구분한다는 개념입니다. 다시 말해, 도메인 모델을 만드는 대상 범위를 한정함으로써 의도가 명확하고 모순되지 않는 도메인 모델을 만들 수 있다는 뜻입니다.

비즈니스 활동은 다양한 요소가 얽혀 있습니다. 또한 같은 용어를 사용하더라도 한 업무에서 사용하는 의미와 다른 업무에서 사용하는 의미가 다른 것이 일반적입니다. '잠재고객'이라는 용어를 예로 설명해 보겠습니다. 마케팅팀에서의 잠재고객이란 자사 제품을 인지시키고 영업 활동으로 연결하기 위해 연락처를 확보하는 대상입니다. 반면 영업팀에서는 첫 접촉을 시작으로 다양한 이력을 기록하거나 상담의 중요도, 수주의 확실성 등을 관리하는 영업 활동의 대상입니다.

따라서 경계 컨텍스트에 따라 업무의 목적과 관심사가 다른 영역을 구분하여 영역별로 명확하고 일관성 있는 도메인 모델을 만들 수 있도록 합니다.

컨텍스트 구분 방법

도메인 모델에서 용어가 하나의 의미를 갖는 범위는 다음 그림과 같은 네 가지 요소에 크게 영향을 받습니다.

▼ 그림 1-32 컨텍스트 경계가 결정되는 주요 요인

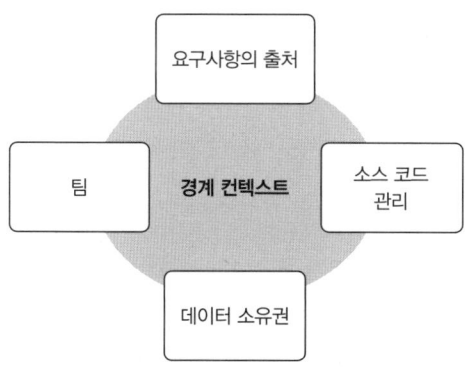

팀 구성이 다르면 같은 용어를 같은 의미로 사용하지 않을 수도 있습니다. 팀 구성은 도메인 모델의 컨텍스트를 결정하는 큰 요소 중 하나입니다. 요구사항의 출처(고객이나 제품 소유자)가 다르면 하나의 모델에서 일관된 의미를 유지하기가 어렵습니다.

소스 코드를 관리하는 단위도 컨텍스트 경계를 명확하게 하기 위한 중요한 요소입니다. 하나의 도메인 모델을 여러 소스 코드 단위로 나누어 버리면 도메인 모델의 일관성이 사라집니다. 또한 하나의 소스 코드에 여러 도메인 모델이 뒤섞이면 각각의 도메인 모델의 독립성이 손실됩니다.

데이터 소유권 또는 데이터베이스 테이블 설계에 대한 변경 관리 범위는 도메인 모델이 통용되는 범위에 큰 영향을 미칩니다. 애플리케이션을 개발하는 팀과 다른 팀이 테이블을 설계하고 변경하는 방식이라면, 애플리케이션의 기본 도메인 모델과 테이블 설계의 기본 도메인 모델은 별개의 것이 되어 일관성을 유지하기가 어렵습니다.

경계 컨텍스트와 서비스 규모

도메인 주도 설계의 경계 컨텍스트는 기본적으로 분산 아키텍처의 구성 요소(서비스)와 일치할 것으로 보입니다. 하지만 경계 컨텍스트와 서비스가 반드시 일치하는 것은 아닙니다. 두 가지 예를 들어 보겠습니다.

먼저 하나의 경계 컨텍스트를 여러 서비스로 나누는 경우입니다. 하나의 도메인 모델을 기반으로 하는 애플리케이션에서 특정 기능만이 고도의 확장성이나 가용성을 요구하는 경우를 가정해 봅시다. 이런 경우에는 비기능적 요건만을 다른 서비스로 나누어서, 확장성이나 가용성을 확보할 수 있습니다.

또 다른 경우는, 넓은 범위를 하나의 경계 컨텍스트로 묶어 도메인 모델을 만들어 보는 것입니다. 몇 개의 컨텍스트와 서비스로 나누려고 해도 아직 경계가 명확하지 않은 경우가 있을 수 있습니다. 이럴 때는 일단 하나의 도메인 모델로 개발하다가 경계가 명확해진 부분부터 별도의 서비스로 분리하는 것이 좋습니다. 먼저 마이크로서비스로 쪼개고 난 후 서비스를 다시 통합하거나 서비스 역할의 경계에 따라 기능이나 데이터를 이동시키는 것은 상당한 부담이 될 수 있기 때문입니다.

1.3.4 서비스 간 연동 방법과 도메인 주도 설계

서로 다른 도메인 모델을 기반으로 여러 서비스를 연결할 때 어떤 문제가 있을까요? 이러한 문제는 어떻게 해결할 수 있을까요? 이에 대한 대응으로, 연결 방식을 지속적으로 개선하기 위한 방법이 바로 컨텍스트 맵입니다.

컨텍스트 맵

컨텍스트 맵의 아이디어 자체는 간단합니다. 각 도메인 모델의 배경이 되는 경계 컨텍스트를 열거하고, 연결이 필요한 컨텍스트 사이를 선으로 연결하면 그림의 형태로 컨텍스트 맵이 완성됩니다.

물론 실제 서비스 연동은 그렇게 간단하지 않습니다. 그렇다면 무엇 때문에 문제가 복잡한 것일까요? 에반스는 그 원인 중 하나를 팀 간의 의사소통에서 찾았습니다. 기술적인 해결책이 있더라도 실제로 서비스와 서비스를 연결하려면 여러 가지 조정이 필요합니다. 이해관계가 상충될 경우 이를 조정하는 일이 양쪽 팀에게 상당히 부담스러울 수 있습니다.

에반스는 팀 간의 관계를 다음 세 가지로 분류했습니다.

- 대등한 관계
- 편향된 관계
- 단절된 관계

이 세 가지를 전제로 하는 컨텍스트 간 연결 방법을 다음과 같은 몇 가지 유형으로 분류했습니다(표 1-4).

▼ 표 1-4 팀 간 관계와 컨텍스트를 연결하는 방법

팀 간 관계	컨텍스트 간 연결 방법	설명
대등한 관계	파트너십	서로가 윈-윈 관계에서 협력한다.
	공유 커널	공통 로직을 공동 소유한다.
편향된 관계	고객과 공급자	서비스 제공자가 사용자를 만족시킨다.
	순응자	서비스 제공자의 모델을 사용자가 그대로 사용한다.
	부패 방지 계층	사용자가 변환한다.
	공개 호스트 서비스	제공자가 변환한다.
단절된 관계	각자 연결	특별히 조정하지 않는다.

대등한 관계

각 서비스를 담당하는 팀이 대등한 관계로 서비스를 서로 연결합니다. 연결 방식에는 파트너십(협력 관계)과 공유 커널, 두 가지 패턴이 있습니다.

파트너십은 서로 대등한 관계에서 원활하게 소통할 수 있을 때 나타나는 패턴입니다. 의견 차이는 합리적으로 조정할 수 있습니다.

공유 커널은 여러 팀이 공통 로직의 모듈을 공동으로 소유하는 방식입니다. 이 공통 모듈에 변경이 발생하면 공통 모듈을 소유한 모든 팀의 빌드와 시스템에 영향을 미치기 때문에 팀 간 소통이 원활하지 않은 상황에서도 모델의 일부를 강제로 공유하도록 하는 방식입니다.

편향된 관계

팀 간의 관계는 대부분 어떤 형태로든 편향된 경우가 많습니다. 연결 방식을 주도하는 팀이 어느 팀인지, 연결 방식의 변환을 구현하는 팀이 어느 팀인지에 따라 네 가지 패턴으로 나뉩니다.

고객과 공급자는 서비스를 이용하는 사용자(고객)의 요청에 따라 서비스를 제공하는 제공자(공급자)가 연결 방법을 준비하는 관계입니다. 조정의 원칙이 단순하고 조정하기 쉬운 패턴입니다.

순응자는 서비스 제공자의 모델을 사용자가 그대로 사용하는 관계입니다. 서로의 도메인 모델에 약간의 차이가 있더라도 이를 그대로 받아들일 수 있다면 서로에게 부담이 적은 패턴입니다.

부패 방지 계층(Anti-Corruption Layer)은 도메인 모델의 차이를 사용자가 변환하는 패턴입니다. 제공자가 쉽게 변경할 수 없는 기존 시스템과의 연동 등에서 많이 사용됩니다.

공개 호스트 서비스는 제공자가 도메인 모델을 변환하는 방식입니다. 사용자의 서비스가 여러 개이거나, 제공자가 어떤 이익(예 과금)을 기대할 수 있는 경우 선택할 수 있는 패턴입니다.

단절된 관계

서로 다른 서비스에서 업무 로직이 중복되는 경우가 있더라도 각 팀이 독자적으로 도메인 모델을 만들어 구현하는 패턴입니다. 중복을 의도적으로 허용하는 방식입니다.

업무 로직의 중복(도메인 모델의 중복)은 바람직한 것이 아니지만, 중복 부분을 공동 소유로 바꾸거나 어느 쪽의 서비스가 제공되고 다른 한쪽이 이용되는 것과 같은 조정이 쉽지 않은 경우도 많기 때문입니다. 그러한 관계를 해결하기 위한 비용 대비 효과가 나쁜 경우에는, 각자 연결하는 방법이 현실적인 선택 사항이 됩니다.

서비스 간 조정 방식

서로 다른 컨텍스트의 도메인 모델로 만들어진 서비스를 연결하는 경우, 상호 간에 도메인 모델을 모두 이해하고 조정한다는 것이 현실적이지 않습니다. 다음과 같이 필요한 부분만 발췌하여 상대방에게 정확하게 전달하는 방법이 있습니다.

- **API 사양 공개**: 통신 부분의 소스 코드에서 API의 통신 사양 문서를 자동으로 생성하는 도구를 사용한다.
- **테스트 사양 공개**: 테스트 사양을 일종의 계약으로 간주하고 양측이 이를 이행할 책임을 가진다.
- **테스트 환경 제공**: 테스트 환경을 제공하는 측의 부담이 커지지만, 인식의 차이를 조기에 발견하기 위해서는 바람직하다.

컨텍스트 맵은 누가 만드나?

컨텍스트 맵은 전담 팀이 만들고 유지하는 것이 아닙니다. 각 컨텍스트의 도메인 모델을 담당하는 팀이 어떤 형태로든 컨텍스트 맵을 만들고 계속 개선해야 합니다. 컨텍스트 맵이라는 큰 모델에서도 설계와 구현이 확실히 연결되는 것이 도메인 주도 설계의 기본 원칙입니다.

여러 팀을 아우르는 협력 체계에 대해서는 엔터프라이즈 애자일과 대규모 애자일의 관점에서 다양한 방식이 제안되고 있습니다. 도메인 주도 설계에서 컨텍스트 맵의 개념과 설계 방식은 이러한 팀 간 협력의 도구 중 하나로 유용하게 활용될 수 있습니다.

1.3.5 핵심 도메인에 집중하기

〈도메인 주도 설계〉의 전략적 설계에서 중요한 요소로 '핵심 도메인에 집중한다'는 개념이 있습니다. 경계 컨텍스트 안에서 의도가 명확하고 모순이나 모호함이 없는 일관된 도메인 모델을 만들면서 업무 지식의 요점을 정리합니다. 또한 이해관계자들의 의도를 정확하게 전달하기 위한 기본 용어를 정비하고, 그 내용을 설계의 골격으로 프로그래밍 언어를 사용해 표현하는 것이 도메인 주도 설계 방식입니다.

그러나 비즈니스 영역 전체에 도메인 주도 설계 방식을 적용하는 것은 현실적이지 않습니다. 좀 더 비용 대비 효율적인 방법을 고민하는 것도 전략적 설계의 중요한 과제입니다. 이것이 바로 '핵심 도메인에 집중한다'라는 설계 방식입니다.

집중해야 할 핵심 도메인을 식별하기 위해 다음 두 가지 관점을 결합합니다.

- **업무 로직의 복잡성**: 업무 프로세스와 업무 규칙의 복잡성
- **업무의 고유성**: 자사만의 고유한 업무 방침을 가지는 것이 중요한지, 아니면 타사와 동일한 방식이어도 상관없는지?

이 두 축을 조합하여 네 개의 영역으로 나누면, 비즈니스 활동의 경쟁 우위를 창출하는(비즈니스의 핵심이 되는) 것은 '복잡한 업무'와 '자사의 독자적인 업무' 두 가지가 결합된 영역입니다(그림 1-33).

이 영역에서는 비즈니스의 경쟁 우위를 획득하고 유지하기 위해 업무 방식과 업무 규칙이 빈번하게 변경됩니다. 비즈니스가 성장하고 발전하기 위한 핵심 업무의 영역이며, 이를 지원하는 소프트웨어를 만든다는 목적을 달성하기 위해 도메인 주도 설계를 활용해야 하는 영역입니다.

▼ 그림 1-33 경쟁 우위의 원천이 되는 업무 영역

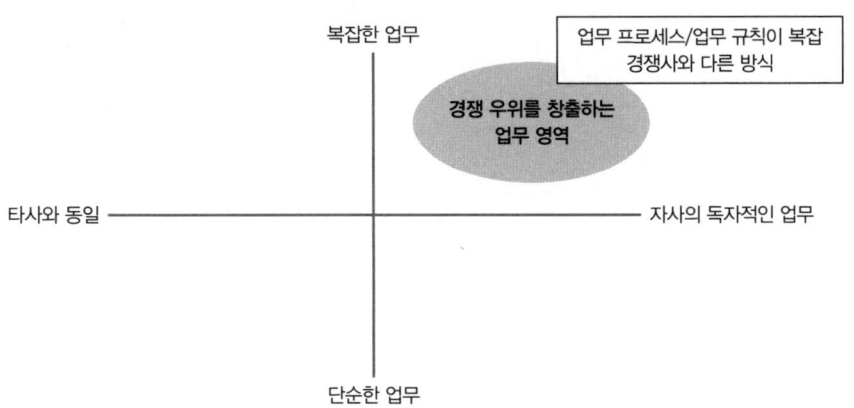

기타 영역의 개발 정책

핵심 도메인 이외 영역의 소프트웨어 개발 정책에는 크게 표 1-5와 같은 세 가지 선택 사항이 있습니다.

▼ 표 1-5 소프트웨어 개발 정책: 세 가지 선택 사항

선택 사항	모델/설계/구현	특성	발전성
완제품	고정(설정 변경은 가능)	• 단기 도입 • 타사도 이용 가능	△
이지 오더 로우 코드/노코드	• 모델을 만들기 위한 모델(메타 모델)과 실행의 틀을 제공 • 부분적인 프로그래밍이 가능	• 메타 모델에 의존 • 사용자 정의(커스터마이즈)용 UI를 제공	×
풀 오더	모델도 설계도 독자적으로 수행	• 고위험 • 고비용	○

완제품

완제품을 사용하는 영역의 업무는 나름대로 복잡하지만, 업무 프로세스나 규칙은 타사와 같아도 좋다고 판단할 수 있는 영역입니다. 구체적으로는 재무회계·청구·계약 관리 등 SaaS를 이용하는 것을 검토합니다.

이지 오더 방식

두 번째는 이지 오더(솔루션/플랫폼 기반 맞춤형) 방식입니다. 구체적으로는 로우 코드/노코드 개발 툴을 이용합니다. 이지 오더 방식을 사용하는 영역은 자사 독자적이지만, 업무 프로세스나 업무 규칙은 비교적 단순한 업무를 대상으로 합니다. 특히 업무는 단순하지만 SaaS 등 완제품으로는 대응할 수 없는 영역에 한정해 사용하는 것이 가장 비용 대비 효과가 높은 사용법입니다. 만약 소프트웨어에 변경이 필요하다면 도구를 커스터마이즈하는 것보다는 새로 다시 만드는 것이 저렴하고 빠를지도 모릅니다.

풀 오더 방식

만약 자주 변경해야 한다면 그것은 풀 오더(완전 맞춤형) 방식을 적용해야 하는 영역으로 봐야 할 것입니다. 풀 오더의 개발은 모델·설계·구현을 임의로 할 수 있는 가장 자유도가 높은 방법입니다. 비용이 높고 리스크가 크지만, 발전성이 가장 높습니다. 비즈니스 유지의 핵심이 되는 영역으로 업무가 복잡하고 자사의 독자성이 필요하며, 비즈니스의 성장과 발전을 위해 소프트웨어의 변경을 계속해야 하는 영역입니다.

도메인 주도 설계는 핵심 업무 영역을 대상으로, 비즈니스와 함께 발전하는 소프트웨어를 만들기 위한 설계 기법입니다. 풀 오더 방식으로 임하는 부분이, 바로 도메인 주도 설계를 활용해야 하는 영역입니다(그림 1-34).

▼ 그림 1-34 세 가지 개발 방식을 적용하는 영역

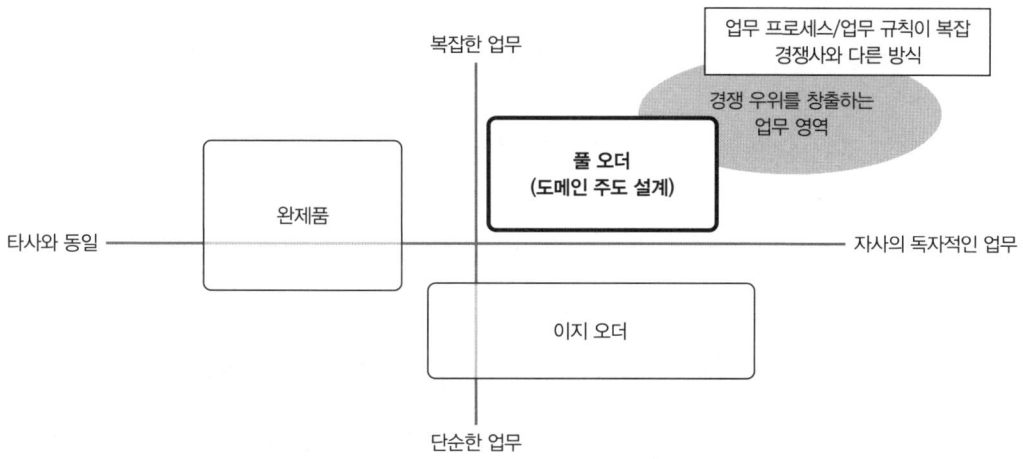

개발 정책은 변화한다

세 가지 개발 정책은 고정된 것이 아닙니다. 오히려 다음 그림과 같이 다양한 상황 변화에 적응하고 필요에 따라 개발 정책을 발전시켜 나가는 것이 중요합니다.

▼ 그림 1-35 개발 정책의 변화 패턴

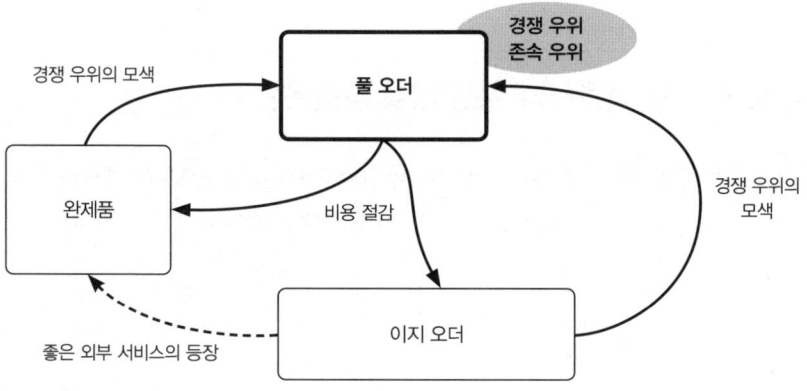

1.3.6 요약

도메인 주도 설계는 분산 아키텍처를 어떻게 분할하고 어떻게 연결할 것인지에 대한 모델을 제공합니다. 이를 위한 전략적 설계 패턴으로 경계 컨텍스트, 컨텍스트 맵, 핵심 도메인이 도움이 됩니다.

또한, 분산 아키텍처는 신규 개발뿐만 아니라 그 구성 요소로서 기존 시스템과의 병행 운영, SaaS 활용, 로우 코드/노코드 도구를 이용하여 개발한 애플리케이션과의 연동 등을 포함한 비즈니스 활동 전체를 고려하여 검토하는 것이 중요합니다. 이러한 검토를 지원하는 도구가 컨텍스트 맵과 컨텍스트 간 연결 패턴이며, 그리고 핵심 도메인이라는 개념이 있습니다.

1.4 도메인 주도 설계를 개발 프로세스에 도입하기: 다양한 현장에서 바라본 네 가지 관점

지금까지 도메인 주도 설계의 기본과 모델의 설계 패턴을 살펴보았습니다. 그렇다면 실제 프로젝트에 도입하려면 어떻게 해야 할까요?

이 절에서는 실제 개발 프로젝트에 도메인 주도 설계를 도입한 경험을 바탕으로 현장에서 필요한 네 가지 관점을 설명하고 세 가지 사례도 소개합니다.

1.4.1 도메인 주도 설계를 적용하기 쉬운 개발 방법은?

도메인 주도 설계는 특정 개발 방법론과 연계되어 있지는 않지만, 애자일 소프트웨어 개발을 지향하고 있습니다. 〈도메인 주도 설계〉에서는 다음과 같은 두 가지 관행이 정착되어 있다고 가정하고 설명하겠습니다.

> - **개발은 반복적이다**
>   개발 방식을 반복적으로 적용함으로써 변화와 불확실성에 대처한다.
> - **개발자와 도메인 전문가가 밀접하게 관여하고 있다**
>   반복적인 개발 과정에서 개발자와 도메인 전문가(업무에 정통한 사람)가 밀접하게 관여하여 방대한 지식을 기반으로 도메인에 대한 깊은 통찰력과 집중해야 할 주요 개념을 반영하는 모델을 만들어 낸다.

이것이 이른바 애자일 개발 방식입니다. 그리고 복잡한 업무 로직에 초점을 맞춰 도메인 모델을 만들고, 이를 소스 코드로 표현하는 것을 개발 활동의 중심으로 삼고 있습니다. 애플리케이션 전체는 그 도메인 모델을 중심으로 화면 처리나 데이터베이스 처리를 조금씩 추가해 나가는 개발 방식입니다.

반면 워터폴 방식은 상위 공정에서 하위 공정으로, 단계적으로 요구사항 정의→외부 설계→내부 설계 순으로 진행됩니다. 애플리케이션 전체를 외부에서 정의하고 마지막에 구현하는 방식입니다. '외부부터 차근차근 채워 나가면서 내부로 구현해 나가는' 스타일의 개발 방식입니다.

도메인 주도 설계의 개발 방식은 복잡한 업무 규칙에 초점을 맞추고, 거기서부터 차곡차곡 쌓아가며 확장해 나가는 증분형(incremental) 접근 방식입니다. 핵심에 집중하여 업무 지식을 넓혀 가면서 도메인 모델을 성장시키고, 그 모델을 기반으로 동작하는 소프트웨어를 완성해 나갑니다.

핵심에 집중하고 거기에 집중하여 도메인 모델을 만들고 구현까지 진행하는 스타일을 도입할 수 있는 개발 프로세스라면, 어떤 형태로든 도메인 주도 설계의 사고 방식과 설계 방식을 활용할 수 있을 것입니다.

1.4.2 개발 프로세스에 도입할 때 네 가지 관점

최근에는 워터폴 방식으로 일정을 관리하면서 유연하게 사양 변경을 수용하는 애자일 방식을 도입하는 프로젝트가 늘고 있는 것 같습니다.

워터폴 방식에서도 업무 규칙을 정리하고 구현한다면 도메인 주도 설계는 유용한 접근 방식이 될 수 있습니다. 다만 이해관계자와 팀 등의 체계, 프로젝트 관리 방법, 문서화 표준 등에서 기존 방식을 어떻게 조율할 것인지 등 이런저런 고민과 학습이 필요합니다.

필자는 워터폴 방식의 여러 프로젝트에서 도메인 주도 설계의 개념과 설계 방식을 도입해 왔습니다. 그것들을 돌이켜보면 잘된 패턴과 잘못된 패턴이 여러 가지로 나타났습니다. 그러한 패턴을 다음 네 가지 관점으로 분류해 소개합니다.

- 도메인 지식을 얻기 쉬운 환경을 만든다.
- 업무 규칙을 잘 도출한다.
- 팀에서 도메인 지식을 공유한다.
- 현실의 제약 속에서 도메인 주도 설계를 계속 적용한다.

1.4.3 도메인 지식을 얻기 쉬운 환경 만들기

도메인 주도 설계에서는 도메인 지식을 얻기 쉬운 환경을 만드는 것이 매우 중요합니다. 개발자와 도메인 전문가가 밀접하게 협력하는 환경이 바로 그러한 환경입니다.

고객이나 제품 소유자와 함께 개발할 수 있다면, 도메인 모델을 성장시키는 것이 더 쉬울 것입니다. 하지만 워터폴 방식만 경험한 관계자가 많다면 이런 소통이 쉽지 않을 수 있습니다. 이런 상황에서 필자는 다음과 같이 노력했습니다.

- 고객에게 미리 설명하고 가능한 한 참여시킨다.
- 고객은 아니지만 업무에 정통한 사람을 찾는다.
- 클래스 이름이나 패키지 이름을 고객과 같은 언어(한국어)로 구현한다.

고객에게 미리 설명하고 잘 참여시킨다

고객과의 프로젝트 킥오프(kick-off, 프로젝트 입안 회의) 시 다음과 같은 사항을 사전에 전달하면 도메인 주도 설계 방식을 도입하기 쉬워집니다.

- 비즈니스 배경이나 개발 대상 외의 업무에 대해서도 많이 들어 보고, 그 부분을 이해한 후에 개발을 진행하고 싶다.
- 도메인 주도 설계라는 기법을 도입하여 용어와 설계에 집중하고 싶다.

고객은 아니지만 업무에 정통한 사람을 찾는다

고객과 직접 소통할 수 없더라도 오랜 기간 그 현장에서 개발을 해온 엔지니어가 있다면 고객 못지않은 도메인 지식을 보유하고 있는 경우가 많습니다. 예를 들어 고객사에 10년째 상주하고 있는 엔지니어 같은 경우입니다. 유지보수와 운영을 경험한 이런 사람들을 잘 활용하면 도메인 지식의 귀중한 출처가 될 수 있습니다.

고객사와 동일한 언어로 클래스 이름과 패키지 이름을 구현한다

고객이 특수한 업무를 수행하거나 용어가 복잡할 때 클래스 이름, 메서드 이름, 구분 값 등을 무리하게 영어로 변환하려고 하면 업무 용어의 의미와 뉘앙스가 사라질 수 있습니다. 고객과 같은 언어(한국어)로 프로그래밍을 하면 업무 용어와 프로그래밍 모델이 일치하고, 유비쿼터스 언어로서 고객과 개발자 간에 언어를 공유할 수 있기 때문에 모델로 성장하기 쉽습니다.

상황을 변화시키기 위한 노력

그럼에도 불구하고 다음과 같은 상황이 발생하기 마련입니다.

- 고객도 업무 내용을 언어화하거나 사양을 결정하는 것에 익숙하지 않다.
- 다단계 하도급 구조로 되어 있어 개발을 실제로 담당하는 기술자와 고객과의 거리가 멀다.

이런 경우에도 다음과 같은 접근법을 통해 상황을 좋은 방향으로 바꿀 수 있다고 생각합니다.

- 고객에게 조금이라도 더 가까이 다가갈 수 있도록 미팅을 잡거나 미리 질문할 내용을 준비한다.
- 고객의 의도를 쉽게 이해할 수 있도록 개발자가 업무에 대한 일반적 지식을 충분히 습득한다.
- 파트타임이나 일시적이라도 좋으니 업무에 정통한 사람을 개발팀에 참여시킨다(특히 초기 단계).
- 고객의 업무를 수행하고 있는 곳(창고나 현장 등)을 견학하여 도메인 지식을 얻는 동시에 고객에게 좋은 인상을 준다.

1.4.4 업무 규칙을 효과적으로 도출하기

도메인 지식을 쉽게 얻을 수 있는 환경에서도 업무 규칙을 잘 도출하는 것은 중요합니다. 이를 위해 필자는 다음과 같은 노력을 기울이고 있습니다.

- 대상 업무 영역을 한정하여 진행한다.
- 고객 업무를 이해하고 있는지 검증한다.

대상 업무 영역을 한정하면서 진행하기

갑자기 광범위하게 모든 업무 규칙을 대상으로 도메인 주도 설계를 적용하려고 하면 모르는 도메인 지식이 너무 많아 업무 규칙을 도출하기가 어려워집니다.

처음에는 대상 영역을 한정하여 그 좁은 영역에 대해서 깊이 이해합니다. 이를 바탕으로 대상 영역을 조금씩 넓혀 가면서 도메인 지식을 습득하다 보면 업무 규칙을 파악할 수 있습니다.

고객 업무에 대한 이해도 검증하기

업무 규칙을 파악하여 구현하는 것뿐만 아니라, 초기 단계부터 기존 시스템의 데이터를 이용하여 업무 규칙의 구현 부분을 실제로 실행하여 보여 줌으로써 실제 수치와 결과 등을 검증하였습니다.

실제 데이터를 통해 검증함으로써 업무 규칙을 제대로 이해하고 적절하게 구현하고 있는지 초기 단계부터 검증할 수 있습니다. 모델에 대해 잘못 이해한 부분이나 고객과 인식이 어긋난 부분을 서로 맞춰 가면서 구현하고 성장시켜 나갑니다.

상황을 변화시키기 위한 노력

업무 규칙 도출에 집중하고 있어도 다음과 같은 상황이 발생하기 쉽습니다.

- 개발팀의 생각대로 개발을 진행해 버린다.
- 개발자에게 익숙하지 않은 업무이기 때문에 고객의 이야기를 들어도 잘 모른다.
- 업무 규칙을 파악하거나 도메인 모델을 만드는 데 너무 많은 시간을 할애해 버린다.

이런 상황에서는 다음과 같이 접근하면 좋은 방향으로 나아갈 수 있습니다.

- 해당 영역의 일반적인 업무 지식이나 업무 규칙을 책이나 인터넷 정보를 통해 파악한다.
- 해당 업무를 수행하고 있는 곳을 견학하여 업무에 대한 이해도를 높인다.
- 실제 사용하고 있는 제품이나 사용 중인 물건의 실물을 보여 줌으로써 업무에 대한 이해도를 높인다.
- 범위를 제한적으로 시작해서 모든 것을 똑같이 분석하는 것이 아니라 핵심에 집중한다.
- 고객이나 제품 소유자를 포함해 업무 규칙을 파악하고 있는지 검증할 수 있는 기회를 늘린다.

1.4.5 팀에서 도메인 지식 공유하기

팀 안에서 도메인 지식을 공유하는 것도 중요합니다. 팀 내 도메인 지식 공유를 위해 다음과 같은 노력을 기울였습니다.

- 팀원들이 고객 업무에 관심을 갖도록 한다.
- 도메인 모델의 발전과 함께 팀원을 성장시킨다.

팀원들이 고객 업무에 관심을 갖도록 한다

개발 구성원 모두가 도메인 주도 설계 방식으로 진행하기를 원하는가 하면, 그렇지 않은 경우도 많습니다. 기술적인 부분이나 프로그래밍에는 관심이 있지만, 고객 업무에 대해 알고 싶어 하지 않는 사람도 있을 수 있습니다.

팀 내 업무에 관심이 있는 구성원이 많을수록 도메인 주도 설계를 추진하기 쉬운 팀이 될 수 있습니다. 도메인 모델을 만들고 그것을 코드로 표현하는 것을 실제로 해보면 도메인(실제 업무)과 설계가 밀접하게 연관되어 있다는 것을 깨닫고 의식이 바뀌는 팀원이 늘어납니다.

도메인 모델과 함께 팀원을 성장시킨다

팀원들이 자체 서비스를 개발하거나, 장기적으로 유지보수에 참여하는 등 지속적으로 같은 소프트웨어에 관여하게 되면, 도메인 모델과 함께 소프트웨어가 발전하면서 업무 이해도도 더욱 높아집니다.

팀에 도메인에 대한 지식이 스며들면 팀원들도 업무에 관심을 가지기 쉽고, 관심을 가지면 이해도가 높아지는 선순환이 이루어집니다. 업무에 관심을 가지면 구성원들이 모여서 모델링할 기회가 많아지고, 대화하면서 용어를 조정하거나 핵심적인 부분을 파악하기 쉬워지고, 집단지성으로 업무도 이해할 수 있게 됩니다.

상황을 변화시키기 위한 노력

팀에서 도메인 지식을 공유할 때 다음과 같은 상황이 발생하기 쉽습니다.

- 실력이 좋은 특정 팀원에게 지식이 편중된다.
- 업무 분석 작업을 나눠서 따로따로 해버린다.
- 팀원이 바뀌어서 지식이 남지 않는다.

팀원의 동기나 역량 부족으로 도메인 주도 설계를 추진하기 어려운 상황이라면 다음과 같은 접근 방법을 적용해 나가면 좋은 방향으로 진행될 수 있습니다.

- 몹 프로그래밍을 통해 업무와 관련된 다양한 사람이 참여하게 함으로써 흥미를 유도한다.
- 기능이나 구현 부분에 맞춰 팀을 나누는 것이 아니라 업무에 맞춰 팀을 나눈다.
- 지속적으로 팀원이 업무 지식을 얻을 수 있는 환경/기회를 정비한다.

- 팀원이 바뀌어도 전달되는 업무 지식을 최대한 늘리기 위해 개발자에게 가장 중요한 표현 수단인 소스 코드에 업무 지식이 작성되어 있는지를 리뷰의 중요한 관점으로 규정한다.

1.4.6 현실의 제약 속에서 도메인 주도 설계를 계속 적용하기

도메인 주도 설계를 시작했다고 하더라도, 다양한 요인 때문에 지속적으로 적용하기 어려운 상황을 많이 봐 왔습니다.

처음에는 팀의 동기와 의욕이 높아 도메인 주도 설계를 추진할 수 있습니다. 하지만 프로젝트의 현실적인 여건이나 프로젝트 목표에 대한 인식의 차이 등이 발생함에 따라 도메인 주도 설계를 계속 추진하기 어려워지기도 합니다. 현실의 제약 속에서 도메인 주도 설계의 접근법을 계속 적용하기 위해서, 다음과 같은 대처 방법을 적용했습니다.

- 작업 공정에 도메인 모델을 발전시키는 과정을 추가한다.
- 팀원의 스킬 수준에 따라 진행한다.
- 도중에 참여한 팀원이 이해하기 쉽도록 한다.

작업 공정에 도메인 모델을 발전시키는 과정을 추가한다

애자일 방식이라면 반복적으로 증분하는 도메인 주도 설계의 개념을 적용하기 쉽습니다. 하지만 WBS(Work Breakdown Structure)[8]에서 작업을 분해하고 간트 차트로 진행 상황을 시각화하는, 워터폴 방식의 프로젝트도 여전히 많습니다.

워터폴 방식에서 도메인 주도 설계를 적용하려면, 도메인 모델에 대한 변경이나 리팩터링을 통해 모델을 성장시키는 작업을 언제, 어디에서 수행할 것인지가 중요한 과제로 남습니다.

한 가지 방법으로, 기능 개발 프로세스 안에 리팩터링 단계를 미리 확보해 두면 팀에 리팩터링을 실행할 여유가 생깁니다.

팀원의 스킬 수준에 따라 진행한다

팀 전원이 도메인(비즈니스 활동)을 이해하면서 개발할 수 있는 상태가 바람직합니다. 하지만 업무에 관한 지식, 동기, 기술력 등이 팀원마다 달라서 전원이 동일하게 도메인 분석과 업무를 이해

---

8 프로젝트의 모든 작업을 아주 잘게 쪼개 목록으로 만드는 것을 말합니다.

하면서 개발하기가 어려울 수도 있습니다.

그런 경우는, 도메인에 대한 지식이나 기술력에 따라 전문가, 시니어, 주니어로 나누고, 전문가의 지시 아래 시니어가 주도해 업무에 대한 이해를 바탕으로 도메인을 분석한 다음, 주니어에게 전파하는 방법이 있습니다. 이러한 진행 방법으로, 주니어가 시니어로, 시니어가 전문가로 성장할 수 있는 기회가 생깁니다.

도중에 참여한 팀원이 이해하기 쉽도록 한다

도메인 주도 설계가 잘되어 있으면 업무 지식은 유비쿼터스 언어로서 소스 코드에 반영되어 있는 형태가 됩니다. 그렇게 되면, 프로젝트 도중에 참가하는 팀원이 있거나 얼마 지나지 않아 유지보수 개발로 소프트웨어를 개선할 때도 업무를 이해하면서 소프트웨어의 내용을 파악하기 쉬워집니다.

도메인 주도 설계의 효과는 바로 이해하기 쉽다는 데 있습니다. 계속해서 진화하는 소프트웨어를 생성하는 것이 도메인 주도 설계의 목표입니다.

상황을 변화시키기 위한 노력

도메인 주도 설계를 계속 적용하려고 해도 다음과 같은 다양한 어려움에 직면할 수 있습니다.

- 도메인 주도 설계 방식에 대한 프로젝트 관리자의 이해가 부족하다.
- 프로젝트가 잘 진행되지 않으면 도메인 주도 설계를 도입한 것이 화근이 될 수 있다.
- 계약 형태 등으로 도메인 주도 설계 방식에 대한 동기 부여가 되지 않는 구성원도 있다.

새로운 것에 도전하려고 하면 현실과 부딪히는 과정에서 어려움을 겪는 것은 당연합니다. 이런 상황에서는 필자의 경험에 비추어 보면, 다음과 같은 접근법을 적용했을 때 좋은 방향으로 나아갈 수 있을 거라고 생각합니다.

- 도메인 주도 설계로 개발한 경험이 있는 사람을 팀원으로 추가해 지식을 공유하도록 한다.
- 도메인 주도 설계의 좋은 점과 나쁜 점을 잘 파악하여 좋은 점을 효과적으로 사용할 수 있도록 한다.
- 혼자서는 마음이 꺾이기 쉬우므로 여러 명이 함께 작업하고 서로 동기 부여를 할 수 있는 환경을 만든다.
- 경영진을 참여시켜 탑 다운(하향식)으로 추진할 수 있는 환경을 만든다.

1.4.7 적용 사례 ① – 적절한 팀 구성

지금까지 설명한 내용은 필자가 실제로 경험한 몇 가지 개발 프로젝트의 내용을 바탕으로 정리한 것입니다. 그 바탕이 된 구체적인 사례로, 팀 배분에 대한 흥미로운 경험이 되었던 프로젝트를 소개합니다.

개발 프로젝트 상황

이것은 회사도 크고 개발 규모도 상당히 큰 프로젝트였습니다. 개발 체계는 다음과 같습니다.

- 고객 측: 경영진, 사업팀, 정보 시스템팀
- 개발 회사: SI의 X사, Y사

개발은 정보 시스템팀 주도로 진행되었으며, X사는 화면 담당 개발을 수행하는 프런트엔드팀, Y사는 서버측 개발을 수행하는 백엔드팀으로 구성되어 있습니다(그림 1-36).

▼ 그림 1-36 사례 ①의 개발 프로젝트 상황

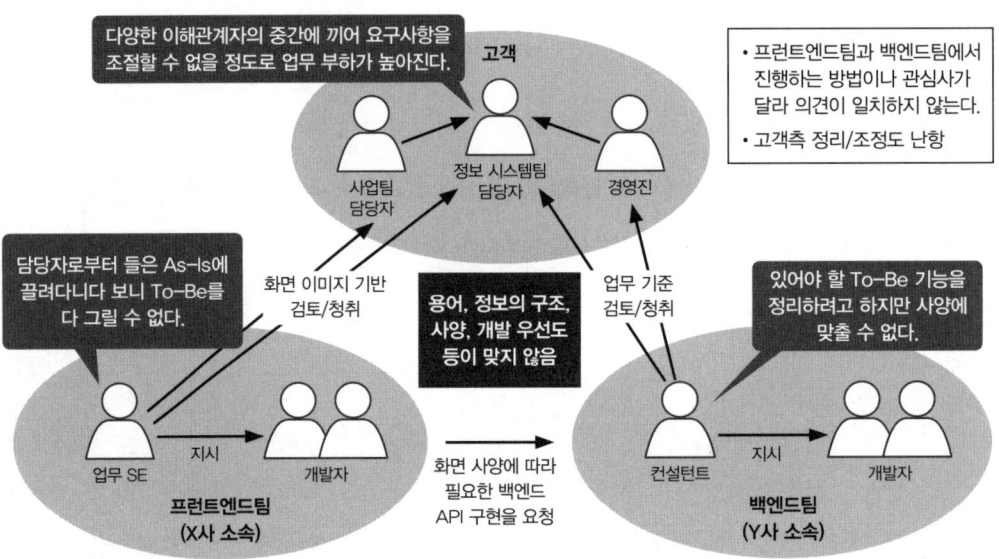

프런트엔드팀은 사업팀 담당자에게 들은 As-Is(현재)의 화면 이미지를 기반으로 검토하고, 그 화면 사양에 따라 필요한 API를 백엔드팀에 요청했습니다. 한편 백엔드팀은 To-Be(미래)의 화면 이미지를 경영진에게 듣고 프런트엔드팀에서 요청하는 API를 개발했습니다.

이 개발 프로젝트를 네 가지 관점에서 바라본 상황은 표 1-6과 같습니다.

▼ 표 1-6 사례 ①의 개발 프로젝트 상황

네 가지 시점	상황
도메인 지식을 얻기 쉬운 환경 만들기	도메인 지식을 얻을 수 있는 환경은 잘 갖춰져 있으나 정보의 출처가 여러 곳이어서 팀마다 업무 이해도가 달랐다.
업무 규칙을 효율적으로 도출하기	프런트엔드팀은 As-Is 화면을 기반으로 하는 업무 규칙에서 사양을 도출하고, 백엔드팀은 To-Be를 중심으로 업무 규칙을 도출하다 보니 컨텍스트의 차이로 의미의 혼동이 빈번하게 발생한다.
팀 내 도메인 지식 공유하기	가장 큰 문제점은 바로 이 부분이다. 컨텍스트가 다르거나 화면 기반으로 업무를 파악하는 등 팀마다 업무에 대해 다른 도메인 모델을 사용하고 있었다.
현실의 제약 속에서 도메인 주도 설계를 계속하기	용어와 정보 구조가 맞지 않는 문제는 인지하고 있었다. 지속적으로 도메인 주도 설계를 적용하고 개선하려는 동기 부여는 있었다.

개선의 노력

프런트엔드팀과 백엔드팀으로 나누어 개발한 결과, 다음과 같은 문제가 분명히 드러났습니다.

- 각 팀의 용어와 사양이 서로 맞지 않아 일관성이 없는 상태가 되어 버렸다.
- 업무에 대한 인식이 엇갈려 팀 간에 개발 우선순위와 진행 방식이 합의되지 않은 상태가 되어 버렸다.
- 그러한 상황을 고객이 정리하고 조정할 수 없게 되었다.

이 상황을 개선하기 위해서, 프런트엔드팀과 백엔드팀으로 나누지 않고, '업무 영역마다 팀을 나누는 체제로 바꾸었습니다. 다음 그림과 같이 업무 SE, 프런트엔드 개발자, 백엔드 개발자, To-Be를 명세화하기 위한 컨설턴트로 한 개의 팀을 구성하는 체제입니다(그림 1-37).

이렇게 함으로써 경계 컨텍스트 단위로 팀이 구성되어 하나의 도메인 모델을 공유할 수 있게 되었습니다. 용어나 설계를 공유하게 되어, 팀 내 상호 이해와 논의가 한층 원활해졌습니다.

그 결과 다음과 같은 개선 효과를 얻었습니다.

- 업무별로 팀을 구성하여 팀 내 업무 이해도와 모델을 통일할 수 있게 되었다.
- 팀 내에서 모델을 공유하여 업무 규칙에 집중하기 쉬워졌다.
- 업무 단위로 팀을 구성함으로써 프런트엔드 담당자와 백엔드 담당자 간 도메인 지식을 공유할 수 있게 되었다.
- 경계 컨텍스트를 적용한 효과가 뚜렷하게 나타나면서 도메인 주도 설계를 본격적으로 도입하려는 분위기가 형성되었다.

▼ 그림 1-37 사례 ①에서의 개발 체제 이미지(개선 후)

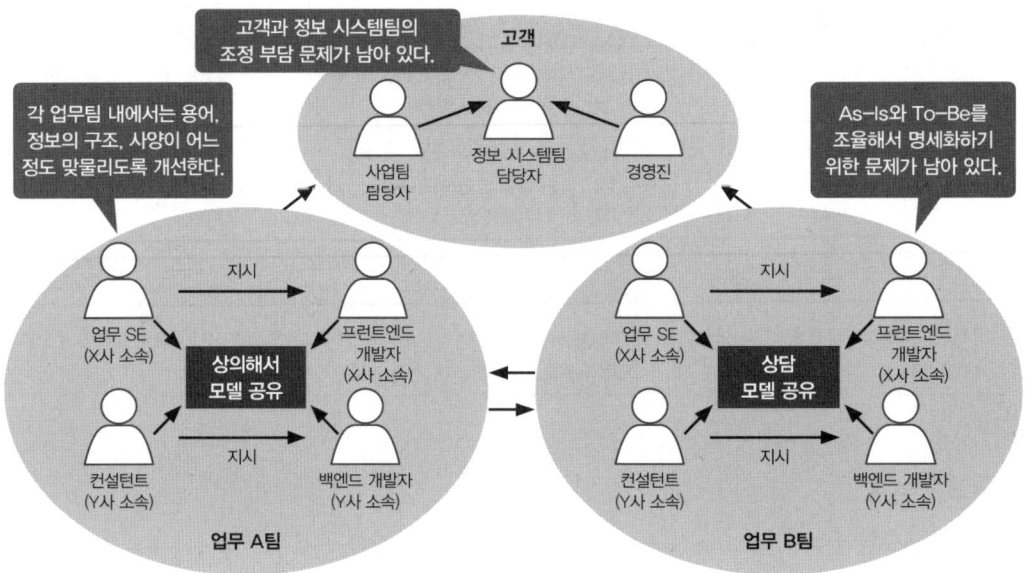

그 이후의 전개

그 이후에는 업무 단위로 팀 간의 정보의 공유 및 통제가 과제로 남게 되었습니다. 업무 간 인터페이스가 필요하게 되었을 때, 그 명세의 결정권을 누가 가질 것이며 어떻게 진행할 것인가 하는 문제입니다.

이 부분은 컨텍스트 맵을 사용하여 문제의 개선 방법에 대한 인식을 맞추어 나가는 것이 효과적입니다. 유감스럽게도 개발 정책이나 체제에 큰 변경이 있어 필자가 관여할 수 있었던 것은 이 단계까지였습니다.

1.4.8 적용 사례 ② – 상세 설계서를 프로그래밍 언어로 작성

문서화 방식을 바꾸기 위해 노력한 사례를 간단히 소개하겠습니다.

이 프로젝트에서는 단계를 나누어 문서 중심으로 진행하는 기존 개발 방식에 도메인 주도 설계를 도입했습니다. 상세 설계서를 프로그래밍 언어로 작성하고, 소스 코드에 상세 설계서에 대응하는 문서를 자동으로 생성하는 방식입니다.

개선 전에는 단계별로 다음과 같은 산출물을 만들면서 개발을 진행했습니다(산출물과 역할의 관계는 그림 1-38의 왼쪽과 같습니다).

- 요구사항 정의 단계: 요구사항 정의서
- 외부 설계 단계: 기본 설계서
- 내부 설계 단계: 상세 설계서
- 구현 단계: 프로그램
- 테스트 단계: 테스트 명세서(및 수행 결과)
- 일반: 업무 매뉴얼

이 노력의 목적은 다음과 같습니다.

- 단계별로 담당자를 나눠 문서를 작성하여 제일 마지막에 산출물이 전혀 다른 문서가 되어 버리는 상황을 조금이라도 개선합니다.
- 포괄적인 문서 작성의 비효율성을 개선합니다.

구체적으로 그림 1-38의 오른쪽과 같이 상세 설계서를 엑셀 등으로 작성하는 대신 프로그래밍 언어와 주석으로 표현하였으며, JIG[9]라는 도구를 사용해 소스 코드에서 HTML 형식의 문서, 클래스 다이어그램, 패키지 관련 다이어그램을 자동으로 생성하였습니다. 일람표 등은 엑셀 형식으로도 출력했습니다.

▼ 그림 1-38 성과물과 역할(왼쪽: 개선 전, 오른쪽: 개선 후)

	고객	업무 SE	개발자
요구사항 정의서	리뷰	작성	참조
기본 설계서	리뷰	작성	참조
상세 설계서		작성/리뷰	작성
프로그램		리뷰	작성
테스트 명세서	리뷰	작성/실시	작성/실시
업무 매뉴얼	작성		

➡

	고객	업무 SE	개발자
요구사항 정의서	리뷰	작성	참조
기본 설계서	리뷰	작성	◎작성
상세 설계서	★	★	★
프로그램		◎작성/리뷰	작성
테스트 명세서	리뷰	작성/실시	작성/실시
업무 매뉴얼	작성		

★: 프로그램으로 표현할 수 있는 것은 문서로 만들지 않는다.
◎: 가능한 한 물리적인 프로그램으로 명세를 표현할 수 있도록, 지금까지는 '서로의 영역'이라고 생각했던 부분까지 깊이 관여한다.

---

[9] URL https://github.com/dddjava/jig

그 결과는 다음과 같습니다.

- 상세 설계 단계를 없앰으로써 업무 SE의 역할과 개발자의 역할을 같은 사람이 담당하거나 담당자끼리 매우 긴밀하게 교류하여 도메인의 지식과 구현의 연결이 쉬워졌다.
- 업무 규칙의 요점을 파악하면서 도출하고, 프로그램으로 연결하여 표현할 수 있게 되었다.
- 개발자도 구현 수준의 세세한 사양에 대해 이해를 할수 있게 되어, 업무 규칙이 더욱 정교해졌다.
- 상세 설계 단계 하나가 없어짐에 따라 도메인 지식의 공유가 개선되었다.

상세 설계서 작성을 프로그래밍 언어로 대체하는 방식은 '상세 설계서를 작성한다'는 것을 전제로 하고 있는 사람들에게는 쉽게 받아들여지지 않을 수도 있습니다. 상세 설계서를 없애는 것이 목적이 아니라, 미래의 발전성을 실현하기 위해 업무 지식과 구현을 더 가깝게 하려는 접근법이라는 것을 이해할 필요가 있습니다. 상세 설계서를 작성하는 방법이 달라졌을 뿐, 작성 작업이 없어지는 게 아니라는 것을 실감하게 되면 담당자와 관리자 모두 긍정적으로 받아들일 수 있을 것입니다.

1.4.9 적용 사례 ③ – 스케줄 관리 방법의 연구

마지막으로 스케줄 관리 방식을 개선하기 위해 노력한 사례를 소개합니다.

도메인 주도 설계를 도입하여 개발을 진행하면서 진행 상황을 어떻게 관리하면 좋을까요? 먼저 WBS에서 간트 차트로 관리한 사례를 살펴보겠습니다.

WBS, 간트 차트 방식

도메인 모델의 진척 상황은 숫자로 나타내기 어렵습니다. 그래서 간트 차트에서 리팩터링 작업을 명시적으로 배치함으로써 도메인 모델을 발전시킬 시점을 제어할 수 있습니다.

그림 1-39의 상단과 같이 계획 단계에서 리팩터링 작업을 미리 정의해 둡니다. 하지만 실제로는 구성원들이 진척도 관리에 민감하게 반응하면서 리팩터링 작업이 점차 형식적인 요식 행위로 변질되는 경향을 보였습니다(그림 1-39 아래). 그 결과, 리팩터링을 바쁘면 생략해도 되는 일로 치부되거나 작업이 끝나지 않았을 때를 대비한 단순한 버퍼로 인식되어 지속적인 모델 개선 활동으로 이어지지 못했습니다.

▼ 그림 1-39 간트 차트를 통한 진행 관리(위: 계획 단계, 아래: 실제)

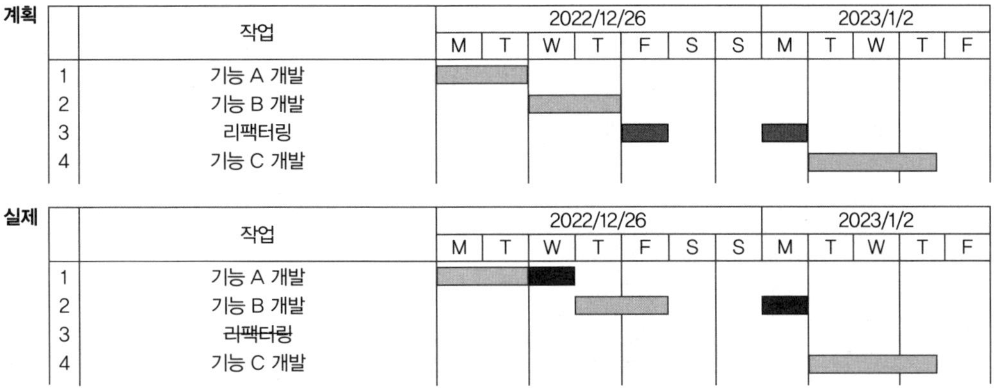

계획		작업	2022/12/26 M T W T F S S	2023/1/2 M T W T F
	1	기능 A 개발		
	2	기능 B 개발		
	3	리팩터링		
	4	기능 C 개발		

실제		작업	2022/12/26 M T W T F S S	2023/1/2 M T W T F
	1	기능 A 개발		
	2	기능 B 개발		
	3	리팩터링		
	4	기능 C 개발		

각 구성원이 명확한 불편함이나 현재 도메인 모델로는 해결할 수 없는 구체적인 문제 등을 느끼지 못하더라도, 리팩터링 작업을 도메인 모델 검토와 인식 전환의 기회로 활용하면 도메인 모델의 성장을 촉진할 수 있습니다.

그 결과는 다음과 같습니다.

- 도메인 모델에 초점을 맞춘 작업을 정의함으로써 도메인 지식을 얻을 수 있는 기회를 늘릴 수 있었다.
- WBS와 간트 차트에서의 관리는 기존 화면이나 테이블 단위로 작업이 좁게 분할되어 있어, 업무 규칙에 초점을 맞추기가 어려웠다.
- 간트 차트라면 작업의 진행 상태나, 어떠한 기능이 필요한지에 대한 시점에서의 도메인 지식은 파악하기 쉬워졌지만, 기능 간 업무에 대한 깊이 있는 지식의 공유는 잘되지 않았다.
- 각각의 기능을 만드는 것에 초점을 맞춰 버리는 바람에, 기능 간의 관계를 업무의 시점에서 파악할 수 없었다.
- WBS를 바탕으로 한 간트 차트에서의 관리는 고객이나 프로덕트 오너에 대한 보고를 포함하여 프로젝트 관리 현황을 주위에 전달하기 쉬웠다.

전체적으로 보면 WBS 기반의 간트 차트를 통한 관리는 도메인 모델의 발전을 저해하는 원인이 되기 쉽습니다. 시대의 흐름에 따라 도메인 주도 설계 방식을 도입하여 보았지만 결과적으로는 도메인 주도 설계의 장점을 느낄 수 없다고 판단될 수 있기 때문에 연구의 여지는 있지만 그다지 권장하고 싶지 않습니다.

마일스톤과 타임박스로 관리

또 다른 방법으로 마일스톤과 타임박스로 관리한 사례도 있습니다. 기능(업무) 단위로 마일스톤과 타임박스를 설정하고, 작업 수준은 각 타임박스 안에서 관리함으로써 개별 작업의 진행 상황보다 업무 수준의 가치 제공에 초점을 맞추는 방식입니다(그림 1-40의 '계획').

▼ 그림 1-40 마일스톤에서 진행 상황 관리

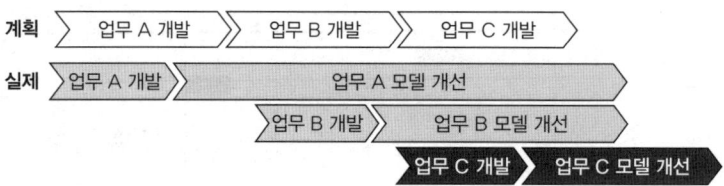

마일스톤 기반으로 관리한 프로젝트에서는 도메인 모델의 성장을 너무 의식한 나머지 과도한 분석, 검토, 리팩터링으로 인해 프로젝트 중반 이후 시간이 부족했습니다. 그래서 그림 1-40의 '실제'와 같이 기존 방식을 조금 보완해서 진행해 보니 다음과 같은 결과가 나왔습니다.

- 업무 단위로 범위를 한정함으로써 해당 업무에 관한 업무 규칙을 도출하는 데 집중하기 쉬워졌다.
- 고객이나 제품 소유자가 이 방식에 익숙해짐에 따라 도메인 지식을 쉽게 끌어낼 수 있게 되었다.
- 업무 단위의 마일스톤으로 대상 업무에 대한 지식을 습득하고, 도메인 모델을 바탕으로 서로 의사소통하기 쉬워졌다.

다만 도메인 분석이나 도메인 모델을 만드는 것이 재미있다 보니 시간을 너무 많이 할애하거나, 개발팀 내에서 추측만으로 진행하는 경우가 많다는 점이 아쉬웠습니다.

전체에 대한 이해가 없는 상태에서 모델 개선에만 집중하다 보면 품질을 만족했다고 생각할 수도 있지만, 잘못된 최적화나 추상화에 시간을 낭비해 버리는 경우가 대부분이기 때문입니다. 그렇기 때문에 프로젝트 초반에는 업무를 이해하는 데 시간을 들이고, 업무를 어느 정도 이해한 시점에 모델을 개선하는 것이 좋습니다.

1.5 도메인 주도 설계 패턴명 및 용어집: 용어 해석 길라잡이

도메인 주도 설계를 이해하는 게 어려운 이유는 잘 모르는 용어가 많이 등장하기 때문입니다. 도메인이나 유비쿼터스 언어가 대표적인 예일 것입니다. 이 절에서는 도메인 주도 설계에 사용되는 기본 용어의 의미를 관련 이미지와 함께 정리하여 향후 학습의 지침으로 삼고자 합니다.

이 절에서는 도메인 주도 설계의 기본 패턴과 용어를 다음 세 부분으로 나누어 설명합니다.

- 도메인 모델과 관련된 패턴과 용어
- 전략적 설계와 관련된 패턴과 용어
- 도메인 모델을 사용하는 측과 관련된 패턴과 용어

1.5.1 단어의 의미를 생각하기

용어 설명에 들어가기 전에 먼저 단어의 의미에 대해 생각해 보겠습니다.

단어의 의미는 고정적이지도 않고 엄격하게 정의할 수 있는 것도 아닙니다. 언어학자 나베시마 고지로(鍋島 弘治朗)에 따르면 다음과 같이 생각할 수 있습니다.

- 머릿속의 이미지(뇌 속에서 활성화되는 어떤 것)
- 문맥에 의존(다양한 조건과의 상호작용)
- 해석 방법(개인의 주관)

요약하면, 단어의 의미는 모호해서 사람에 따라 받아들이는 방식이 다릅니다. 에반스는 이것이 개발을 진행하는 데 있어 큰 문제이며, 이를 개선해야 좋은 설계로 이어질 수 있다고 생각하였습니다. 도메인 주도 설계의 많은 패턴은 단어 해석의 차이를 발견하고 인식을 맞추어 나가기 위한 사고와 설계 방식입니다.

나와 상대방의 인식 차이를 넘어서

구체적인 예로 생각해 봅시다.

이번 절에서 설명하고자 하는 것은 필자의 관점을 말로 풀어 쓴 것입니다. 이것을 읽는 독자의 머릿속에는 각각 자신의 인식이 어떤 이미지로 떠올랐을 것입니다.

하지만 독자의 머릿속 이미지와 필자의 머릿속 이미지는 일치하지 않습니다. 서로가 가지고 있는 경험과 지식이 다르기 때문입니다. 글을 쓰는 사람의 의도와 읽는 사람의 목적도 다릅니다. 이렇게 서로 다른 맥락에서 단어를 해석하다 보면 당연히 의미 해석이 달라질 수밖에 없습니다.

그렇다면 서로 다른 해석의 차이를 극복하고 의도를 전달하기 위한 인식을 맞추는 방법은 무엇일까요? 그 실마리를 찾을 수 있는 것이 바로 도메인 주도 설계의 패턴입니다.

1.5.2 도메인 모델과 관련된 패턴과 용어

도메인 주도 설계의 핵심 패턴 중 하나는 도메인 모델입니다. 먼저 **도메인 모델**과 관련된 패턴과 용어는 다음과 같습니다.

- 지식이 풍부한 설계와 깊이 있는 모델
- 유비쿼터스 언어
- 모델 주도 설계

이러한 관계를 나타낸 이미지가 그림 1-41입니다.

▼ 그림 1-41 도메인 모델

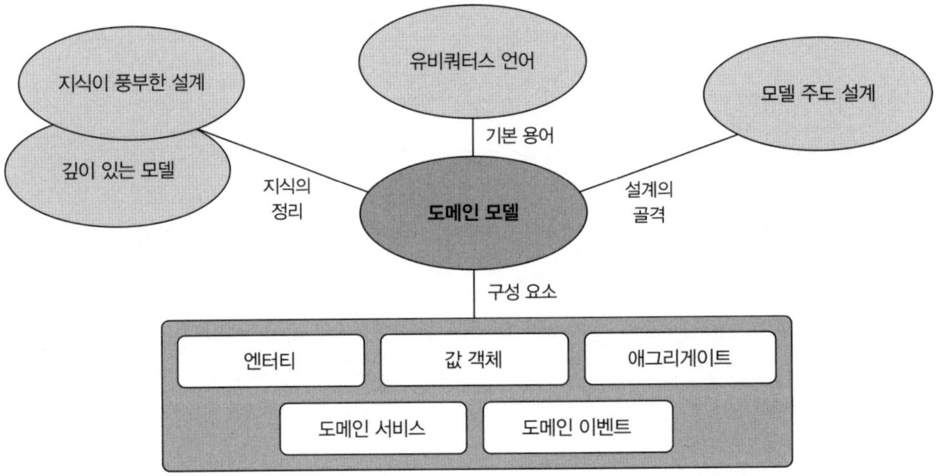

도메인 모델

먼저 도메인과 모델, 두 가지로 나누어 설명하겠습니다.

도메인

에반스는 도메인(domain)을 '지식, 영향, 또는 활동의 영역'이라고 정의했습니다. 일반적으로는 이 가운데 '영역'이라는 번역이 가장 널리 사용됩니다.

영어의 도메인(domain)이라는 단어는 '구분된 범위'와 '지배하다'라는 뜻도 함께 가지고 있습니다. 여기서 '지배하다'는 영어 동사 rule에 해당합니다. 즉, 도메인은 '어떤 규칙에 따라 관리되는 범위'를 뜻하는 단어입니다.

도메인 주도 설계에서는 **도메인**을 비즈니스 활동의 영역 또는 업무의 영역이라는 의미로 사용합니다. 그리고 그 영역(도메인)에는 비즈니스 방침이나 업무 규칙과 같은 무언가 정해진 것이 있다는 것을 암시합니다.

도메인이 다르면 적용되는 규칙도 달라집니다. 기업마다 각각 자체적인 정책과 규칙에 따라 운영됩니다.

인터넷의 도메인도 마찬가지입니다. 인터넷은 독립된 개별 네트워크를 연결하는 구조인데, 각각의 로컬 네트워크(도메인)는 그 네트워크 내부의 고유 정책과 규칙에 따라 운영됩니다.

모델

모델(model)은 단순화입니다. 〈도메인 주도 설계〉에서는 '선택된 도메인의 특징을 기술하고 그 도메인과 관련된 문제를 해결하는 데 사용할 수 있는 추상 체계'라고 설명하고 있습니다. 즉, 모델은 선택과 추상화를 통해 전체를 간결하게 표현한 것입니다.

모델이라는 용어는 일상에서도 자주 접할 수 있으며, 문맥에 따라 다양한 의미로 쓰입니다. 예를 들어 그림이나 사진의 모델, 자동차 모델, 컴퓨터의 계산 모델이나 데이터 모델 등이 이에 해당합니다.

그림이나 사진 속 모델이나 자동차 모델 등은 수많은 모델 중 대표적인 예라고 생각하면 될 것 같습니다. 계산 모델이나 데이터 모델은 도메인 주도 설계의 맥락에서 단순화나 추상화와 비슷합니다.

경우에 따라 모델은 이상적인 형태, 본받아야 할 좋은 형태라는 의미로 사용되기도 합니다. 하지만 도메인 주도 설계에서는 모델을 이상형과 같은 의미로 사용하지 않습니다. 모델링의 목적은 관련 문제를 해결하기 위한 단순화이지, 이상형을 찾는 것이 아닙니다.

두 가지 용어를 연결한 도메인 모델의 의미는 '규칙에 따라 적용되는 제한된 범위'를 '단순화'한 것입니다.

도메인 주도 설계의 대상은 비즈니스 영역입니다. 그 영역 고유의 업무 규칙을 단순화한 것이 도메인 모델입니다.

이 책의 1.1절에서 설명한 것처럼 도메인 주도 설계에서는 도메인 모델을 다음 세 가지 용도로 사용합니다.

- 업무 지식의 습득과 정리
- 개발 활동에서 의도를 전달하는 기본 용어
- 클래스 및 패키지 설계의 골격

지식이 풍부한 설계와 깊이 있는 모델

도메인 모델의 첫 번째 용도는 업무 지식을 습득하고 정리하는 것입니다. 그 활동의 방향성을 표현한 것이 지식이 풍부한 설계와 깊이 있는 모델입니다. 두 가지 모두 〈도메인 주도 설계〉 1장에 설명되어 있습니다.

지식이 풍부한 설계

지식이 풍부한 설계는 단편적인 지식의 양을 늘리는 것에서 한 걸음 더 나아가 중요한 업무 규칙을 파악하고, 업무 규칙 간의 중요한 관계를 파악하기 위해 도메인 모델을 만드는 것을 의미합니다. 지식의 풍부함은 지식의 양이 아니라 요점과 관계성에 대한 이해입니다.

깊이 있는 모델

깊이 있는 모델은 초기 단계에서 간과했던 중요한 업무 규칙을 발견하거나, 업무 규칙의 배경에 있는 암묵적인 프레임워크를 명시적으로 표현할 수 있는 도메인 모델입니다. 이러한 깊이 있는 이해에 도달하기 위해 업무를 지속적으로 학습하고 모델과 설계를 개선(리팩터링)하는 과정을 반복하는 것이 도메인 주도 설계의 방식입니다.

지식이 풍부한 설계와 깊이 있는 모델은 도메인 주도 설계를 할 때 이해관계자들이 지향하는 방향에 대한 인식을 일치시키기 위해 반드시 필요합니다.

유비쿼터스 언어

도메인 모델의 두 번째 용도는 의도를 적절히 전달하기 위한 기본 용어를 제공하는 것입니다. 도메인 모델의 이러한 용도와 밀접한 관련이 있는 패턴이 **유비쿼터스 언어**입니다.

유비쿼터스는 '언제 어디서나'라는 뜻의 단어입니다. 유비쿼터스 컴퓨팅이라는 단어를 들어본 적이 있을 것입니다. 도메인 주도 설계의 맥락에서, 개발에 참여하는 모든 이해관계자가 언제 어디서나 같은 언어를 사용하자는 목표를 표현한 단어가 바로 유비쿼터스 언어입니다.

실제 업무를 담당하는 사람들이 사용하는 언어를 개발자들도 사용하고, 그 언어가 클래스 이름이나 패키지 이름, 커밋 로그(commit log)에도 나타나는 것, 그것이 유비쿼터스 언어입니다. 언제 어디서든 모든 이해관계자가 같은 언어를 사용해서 개발하는 방식입니다.

도메인 모델은 유비쿼터스 언어의 기본 용어입니다. 하지만 개발을 진행할 때 사용하는 모든 용어가 도메인 모델에 포함되는 것은 아닙니다. 유비쿼터스 언어에는 도메인 모델에 포함되지 않은 용어들도 많이 있습니다. 선별된 기본 용어를 잘 정립하고 있으면, 그 주변으로 연결되는 다양한 용어에 대해서도 일관된 의미로 정리할 수 있다는 점이 도메인 모델과 유비쿼터스 언어의 관계입니다.

모델 주도 설계

도메인 모델의 세 번째 용도는 설계의 골격을 제공하는 것입니다. 도메인 모델을 바탕으로 클래스나 패키지를 설계할 수 있으며, 이런 접근 방식을 **모델 주도 설계**(MDD, Model-Driven Design)라고 합니다.

도메인 모델은 엄선된 중요한 지식의 집합입니다. 따라서 모든 클래스와 패키지가 도메인 모델에 포함되어야만 하는 것은 아닙니다.

다만 패키지는 시스템 전체의 구조를 정리하는 데 중요한 역할을 하므로, 그런 의미에서 거의 모든 패키지 이름은 도메인 모델에 포함되는 것입니다.

반면 도메인 모델에 포함될 클래스는 중요한 것들 위주로 선별되며, 도메인 모델에 모든 클래스가 포함되는 것은 아닙니다.

도메인 모델을 구성하는 요소

도메인 모델을 구성하는 요소로는 다음과 같은 패턴이 있습니다.

- 엔터티
- 값 객체
- 애그리게이트
- 도메인 이벤트
- 도메인 서비스

도메인 모델의 구성 요소라는 것은 이 패턴들이 클래스의 설계 패턴일 뿐만 아니라 업무 지식의 습득과 정리를 위한 패턴이며, 개발 진행 시 의도를 전달하기 위한 기본 용어를 정의하기 위한 패턴을 의미합니다.

이러한 패턴의 목적은 도메인 모델을 만들고 성장시켜 나가는 것입니다. 도메인 모델은 선별된 중요한 업무 지식입니다. 따라서 모든 클래스를 이 패턴에 맞춰 설계할 필요는 없습니다.

중요한 것은 도메인 모델을 만들고 발전시키기 위해 중요한 업무 지식을 발견하고, 정리하고, 동작하는 소프트웨어로 표현하는 일입니다. 애플리케이션에 필요한 클래스이기는 하지만 중요한 업무 지식이라고 할 수 없는 클래스까지 이 패턴의 어느 하나에 반드시 끼워 맞춰 설계하려고 할 필요는 없습니다.

이러한 패턴의 의미와 사용법은 이 책의 1.2절에서 설명하고 있습니다.

1.5.3 전략적 설계와 관련된 패턴과 용어

〈도메인 주도 설계〉의 4부에서 설명하는 패턴은 대규모로 커진 시스템에서 거대한 모델을 다루기 위한 개념과 설계 방식입니다.

이 책의 1.3절에서도 설명했듯이, 도메인 주도 설계는 크고 복잡한 시스템 전체를 하나의 모델로 보는 것이 아니라 여러 구성 요소가 연결되어 전체를 구성하는 분산 모델로 봅니다.

전략적 설계와 관련된 주요 패턴과 용어는 다음과 같습니다(그림 1-42).

- 경계 컨텍스트
- 컨텍스트 맵
- 핵심 도메인
- 진화하는 질서

▼ 그림 1-42 전략적인 설계와 관련된 패턴과 용어의 이미지

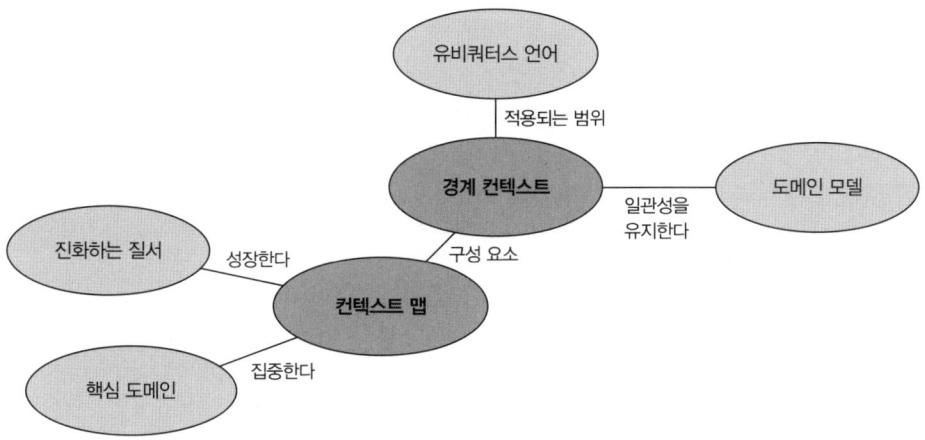

경계 컨텍스트

경계 컨텍스트는 유비쿼터스 언어와 밀접한 관련이 있습니다.

앞서 설명했듯이, 용어의 의미는 문맥에 따라 달라집니다. 컨텍스트(문맥)는 해당 용어에 영향을 주는 다양한 조건들의 집합입니다. 모든 이해관계자가 하나의 용어(유비쿼터스 언어)를 사용해 개발하려면 용어의 의미가 모순되지 않고 일관성이 있어야 합니다. 그리고 이러한 의미의 일관성이 유지되는 범위, 즉 동일한 의미로 용어가 사용될 수 있는 경계를 정의하는 것이 바로 경계 컨텍스트입니다.

유비쿼터스 언어의 기반이 되는 도메인 모델도 필연적으로 경계 컨텍스트 안에서 만들어야만 모순 없이 일관성 있는 도메인 모델을 유지할 수 있습니다.

도메인 주도 설계의 개발 방식을 세 가지 용어로 설명하면 다음과 같습니다.

> 명시적으로 **경계 컨텍스트** 안에서 모든 이해관계자가 동일한 언어(**유비쿼터스 언어**)를 사용하면서 중요한 업무 지식을 **도메인 모델**로 도출하고, 이를 설계의 골격으로 동작하는 소프트웨어를 만들어 간다.

소프트웨어 개발에서 언어 해석의 차이에 크게 영향을 미치는 조건은 다음 세 가지입니다.

- 팀
- 소스 코드를 관리하는 단위
- 데이터베이스를 관리하는 단위

이 조건에 의해 구체적으로 결정되는 경계 컨텍스트와 모순되지 않는 일관된 도메인 모델과 유비쿼터스 언어가 통용되는 범위를 일치시키는 것이 전략적 설계의 기초가 됩니다.

컨텍스트 맵

여러 개의 경계 컨텍스트가 모여 대규모 시스템을 구성합니다. 그 전체 그림을 조망하는 모델이 바로 **컨텍스트 맵**입니다.

컨텍스트 맵은 시스템 전체에 대한 이해관계자들의 공통된 이해를 형성하는 데 유용하며, 크게 다음 두 가지 용도로 사용할 수 있습니다.

- 시스템 전체가 어떤 컨텍스트로 나뉘어져 있는지에 대한 인식 일치
- 컨텍스트 간의 연동 지점과 연동 방법에 대한 인식 일치

대규모 시스템에서는 이해관계자가 많아 의견이 대립하는 경우도 많기 때문에 어떤 식으로든 조정과 합의가 필요합니다.

컨텍스트 맵을 이용한 현황 파악이 조정의 출발점이 될 수 있습니다. 물론 현실 세계에서 조정과 합의는 쉽지 않습니다. 이때 어떤 선택 사항이 있는지는 이 책 1.3절의 설명을 참고하기 바랍니다.

핵심 도메인

비즈니스 활동을 지원하려면 다양한 업무를 대상으로 하는 소프트웨어 개발이 필요합니다. 하지만 소프트웨어를 개발할 수 있는 자원(인력, 예산, 시간)은 한정되어 있습니다.

따라서 귀중한 개발 자원을 효과적으로 활용하기 위해서는 중점적으로 투자해야 할 영역과 그렇지 않은 영역을 구분해야 합니다.

핵심 도메인 패턴은 중점적으로 투자해야 할 영역을 파악하기 위한 개념과 설계 방식입니다. 핵심 도메인은 타사와 차별화하여 비즈니스를 유지시키고 발전시키는 원동력이 되는 영역입니다. 일반적으로 핵심 도메인은 다음과 같은 세 가지 특성을 가집니다.

- 자사만의 고유한 업무 방식을 가지고 있다.
- 업무 프로세스, 업무 규칙이 복잡하다.
- 변화가 지속적으로 발생한다.

진화하는 질서

대규모 시스템의 전체 구조를 조망하는 컨텍스트 맵은 한 번 그리면 그것으로 고정되는 것이 아닙니다. 시간이 흐름에 따라 각 구성 요소(도메인 모델과 이를 기반으로 한 소프트웨어)와 그 연결 방식은 계속 변화합니다.

그 변화를 항상 컨텍스트 맵에 반영하면서 이해관계자들과 공통된 이해와 합의를 반복해야 합니다. 이때 전체 질서를 유지하면서 발전시키는 것이 중요한데, 이를 위한 패턴으로 책임 계층이 있습니다.

책임 계층은 하나의 도메인 모델 안에서 패키지의 역할을 구분하고 패키지 간의 의존 관계를 정리하기 위한 패턴입니다.

이와 같은 개념은 컨텍스트 맵의 구성 요소인 경계 컨텍스트 간의 역할 분류와 의존성 관리에도 적용할 수 있습니다.

1.5.4 도메인 모델을 사용하는 패턴과 용어

도메인 주도 설계는 복잡한 업무 로직에 초점을 맞추어 도메인 모델을 만들면서 업무 지식을 정리하고, 모두가 같은 용어를 사용하여 개발을 진행하기 위한 설계 기법입니다.

이 접근법으로 만들어 낸 도메인 모델이 애플리케이션의 핵심이 됩니다. 그 핵심 부분을 움직이기 위한 패턴으로 다음과 같은 것이 있습니다(그림 1-43).

- 애플리케이션 서비스(유스케이스)
- 팩토리
- 리포지터리

▼ 그림 1-43 도메인 모델을 사용하는 패턴과 용어

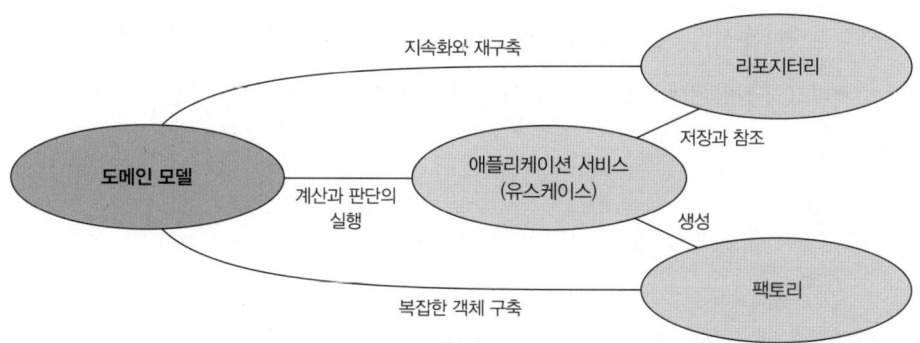

이 패턴들은 도메인 모델의 구성 요소는 아니지만, 애플리케이션을 구성하기 위해 반드시 필요합니다.

애플리케이션 서비스(유스케이스)

도메인 모델을 구성하는 요소 중 애플리케이션에 필요한 계산과 판단 서비스를 제공하는 것은 주로 애그리게이트입니다. 애그리게이트로 계산과 판단을 수행하는 클래스를 **애플리케이션 서비스 또는 유스케이스**라고 합니다.

애플리케이션 서비스는 이후에 설명하는 팩토리 패턴이나 리포지터리 패턴을 사용해 필요한 애그리게이트를 얻고, 그 애그리게이트를 사용해 계산과 판단을 실행하며, 필요에 따라서 계산과 판단의 결과를 리포지터리에 저장(지속화)합니다.

팩토리

팩토리는 복잡한 애그리게이트를 생성하는 책임을 애그리게이트로부터 분리하기 위한 패턴입니다.

애그리게이트는 복잡한 업무 규칙에 기반한 계산과 판단 로직을 구현한 객체입니다. 복잡한 계산과 판단 로직을 구현하기 위해 다양한 값 객체들을 내부에 포함하면서 구조가 복잡해지는 경우가 많습니다.

팩토리는 이렇게 복잡한 애그리게이트를 조립할 수 있게 분리한 패턴입니다. 즉, 애그리게이트가 본래의 역할에 집중할 수 있도록 애그리게이트를 생성하는 로직을 따로 분리하는 것입니다.

리포지터리

리포지터리는 애그리게이트의 계산과 판단 결과를 저장하고 이후 다시 사용할 수 있도록 분리하기 위한 패턴입니다.

애그리게이트의 지속화와 재구축은 업무 로직과는 다른 관심사입니다. 팩토리와 마찬가지로 애그리게이트와 애플리케이션 서비스를 본연의 역할에 충실할 수 있도록 지원하기 위한 패턴입니다.

애플리케이션 서비스의 관점에서 보면 리포지터리는 도메인 객체 컬렉션을 다루는 구조와 유사해 보일 수 있습니다.

2장

도메인 주도 설계 실천 가이드: 이론에 앞서 응용력을 기르자

2.1 도메인 주도 설계의 개요: 본래의 목적을 다시 확인하고 경량 DDD에서 탈피하기

2.2 유비쿼터스 언어: 정의와 효과를 이해하고 팀에서 실천해 보기

2.3 이벤트 스토밍: 도메인을 해석해 모델 만들기

2.4 이벤트 소싱: 이벤트 스토밍 다이어그램 기반으로 구현하기

도메인 주도 설계(DDD, Domain Driven Design)의 구현은 도메인(업무 영역)을 깊이 이해하는 것부터 시작합니다. 도메인을 이해하기 위한 몇 가지 방법이 있습니다만, 이론과는 달리 막상 해보려고 하면 생각처럼 잘되지 않는 경우가 많습니다.

이번 장에서는 DDD의 개요를 다시 확인하고, 실제 사례를 통해 DDD의 주요 기법을 설명합니다. DDD의 근간을 이루는 '유비쿼터스 언어', 도메인 발견을 위한 '이벤트 스토밍', 이벤트 스토밍으로 얻은 지식을 코드화하기 위한 '이벤트 소싱' 이 세 가지 효과적인 기법을 통해 DDD를 개발에 적용하기 위한 첫걸음을 시작하겠습니다.

2.1 도메인 주도 설계의 개요: 본래의 목적을 다시 확인하고 경량 DDD에서 탈피하기

도메인 주도 설계에 관한 기법은 여러 가지가 있지만, 단순하게 그 기법을 개별적으로 사용하는 것만으로는 도메인 주도 설계의 본래 목적을 달성할 수가 없습니다. 이번 절은 개념적으로도 매우 중요한 도메인 주도 설계의 목적을 명확하게 확인하고, 중요한 설계 기법에 대해서는 복습해 나가는 방식으로 구성하였습니다.

2.1.1 도메인 주도 설계란?

소프트웨어 설계 기법은 접근 방식에 따라 다양하며, 체계적인 방법론이나 설계 패턴으로 정형화된 것도 있습니다. 경험이 풍부한 소프트웨어 개발자라면 쉽게 정형화할 수 없는 경우에도 자신만의 접근 방식과 설계 기법을 가지고 있기도 합니다.

이번 절에서는 도메인 주도 설계만의 특징에 집중해서, 도메인 주도 설계의 개요를 설명합니다. 도메인이란 소프트웨어 개발의 대상이 되는 업무 영역입니다. 여기서는 조금 더 구체적으로, 도메인을 비즈니스 활동으로, 도메인 로직을 업무 로직이라는 용어로 설명합니다.

2.1.2 도메인 주도 설계의 특징

에릭 에반스의 〈도메인 주도 설계〉 서문에 따르면, 도메인 주도 설계의 특징은 다음의 세 가지입니다.

① 복잡한 업무 로직에 초점을 맞춘다.

② 모델에 기반해서 설계한다.

③ 리팩터링을 자주 수행한다.

이 세 가지를 각각 분리해서 보면 ②와 ③은 도메인 주도 설계만의 고유한 접근 방식은 아닙니다. 어떠한 소프트웨어 개발에서도 모델에 기반한 설계와 리팩터링은 중요하기 때문입니다.

즉, 도메인 주도 설계의 고유한 특징은 바로 ①의 **복잡한 업무 로직**에 집중하는 것입니다. 이것을 위한 수단으로 모델링과 리팩터링을 중요시하고 있습니다.

이 세 가지에 대해서 각각 자세히 알아보겠습니다.

① 복잡한 업무 로직에 초점을 맞춘다

업무 로직과 업무 규칙

①에서 말하는 '업무 로직'은 어떤 개념일까요? 업무 로직을 이해하기 위해서는 우선 '업무 규칙'을 이해할 필요가 있습니다.

업무 규칙이란 업무 목표를 달성하기 위한 행동을 통제하고 결정하기 위한 것입니다. 매출 최대화와 비용 최소화를 위해, 적절한 행동을 자극하고 부적절한 행동을 제한하는 다양한 규칙입니다. 업무 규칙은 비즈니스 활동에 포함됩니다.

이것을 소프트웨어로 구현한 것이 업무 로직입니다. 업무 로직이란 업무 규칙에 따라 정의된 작업으로, 소프트웨어로 구현한 업무 규칙이라고 할 수 있습니다.

업무 로직은 비즈니스 활동을 표현하는 업무 데이터를 사용하고, 업무 규칙에 따라 정의된 작업을 수행합니다(그림 2-1). 적절한 행동을 취하는 데 필요한 정보를 생성하기도 하고, 업무 데이터를 검증하여 부적절한 행동으로 판단되면 실행을 제한하기도 합니다.

▼ 그림 2-1 업무 로직

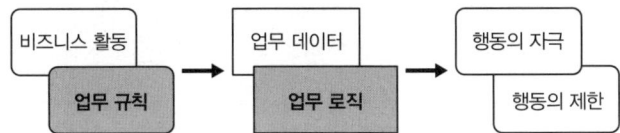

복잡한 업무 로직과 경쟁 우위

업무 로직에는 단순한 것도 있고 복잡한 것도 있습니다. 도메인 주도 설계는 **복잡한 업무 로직**에 집중합니다. 소프트웨어의 핵심 가치는 복잡한 업무 로직에서 나오기 때문입니다.

업무 로직이 복잡해지는 이유는 비즈니스 활동에 있습니다. 비즈니스를 유지하고 발전시키기 위해서는 경쟁사와의 차별화를 통해 경쟁 우위를 확보하는 것이 중요합니다. 그러기 위해서는 경쟁사가 쉽게 따라 할 수 없는 독자적인 비즈니스 방식을 연구하고 고안할 필요가 있습니다. 복잡한 업무 로직은 그 과정에서 필연적으로 발생합니다. 경쟁사가 쉽게 따라 할 수 있는 단순한 업무 로직으로는 경쟁 우위를 확보할 수 없습니다.

업무 로직의 발전성

경쟁 우위를 확보하기 위한 복잡한 업무 로직은 수시로 변합니다. 경쟁 우위를 유지하고 비즈니스를 계속해서 발전시키기 위해서는 비즈니스 환경의 변화에 대응할 수 있도록 지속해서 업무 로직을 수정하고 확장해야 하기 때문입니다.

그래서 업무 로직은 쉽게 수정하고 확장할 수 있도록 유연하게 설계되어야 합니다. 비즈니스 활동에 있어서 중요한 업무 로직일수록 수정과 확장이 유연하게 이루어져야 하며, 소프트웨어가 복잡해지더라도 수정할 수 있는 유연성을 유지하도록 하는 것은 도메인 주도 설계의 중요한 목적입니다.

복잡한 업무 로직에 집중해야 하는 이유

소프트웨어 개발은 어렵습니다. 해야 할 작업이 한둘이 아니기 때문입니다. 그리고 제한된 기간 내에 다양한 상충 관계를 고려하면서 일정 수준 이상의 성과도 요구됩니다. 이러한 상황에서 소프트웨어의 모든 부분을 정교하게 설계할 수는 없습니다. 제한된 자원으로 인해, 대부분은 필수적인 수준의 설계만으로 마무리하게 됩니다.

한정된 시간을 이용하여 설계해야 한다면 경쟁 우위를 위한 복잡한 업무 로직에 집중하는 것이, 비즈니스 활동에 있어서 비용 대비 효과가 높은 방법입니다. 이것이 도메인 주도 설계의 근본을 이루는 개념입니다.

복잡한 업무 로직을 중심으로 설계해 나가면, 소프트웨어 전체에 다양한 파급 효과가 생깁니다. 소프트웨어 개발에서 복잡한 것은 업무 로직만이 아닙니다. 사용자와의 인터페이스를 위한 화면, 데이터베이스, 의사소통 등 모든 곳에 복잡한 로직이 있습니다. 업무 로직을 사용자 화면과 데이터베이스로부터 분리하면 해당 업무 로직을 처리하는 코드가 더욱 단순해집니다. 또, 경쟁 우위를 만드는 복잡한 업무 로직을 파악하는 것은 중요한 사용자 화면, 중요한 업무 데이터, 중요한 의사소통을 파악하는 것으로 이어집니다. 개발과 품질 관리의 중요한 대상을 식별하고, 여기에 시간과 에너지를 집중적으로 투입함으로써, 소프트웨어 개발 전체의 비용 대비 효과를 향상시킬 수 있습니다. 이러한 것들이 복잡한 업무 로직에 집중하는 소프트웨어 개발 접근 방식의 목적입니다.

② 모델에 기반해서 설계한다

도메인 주도 설계에서는 복잡한 업무 로직을 이해하고 정리하는 수단으로 모델을 만듭니다. 즉, 모델은 복잡한 업무 로직을 요약하여 단순화해 놓은 것입니다. 하지만 복잡한 대상을 이해하고 정리하기 위해 모델을 활용하는 것이지, 모델을 만드는 것 자체는 도메인 주도 설계의 목적이 아닙니다.

소프트웨어를 만들기 위한 모델은 두 가지로 분류할 수 있습니다. 하나는 업무 내용이나 요구사항을 이해하기 위한 분석 모델입니다. 다른 하나는 소프트웨어를 실제로 만들기 위한 설계 모델입니다. **분석 모델**은 복잡한 비즈니스 활동을 이해하고 이를 통제하는 다양한 업무 규칙을 파악하는 데 필요하며, **설계 모델**은 복잡한 업무 규칙을 소프트웨어로 표현하는 데 필요합니다.

도메인 주도 설계는 **분석 모델과 설계 모델을 일치시키는 것**을 중시합니다. 업무 규칙의 구조인 분석 모델과 소프트웨어의 구조인 설계 모델을 일치시킴으로써 비즈니스 요구에 근거해서 수정과 확장이 쉬워집니다. 만약 업무 규칙의 구조와 소프트웨어의 구조가 크게 다르면 어디를 어떻게 변경하면 좋을지 특정하기가 어려워지고, 업무적으로는 당연한 변경이지만 소프트웨어적으로는 까다롭고 리스크가 큰 작업이 되기도 쉽습니다.

③ 리팩터링을 자주 수행한다

업무 규칙의 이해를 위한 분석 모델과 소프트웨어를 만들기 위한 설계 모델을 일치시키는 것은 간단하지가 않습니다. 개발 초기 단계에서는 업무에 대한 지식이 매우 부족하기 때문입니다. 초기 단계에서 설계한 소프트웨어의 구조는 업무 지식이 늘어나고 업무에 대한 이해도가 높아질수록 분석 모델과 설계 모델 간에 일치하지 않는 부분이 눈에 띄게 늘어납니다.

또한 업무에 도움이 되는 소프트웨어는 새로운 요구사항이 계속해서 생겨납니다. 특히 경쟁 우위를 창출하는 복잡한 업무 로직의 수정과 확장은 매우 중요하고 긴급합니다. 하지만 복잡한 소프트웨어를 쉽고 안전하게 수정하고 확장할 수 있도록 초기 단계에서부터 완벽하게 설계하기란 쉽지 않습니다.

이러한 설계의 어려움에 대처하는 방법이 설계를 지속적으로 개선하는 활동, 즉 리팩터링입니다. 모델이든 설계든 처음부터 완벽하게 좋은 것을 만들 수는 없습니다. 이해하기 위한 분석 모델과 소프트웨어를 만들기 위한 설계 모델이 처음부터 자연스럽게 일치하기는 어렵습니다. 이와 같은 전제하에 도메인 주도 설계에서는 업무 지식을 가지고 있는 도메인 전문가와 소프트웨어 개발 지식을 가지고 있는 개발자가 함께 모델과 설계의 개선을 반복해 나갑니다.

도메인 주도 설계에서 리팩터링은 양방향으로 이루어집니다. 모델 개선이 코드 변경으로 이어지고, 코드 리팩터링이 모델의 진화로 이어집니다. 업무 지식을 배우면서 모델과 설계의 양방향 리팩터링을 반복함으로써, 분석 모델과 설계 모델을 일치시킵니다.

하지만 모든 경우에 대해 리팩터링할 필요는 없습니다. 복잡한 업무 로직에 집중하고 그곳의 모델과 설계 리팩터링에 집중하는 것이 도메인 주도 설계입니다.

2.1.3 도메인 주도 설계의 설계 기법 이해하기

도메인 주도 설계는 다양한 설계 기법의 집합입니다. 대부분의 기법은 개별적으로 보면 도메인 주도 설계에만 국한되지는 않습니다. 그렇다고 해서 예전부터 존재하던 설계 기법과 일반적인 설계 기법을 단순하게 모아 놓은 것도 아닙니다. 모든 설계 기법의 목적은 **복잡한 업무 로직에 초점**을 맞추는 것입니다. 또한 그 목적을 달성하기 위해 **설계 기법끼리 조합하여 활용하는** 것이 필요합니다. 도메인 주도 설계의 설계 기법을 이해하고, 효과적으로 활용하기 위해서는 이 두 가지를 파악하는 것이 중요합니다. 먼저 도메인 주도 설계의 설계 기법 유형에 대해 알아보겠습니다.

전략적 설계와 전술적 설계

도메인 주도 설계의 기법은 **전략적 설계**와 **전술적 설계**, 두 가지로 분류할 수 있습니다. 이 분류 방법은 반 버논(Vaughn Vernon)의 저서 〈도메인 주도 설계 구현(Implementing Domain-Driven Design)〉(에이콘출판, 2016)에서 소개되었습니다. 전략적 설계와 전술적 설계는 서로 보완하는 관계이며, 그 목적은 복잡한 업무 로직을 효과적으로 다루는 데 있습니다. 전략적 설계를 수행하려면 전술적 설계가 제대로 실행되어야 하고, 마찬가지로 전술적 설계를 진행하려면 전략적 설계와의 조화가 필요합니다. 전략적 설계 기법과 전술적 설계 기법은 서로 연관성이 있습니다.

전략적 설계

전략적 설계는 넓은 시야에서 모델을 만드는 것을 중요하게 생각합니다. 반면 전술적 설계에서 중점적으로 대처해야 할 부분을 파악한 다음, 전체를 구성하는 각각의 요소를 어떻게 상호 연계할 것인가를 결정하기 위한 일련의 기법입니다.

전략적 설계 기법의 대표적인 예는 유비쿼터스 언어, 경계 컨텍스트, 컨텍스트 맵, 핵심 도메인이 있습니다(그림 2-2).

▼ 그림 2-2 전략적 설계의 주요 기법

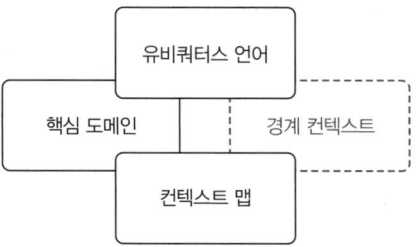

전술적 설계

전술적 설계는 복잡한 업무 로직을 소프트웨어로 표현하기 위한 기법으로, 실제 소스 코드를 구현하기 위한 기술적인 측면에 가까운 설계 기법입니다.

대표적인 기법으로 엔터티, 값 객체, 애그리게이트, 모듈이 있으며, 부가적인 기법으로는 도메인 이벤트, 리포지터리가 있습니다(그림 2-3).

▼ 그림 2-3 전술적 설계의 주요 기법

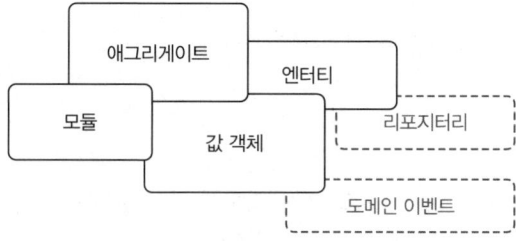

2.1.4 경량 DDD

전략적 설계와 전술적 설계로 나누는 방법과 관련하여 경량 DDD라는 용어가 있습니다. 반 버논은 저서에서 경량 DDD를 다음과 같이 소개하고 있습니다.

- 기술적인 관점으로 전술적 설계를 도입한다.
- 전술적 설계의 극히 일부를 적용한다.
- 전략적 설계에 전념하지 않는다.

경량 DDD와 전술적 설계가 동일하다는 관점도 있습니다. 즉, 전술적 설계는 단순한 기술을 사용하는 경량 DDD일 뿐, 도메인 주도 설계의 본질적인 활동은 아니라는 관점입니다.

하지만 반 버논이 전술적 설계의 다른 이름으로 경량 DDD를 소개한 것은 아닙니다. 그는 전술적 설계는 도메인 주도 설계의 기초이자 중요한 설계 활동이라고 이야기합니다. 에릭 에반스도 마찬가지이며, 전략적 설계를 위한 모델 주도 설계의 기본적인 구성 요소로서 전술적 설계가 중요하다고 말하고 있습니다.

이 두 사람의 주장에 따르면 전략적 설계의 기초가 되는 전술적 설계와 전략적 설계를 따르지 않는 경량 DDD는 다릅니다. 특히 다음과 같은 차이점이 있습니다.

- 복잡한 업무 로직에 초점을 맞추지 않는다.
- 설계 기법을 서로 관련짓지 않는다.

경량 DDD와 본래의 전술적 설계는 동일하지 않습니다. 전술적 설계는 복잡한 업무 로직에 초점을 맞춘 설계 활동의 기본입니다. 복잡한 업무 로직을 정확하게 이해하고, 계속 진화하는 소프트웨어로 구현하려면 다양한 전술적 설계를 활용하는 것이 필요합니다. 특히 전략적 설계와 전술적 설계를 연계하면 더 큰 효과를 볼 수 있습니다.

설계 기법을 설명하기 전에 경량 DDD를 좀 더 알아보겠습니다. 경량 DDD가 어떤 것인지 이해할 수 있으면 도메인 주도 설계 본래의 개념과 설계 방식이 좀 더 명확해집니다.

경량 DDD가 되어 버리는 이유

전술적 설계는 소스 코드 수준의 설계입니다. 도메인 주도 설계를 처음 접하게 되면, 이해를 도우려고 제시한 엔터티나 값 객체 등의 구체적인 예제를 보고 '도메인 주도 설계는 이런 식으로 코드를 짜는구나'라고 단정짓기 쉽습니다. 대부분의 예시 코드는 설명을 위해 최대한 단순하게 만들었으므로 예제만 봐서는 도메인 주도 설계가 복잡한 업무 로직에 초점을 맞추는 설계 방법임을 간과하기 쉽습니다. 경량 DDD란 이렇게 단순화된 코드를 도메인 주도 설계의 구체적인 예로 오해한 상태에서 생겨난 용어일지도 모릅니다.

전략적 설계는 개념적인 설명이 중심이 되기 때문에 소스 코드와 어떻게 관련되는지 이해하거나 파악하기 어려울 수도 있습니다. 그래서 처음 도메인 주도 설계를 접하는 단계에서는 전략적 설계를 이해하거나 실제로 적용해 보는 것이 어렵게 느껴질 수도 있습니다.

도메인 주도 설계의 다양한 설계 기법이 서로 관련되어 있다는 것이 잘 설명되어 있지 않은 것도 문제입니다. 설계 기법을 조합하는 방법을 모른 채, 각각의 설계 기법을 부분적으로만 도입해서는

는 다양한 설계 기법을 조합하여 활용할 때 얻을 수 있는 효과는 매우 미미할 것입니다.

2.1.5 본래의 도메인 주도 설계에 집중하기

도메인 주도 설계를 처음 시작할 때는 경량 DDD가 되기 쉽습니다. 많든 적든 처음에는 그렇게 되어 버립니다. 이런 경량 DDD 단계를 빨리 벗어나려면 두 가지 관점을 의식하는 것이 중요합니다. 복잡한 업무 로직에 초점을 맞추는 것과 설계 기법을 조합하는 것입니다.

그러기 위해서는 다양한 설계 기법을 개별적으로 이해하려고 하는 것이 아니라, 각각의 역할과 상호 관계성을 파악하면 도움이 됩니다. 예를 들면 다른 설계의 **기초가 되는 기법**, 다양한 설계 기법을 조합할 때 **핵심이 되는 기법**, 설계를 정리하고 **전체적으로 연계하는 기법** 등이 있습니다. 이와 같은 기초, 핵심, 연계라는 중요한 세 관점에서 설계 기법의 역할과 관계성을 알아보겠습니다.

2.1.6 기초가 되는 설계 기법

도메인 주도 설계의 기초가 되는 기법으로 전략적 설계에서는 **유비쿼터스 언어**, 전술적 설계에서는 **값 객체** 등이 있습니다. 이러한 기법들은 다른 설계의 뒷받침이 되며, 도메인 주도 설계를 위한 토대가 됩니다.

> *Column* ≡ **경계 컨텍스트**
>
> 유비쿼터스 언어를 효과적으로 활용하려면 전략적 설계의 경계 컨텍스트와 조합해야 합니다.
>
> 유비쿼터스 언어를 구성하는 용어는 하나의 의미만 가지도록 명확하게 정의되어야 합니다. 하나의 용어가 여러 의미를 가지거나 같은 의미에 대해 여러 용어를 사용해서는 안 됩니다.
>
> 용어가 가지는 의미도 그 용어가 어떤 문맥(컨텍스트)에서 사용되고 있는지에 따라 결정됩니다.
>
> 용어의 의미가 가지는 범위를 하나로 명확하게 하기 위한 설계 기법이 바로 경계 컨텍스트입니다. 만약 어떤 용어에 두 가지 의미가 있다면 컨텍스트를 나누어서 두 개의 유비쿼터스 언어를 만들고, 모델도 두 개로 나누어야 합니다.

유비쿼터스 언어

분석 모델과 설계 모델을 일치시키기 위한 기반은 유비쿼터스 언어입니다. 유비쿼터스 언어란 도메인 전문가와 소프트웨어 개발자가 같은 용어를 사용하여 공동으로 모델을 만들고 성장하기 위한 수단이며, 도메인 주도 설계의 가장 중요한 기법 중 하나입니다.

업무 로직을 올바르게 설계하려면 먼저 업무 규칙을 정확하게 이해하는 것이 중요합니다. 이를 위해 반드시 참고해야 할 핵심 정보의 원천은 바로 도메인 전문가입니다. 도메인 전문가와 함께 모델을 만들고, 설계에 활용하기 위한 기본 수단으로 유비쿼터스 언어를 사용하는 것입니다.

하지만 모든 업무 용어를 유비쿼터스 언어로 지정하는 것은 효율적이지 않으며, 그럴 필요도 없습니다. 유비쿼터스 언어의 대상은 복잡한 업무 로직을 표현하기 위해 사용되는 값 객체이기 때문입니다.

업무 로직은 복잡한 업무 규칙에 근거하여 금액, 수량, 날짜, 상태 등의 업무 활동을 값 객체로 측정하고 표현합니다.

이렇게 도메인 주도 설계의 본래 목적인 복잡한 업무 로직에 초점을 맞추어 유비쿼터스 언어를 사용하기 위한 기초적인 수단이 값 객체입니다.

값 객체

업무 로직은 업무 규칙을 소프트웨어로 구현한 계산과 판단 규칙입니다. 이러한 업무 규칙에 따른 계산에서는 금액, 수량, 날짜 등과 같은 업무 활동의 상태를 측정하며, 그 결과도 금액, 수량, 구분 등의 값으로 판단하고 표현합니다.

복잡한 업무 로직이란, 이처럼 다양한 값 객체를 사용한 계산과 판단의 조합을 말합니다. 따라서 복잡한 업무 로직을 유비쿼터스 언어로 표현하려면 다양한 값 객체가 어떤 계산과 판단에 사용되는지를 정리하고 그에 맞게 이름을 정의하는 것이 중요합니다.

예를 들어 '금액=단가×수량'과 같은 단순한 업무 규칙이 있다고 가정해 봅시다. 이 계산식에 사용되는 기본 용어는 금액, 단가, 수량 세 가지이며, 여기에 사용되는 계산과 판단 로직은 곱셈입니다. 이 세 값과 곱셈 로직은 소스 코드에서 값 객체로 표현됩니다. 각각의 값과 관련된 곱셈 로직을 클래스 형태로 캡슐화하고 값 객체를 클래스 이름으로, 계산과 판단 로직을 메서드 이름으로 표현합니다. 이러한 값 객체의 클래스 이름과 계산과 판단 로직의 메서드 이름은 자연스럽게 유비쿼터스 언어의 기본 용어가 됩니다.

또한 '금액 차이에 따라 수수료를 변경한다'는 흔한 업무 규칙도 있습니다. 이와 같은 업무 규칙은 코드 2-1과 같이 구현되며, 이것이 유비쿼터스 언어와 소스 코드를 대응한 값 객체의 예입니다.

코드 2-1 유비쿼터스 언어와 소스 코드를 대응한 값 객체(자바)

```
// 수수료율 설정
enum ChargeRates {
    low(10_000, 5),
```

```
        medium(50_000, 3),
        high(Amount.MAX, 2);

        Amount ceiling; // 상한선
        Rate rate; // 요율

        ChargeRates(Amount ceiling, Rate rate) {
            this.ceiling = ceiling;
            this.rate = rate;
        }

        Amount charge(Amount target) {
            // 대상 금액의 구분 기준을 판단하고,
            // 대응하는 요율을 곱한 금액을 반환한다
        }
    }
```

이처럼 업무 규칙을 기술하기 위한 용어가 **유비쿼터스 언어**이며, 이러한 기본 용어를 소프트웨어로 표현한 것이 **값 객체**입니다.

값 객체를 구현하다 보면 유비쿼터스 언어가 점점 풍부해지고, 이를 통해 복잡한 업무 로직을 정확하게 표현할 수 있게 됩니다. 이는 곧 분석 모델과 설계 모델을 일치시킬 수 있는 토대가 됩니다.

> ### Column ≡ 엔터티와 도메인 이벤트
>
> 도메인 전문가가 업무 규칙을 설명할 때 사용하는 용어들을 살펴보면 값 객체를 찾을 수 있습니다. 또 다른 시각에서, 값 객체를 찾는 전술적 설계 기법으로는 엔터티(entity)와 도메인 이벤트(domain event)가 있습니다.
>
> 엔터티는 비즈니스 활동에서 무엇을 관리하고 있는지를 구분하는 수단입니다. 예를 들면 고객, 상품, 주문, 담당자 등이 있습니다.
>
> 이러한 엔터티는 관리 번호의 사용 유무로 식별할 수 있습니다. 고객 번호, 상품 번호, 주문 번호, 담당자 번호 등과 같이 개체에 번호를 매겨 관리하고 있는 것이 엔터티에 해당합니다.
>
> 엔터티를 찾으면 다양한 값 객체를 발견할 수 있습니다. 그리고 각각의 값들이 업무 규칙에 어떻게 사용되는지 분석함으로써 자연스럽게 업무 규칙도 이해할 수 있게 됩니다.
>
> 도메인 이벤트는 다양한 업무 활동에서 발생한 이벤트를 표현하기 위한 전술적 설계 기법입니다. 이벤트는 우연하게 발생하는 것이 아니라 업무 규칙에 따라 사전에 통제된 행동의 결과입니다. 즉, 도메인 이벤트의 배경에는 '어떤 값으로 어떤 계산과 판단을 한다'라는 업무 규칙이 반드시 존재하며, 이것을 분석하는 것이 값 객체를 이해하는 과정입니다.

2.1.7 핵심이 되는 설계 기법

값 객체를 중심으로 하는 유비쿼터스 언어에 익숙해지면 도메인 주도 설계의 본질적인 목적인 복잡한 업무 로직에 초점을 맞춘 모델링과 설계를 구현할 수 있습니다.

이런 목적을 실현하기 위한 기법이 전략적 설계에서는 **핵심 도메인**, 전술적 설계에서는 **애그리게이트**입니다.

핵심 도메인

핵심 도메인은 경쟁 우위를 창출하기 위한 차별화된 업무 영역입니다. 그리고 복잡한 업무 로직은 핵심 도메인의 업무 활동과 업무 규칙을 반영합니다.

경쟁 우위를 창출하기 위한 핵심 도메인의 업무 로직은 복잡하며 자주 변경됩니다. 이 핵심 도메인과 복잡한 업무 로직이야말로, 도메인 주도 설계를 도입해야 하는 중요한 이유입니다. 반대로 핵심 도메인이 아닌 부분은 가급적 최소한의 설계와 구현으로 마무리해야 합니다.

핵심 도메인을 파악하기 위해서는 상당한 업무 지식이 필요합니다. 어떤 업무 규칙에 따라 업무를 수행하는지에 대한 단순한 지식만으로는 충분하지 않습니다. 그 업무 규칙이 왜 필요한지, 어떻게 경쟁 우위를 창출할 수 있는지에 대한 구체적인 이해가 필요합니다.

물론 핵심 도메인을 식별하고 언어화하는 것은 도메인 전문가들에게도 쉽지 않은 일입니다. 자신이 담당하는 업무라 하더라도 그 내용과 의미를 언어화하고 체계적으로 모델링할 수 있는 사람은 거의 없을 것입니다. 그러므로 체계적인 모델을 만들기 위해서는 소프트웨어 개발자들도 함께 협력할 필요가 있습니다.

핵심 도메인을 처음부터 일관된 형태로 특정할 수 있는 것은 아닙니다. 시스템 요구사항이나 소스 코드 곳곳에 핵심 도메인과 관련된 업무 데이터나 업무 로직이 단편적으로 표현된 경우가 더 많을 것이기 때문입니다. 핵심 도메인을 식별하고 복잡한 업무 규칙을 구조화하고 용어로 표현하는 데 도움이 되는 전술적 설계가 바로 애그리게이트입니다.

애그리게이트

애그리게이트는 복잡한 업무 로직을 표현하는 수단입니다. 업무 데이터와 업무 로직을 캡슐화한 각각의 '값 객체'들을 결합하여 복잡한 업무 로직을 표현하는 클래스가 바로 애그리게이트입니다.

애그리게이트를 설계하는 것은 복잡한 업무 로직을 소스 코드로 표현하기 위한 하나의 노력입니다. 프로그래밍 언어를 사용하여 복잡한 업무 로직을 언어화하고 구조화함으로써 핵심 도메인을 쉽게 파악하게 되는 것입니다.

복잡한 업무 로직은 소스 코드에서 애그리게이트 클래스 이름과 메서드 이름으로 표현됩니다. 그리고 그 이름은 유비쿼터스 언어의 중요한 용어가 됩니다.

다음은 전자상거래 사이트의 배송비 계산을 위한 간단한 애그리게이트 예제입니다(코드 2-2). 전자상거래 사이트에서 배송비 계산은 차별화와 경쟁 우위를 만들어낼 수 있는 복잡한 업무 로직, 즉 핵심 도메인입니다. 이 로직을 애그리게이트로 표현함으로써, 복잡한 업무 로직의 존재를 소스 코드로 구현할 수 있습니다.

코드 2-2 단순한 애그리게이트

```
// 배송비 계산
class ShippingCharge {
    // 배송비 계산에 필요한 값
    Product product;
    ShipTo shipTo;

    Amount total() {
        // 값 객체를 조합한 배송비 계산
    }
}
```

구현 관점에서 보면, 이 예시에서 사용된 애그리게이트는 상품의 크기, 무게, 온도 조절(냉동), 배송지 주소 등의 값 객체를 사용해 배송비를 계산하는 메서드를 가지는 클래스입니다. 배송비를 결정하기 위해서는 크기별, 무게별, 지역별로 배송비 테이블이 필요할 수 있습니다. 값이나 분류와 직접적으로 관련된 계산과 판단 로직은 적절한 값 객체나 분류 객체로 캡슐화합니다. 애그리게이트는 이들을 조합하여 계산과 판단 로직을 수행합니다.

복잡한 업무 로직을 표현하는 애그리게이트를 처음부터 완벽하게 설계할 수 있는 것은 아닙니다. 배송비 계산에 대한 지식을 습득하면서 지속적인 개선 활동, 즉 리팩터링을 반복하면서 유비쿼터스 언어도 함께 발전시켜 나갑니다.

코드 2-2의 배송비 계산은 매우 단순한 예시로, 경쟁 우위를 창출할 수 있을 만한 업무 로직은 아닙니다. 실제 비즈니스 활동에서 배송비 계산은 훨씬 더 복잡합니다. 매출을 늘리기 위해 일정 금액 이상 구매 시 배송비를 할인해 주거나 무료 배송을 제공하기도 합니다. 연회비를 내는 회원이나 일정 금액 이상의 구매 실적이 있는 고객을 대상으로 하는 특별한 배송비 할인 규칙이 있을 수 있습니다. 또한, 판매 촉진을 위해 한시적으로 무료 배송 캠페인을 진행할 수도 있습니다.

무료 배송에 따른 매출 증가와 배송비 자체 부담에 따른 비용 발생이라는 트레이드오프 관계 속에서 이익을 극대화하기 위한 배송비 설정 규칙의 최적화가 경쟁 우위를 창출합니다.

이를 위해서는 배송비 설정 규칙을 지속적으로 개선해야 합니다. 애그리게이트와 이를 구성하는 값 객체는 코드의 복잡성을 정리함과 동시에, 배송비 규칙을 수정하고 확장할 수 있도록 유연하게 설계되어야 합니다.

핵심 도메인을 식별하고 경쟁 우위를 유지하기 위해 애그리게이트 모델의 설계와 리팩터링을 지속적으로 수행합니다. 이것이 복잡한 업무 로직에 초점을 맞추는 도메인 주도 설계의 핵심 활동입니다.

2.1.8 전체를 연계하는 설계 기법

시스템 전체를 설계하기 위해서는 각각의 구성 요소를 어떻게 연계시킬 것인가에 대한 전체적인 계획이 필요합니다. 이렇게 전체를 조망하고 연결하기 위한 설계 기법이 전략적 설계로 분류되는 **컨텍스트 맵**과 전술적 설계로 분류되는 **모듈**입니다.

컨텍스트 맵

경계 컨텍스트는 모델의 분할 단위이자, 독립적인 개발 단위입니다. 대부분의 소프트웨어 개발은 컨텍스트 여러 개를 연결해야 하는 경우가 많습니다. **경계 컨텍스트**는 사내의 기존 시스템일 수도 있고, 외부의 클라우드 서비스(SaaS, Software as a Service)일 수도 있습니다.

컨텍스트 맵은 핵심 도메인과 복잡한 업무 로직의 관점에서 컨텍스트 간의 관계를 시각화하고 검토하기 위한 수단입니다.

그림 2-4는 앞서 설명한 배송비 설정의 예를 기반으로 만든 컨텍스트 맵입니다. 여기서는 배송비 설정을 최적화하는 것이 경쟁 우위를 확보하기 위한 핵심 도메인으로, 배송비 최적화 로직은 주문 컨텍스트에서 구현될 것입니다. 이 영역은 변화에 신속하고 정확하게 대응하기 위해 회사에서 자체적으로 개발해야 합니다. 또한 동일한 배송지로 여러 주문을 묶어서 배송비를 절감하는 것도 경쟁 우위를 확보하는 방법으로 출하 컨텍스트에서 구현할 수 있습니다. 이 영역 또한 회사에서 자체적으로 개발해야 합니다.

▼ 그림 2-4 컨텍스트 맵의 예

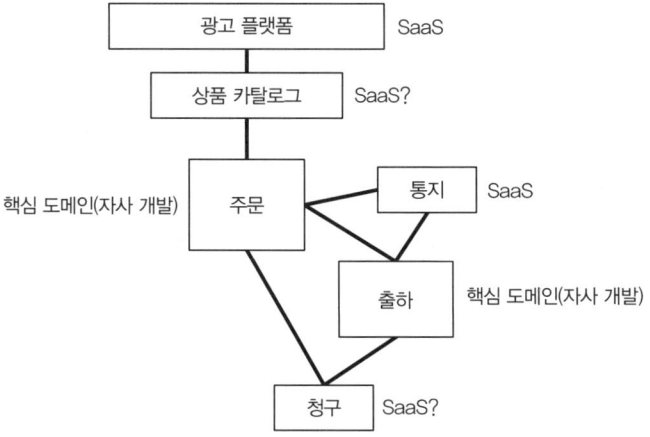

서로 다른 모델 연계하기

경계 컨텍스트는 각각 고유한 모델을 가지고 있습니다. 이렇게 서로 다른 컨텍스트를 연계할 때는 어떤 식으로든 모델의 차이를 조율해야 합니다. 모델을 어떻게 연계하면 좋을지를 판단할 때 중요한 기준은 핵심 도메인인지 아닌지를 구분하는 것입니다.

컨텍스트를 연결하는 방법, 즉 모델을 연결하는 방법에는 기본적으로 다음 세 가지 선택이 있습니다.

① 모델 내에서 연계와 관련된 부분을 공유한다.

② 자신의 모델을 상대방의 모델에 맞게 변환한다.

③ 상대방의 모델을 자신의 모델에 맞게 변환한다.

①번의 경우 모순이 생길 수도 있습니다. 경계 컨텍스트는 각자 고유한 모델로 구분되어야 하는데 그러한 경계를 넘나들면서 공유할 수 있다면, 애초에 경계 컨텍스트의 구분 방식에 문제가 있다고 볼 수도 있기 때문입니다.

②번의 경우 상대방의 모델을 그대로 사용하는 데 별다른 문제가 없다면 비교적 간단하게 구현할 수 있습니다. 특히 기존 시스템이나 패키지 제품과의 연계, 외부 클라우드 서비스와의 연계에 있어서는 상대방의 모델에 맞출 수밖에 없을 것입니다. 다만, 무조건 상대방의 모델에 맞추다 보면 자신의 모델이 왜곡될 수도 있기 때문에 주의를 기울여야 합니다. 이러한 여러 상황을 고려한다면 실제로는 ③번을 선택하는 경우가 많을 것입니다. 하지만 모델 변환과 유지보수에 많은 비용이 발

생하므로 변환 대상 범위를 최대한 줄이고 단순하게 만들어서 전체 비용을 줄이려고 노력해야 합니다.

어떤 연계 방식을 선택할지 결정하는 데 중요한 요소는 전략적 설계의 '핵심 도메인'과 전술적 설계의 '값 객체'입니다.

모델의 연계 방식을 고려할 때 해당 컨텍스트가 핵심 도메인인지 아닌지를 판단할 수 있다면, 어떤 모델에 맞춰야 할지가 명확해집니다. 무엇보다도 핵심 도메인 모델이 가장 중요하며, 다른 컨텍스트의 편의에 따라 왜곡되어서는 안 됩니다. 연계하고자 하는 상대방의 모델을 자신의 모델에 맞게 변환하는 ③번 항목을 선택하는 것은 핵심 도메인 모델을 지키기 위한 가장 확실한 방법입니다.

연계 대상 모델과의 변환 방식은 양쪽 모델의 값 객체를 비교함으로써 판단할 수 있습니다. 모델 연계는 결국 값 객체의 데이터 타입을 기준으로 이루어지며, 보통 값 객체를 JSON 등의 형식으로 변환한 텍스트 데이터를 사용해 연계합니다. 이때, 양측 모델의 값 객체 이름과 로직을 비교하여 모델 변환이 필요한지를 결정할 수 있습니다.

하지만 값 객체의 데이터 항목은 같지만, 유효한 값의 범위 등에 수반되는 로직이 크게 다를 수 있으므로 이러한 차이점에 주의해야 합니다.

모듈

큰 틀에서 전체를 바라보고 정리하기 위해 사용되는 전술적인 설계 기법이 모듈입니다. 모듈은 프로그래밍 언어에 따라 패키지(package) 또는 네임스페이스(namespace)라고 불리는 소스 코드의 단위입니다. 대부분은 파일을 정리하는 폴더 구조처럼 되어 있습니다.

모듈 이름은 업무상 중요한 관심사를 표현하는 수단으로 유비쿼터스 언어에 포함되어야 하는 중요한 용어입니다.

예를 들어 '배송료'와 '가격 정책'이 경쟁 우위의 핵심 요소라면 이것을 최상위 모듈의 이름으로 정합니다. 그리고 그 아래에 복잡한 업무 로직을 표현하는 애그리게이트와 값 객체를 둡니다. 클래스의 수가 많으면 서브모듈로 묶어 정리할 수도 있으며, 이 서브모듈의 이름도 중요한 유비쿼터스 언어에 해당합니다.

경쟁 우위의 원천, 즉 복잡한 업무 로직에 초점을 맞춘 모듈 구조는 처음부터 완벽하게 설계할 수 없습니다. 핵심이 되는 도메인과 복잡한 업무 로직을 애그리게이트와 값 객체로 언어화 및 체계화하면서 지속적으로 모듈 구조를 개선해야 합니다. 이렇게 하면 변화에 신속하고 유연하게 대처할 수 있는, 확장성 있는 업무 규칙 설계에 가까워집니다.

최상위 모듈의 이름은 복잡한 업무 로직에 초점을 맞춘, 도메인 모델의 핵심을 구성하는 기본 용어입니다. 도메인 모델을 설명하는 짧은 문장을 최상위 모듈의 이름으로 만들 수 있다면 도메인 주도 설계 본연의 목적에 맞는 좋은 모듈 구조라고 할 수 있습니다.

참고로 모델과 모듈의 어원은 동일합니다. 모델링과 모듈 구조의 설계는 본질적으로 설계를 유용하고 단순하게 표현한다는 동일한 목적을 가진 활동으로 볼 수 있습니다.

객체 지속화와 재구축

애플리케이션에서 업무 규칙에 기반한 계산과 판단을 수행하기 위해서는 관련 데이터와 로직을 캡슐화한 애그리게이트 객체를 생성해야 합니다.

많은 경우, 애그리게이트 객체는 데이터베이스에서 다양한 업무 데이터를 참조해 가져와야 합니다. 하지만 이렇게 데이터베이스를 참조하고 생성하는 세부적인 구조는 업무 로직과는 무관합니다. 애그리게이트 객체처럼 업무 로직을 표현하는 클래스를 설계할 때 데이터베이스의 구조와 연관시키면 클래스 구조가 많이 복잡해집니다. 이렇게 불필요하게 복잡해지는 것을 피하기 위한 방안이 전술적 설계의 리포지터리입니다.

리포지터리는 객체를 저장하는 구조를 추상적으로 표현한 것입니다. 자바의 경우 다음 코드와 같이 원하는 내용만 인터페이스로 선언함으로써 추상적으로 구현할 수 있습니다.

```java
interface ShippingContextRepository {
    ShippingContext findBy(OrderNumber order);
}
```

데이터베이스 조작에 대한 자세한 내용은 이 인터페이스 선언을 구현하는 클래스에 구현합니다 (코드 2-3).

코드 2-3 리포지터리를 이용하여 구현한 클래스

```java
class ShippingChargeDatasource implements ShippingChargeRepository {
    @Override
    ShippingCharge findBy(OrderNumber order) {
        // OrderNumber에서 데이터베이스를 검색해 배송비 계산에 필요한 데이터를 가져오고,
        // ShippingCharge(배송료 계산 애그리게이트) 객체를 생성한다
        return shippingCharge;
    }
}
```

리포지터리는 업무 로직을 표현하지 않기 때문에 데이터베이스 조작이나 객체 생성에 대한 자세한 내용을 알 필요가 없습니다. 단지 이러한 기술적인 관심사를 분리하기 위한 도구이며 다음과 같은 두 가지의 설계 방식이 있습니다.

- 애그리게이트의 최신 상태 유지와 업데이트
- 저장과 참조의 분리

에릭 에반스가 〈도메인 주도 설계〉를 집필할 당시의 리포지터리 설계 방식은 전자에 가까웠습니다. 최근에는 저장과 참조를 분리하는 후자의 방식을 채택하는 경우가 많아졌습니다. 후자에 대해서는 2.4절의 내용을 참고하기 바랍니다.

2.1.9 요약

도메인 주도 설계는 해당 업무를 아는 사람과 소프트웨어를 개발하는 사람의 공동 작업입니다. 각자가 가진 지식과 기술을 잘 조합하는 방법이 도메인 주도 설계의 전략적 설계와 전술적 설계입니다.

도메인 주도 설계에서 가장 중요한 핵심 관심사는 복잡한 업무 로직입니다. 복잡한 업무 로직은 경쟁 우위의 원천으로 비즈니스를 유지하고 발전시키기 위해서는 지속적인 수정과 확장이 필요합니다. 이것을 위한 도메인 주도 설계의 중요한 활동 중 하나가 리팩터링입니다.

도메인 주도 설계를 처음 시작할 때는 일부 기법만 도입한 경량 DDD가 될 수도 있습니다. 하지만 그 상태에서 복잡한 업무 로직에 초점을 맞추고 설계 기법을 조합하여 활용하다 보면 경량 DDD가 아닌 본래의 도메인 주도 설계에 근접하여 비즈니스 가치를 효과적으로 창출할 수 있을 것입니다.

2.2 유비쿼터스 언어: 정의와 효과를 이해하고 팀에서 실천해 보기

이번 절에서는 유비쿼터스 언어를 설명하겠습니다. 먼저 유비쿼터스 언어의 개념을 설명하고 이후 구체적인 사례로 유비쿼터스 언어를 도출해 팀에 도입하는 방법을 자세히 설명합니다.

2.2.1 들어가기 전에

이번 절에서는 도메인 주도 설계 중에서도 '유비쿼터스 언어'에 초점을 맞춰 이야기하고자 합니다.

도메인 주도 설계라고 하면 흔히 엔터티, 값 객체, 리포지터리와 같은 설계적 기법을 먼저 떠올리며 어렵게 느끼는 분들이 많을 것입니다. 필자도 한때는 그랬습니다.

하지만 설계적 기법을 적용하지 않고도 도메인 주도 설계를 실천할 수 있습니다. 이를테면 프로젝트 초기 단계에서 유비쿼터스 언어를 도입하는 것만으로도 개발 현장에서는 충분한 효과를 얻을 수 있습니다. 아니면 엔지니어 30명 정도의 소규모 조직에 도입해 보는 방법도 있습니다.

필자는 도메인 주도 설계의 핵심을 '개발자가 자신이 모르는 영역의 과제를 도메인 전문가의 지식을 빌려 최단 거리로 소프트웨어를 구현하는 방법을 고민하는 것'이라고 생각합니다. 여기서 최단 거리란 '검증 주기를 짧게 유지한다'는 의미로, 이렇게 했을 때 결과적으로는 빠르고 정확하게 소프트웨어를 구현할 수 있다는 뜻입니다.

더 나아가서 도메인 주도 설계를 도입할 때 그 기법의 옳고 그름을 따지기보다는 핵심 업무에 초점을 맞추고자 하는 도메인 주도 설계의 목적을 얼마나 잘 실현하는지가 더 중요하다고 생각합니다.

이러한 전제하에 유비쿼터스 언어는 도메인 전문가의 지식을 쉽게 빌릴 수 있는 매우 강력한 도구라고 할 수 있습니다. 또한 유비쿼터스 언어를 잘 활용하면 목적을 실현하기가 더욱 쉬워질 것입니다.

2.2.2 유비쿼터스 언어란?

유비쿼터스 언어의 정의

유비쿼터스는 원래 어떤 의미를 가지고 있을까요? 일본 정보 사이트인 Biz Drive[1]의 용어 사전에서는 다음과 같이 정의하고 있습니다.

> 유비쿼터스(Ubiquitous)는 라틴어로, 어디에나 존재한다는 것을 의미한다. IT 분야에서는 컴퓨터나 네트워크를 원하는 시간에 장소에 상관없이 사용할 수 있는 상태 등을 가리키는 용어이다.

유비쿼터스 언어란 프로젝트에서 팀원들이 사용하는 공통 언어로, 작업을 수행하는 모든 공간에서 시간에 상관없이 활용되는 언어라는 뜻입니다.

〈도메인 주도 설계〉에서는 유비쿼터스 언어가 대표적으로 다음과 같은 용도로 사용된다고 설명하고 있습니다.

- 시스템의 결과물인 코드를 설명한다.
- 작업이나 기능을 표현한다.
- 개발자와 도메인 전문가가 의사소통한다.
- 도메인 전문가끼리 요구사항이나 개발 계획 또는 기능을 표현한다.

필자는 유비쿼터스 언어의 본질이 '프로젝트에서 그 팀이 해결하려는 과제를 현시점에서 관심사로 나타낸 것으로, 결국 무엇을 의식하고, 무엇을 의식하지 않을 것인가를 결정하는 사고의 틀'이라고 보고 있습니다.

> **Column** 엔지니어가 도메인 전문가의 지식을 빌려야 하는 이유는 무엇일까?
>
> 유비쿼터스 언어는 도메인 전문가의 지식을 쉽게 빌릴 수 있는 매우 강력한 도구입니다. 그런데 왜 엔지니어가 도메인 전문가의 지식을 빌려야 하는 걸까요?
>
> 도메인 전문가의 지식을 빌리지 않아도 소프트웨어를 충분히 개발할 수 있다는 의견도 있습니다. 하지만 필자는 엔지니어가 도메인 전문가와 협력하면 다음과 같은 이점을 얻을 수 있다고 생각합니다.
>
> - 소프트웨어를 올바른 방향으로 확장할 수 있다.
> - 생략해야 할 부분과 중요하게 처리해야 할 부분이 명확해진다.
> - 도메인 전문가가 제안한 것보다 더 나은 해결책을 제시할 수도 있다.

---

1 역주 URL https://business.ntt-east.co.jp/bizdrive/word/ubiquitous.html

소프트웨어를 올바른 방향으로 확장할 수 있다

소프트웨어 개발의 설계와 구현 단계에서 도메인 전문가의 지식을 반영하면 향후 수정이 매우 수월해집니다. 반대로 도메인 전문가의 지식을 무시하고 소프트웨어를 만들어 버리면 나중에는 도메인 전문가가 생각하는 방향과 괴리가 커져 수정하기 힘든 상황에 처하게 되기도 합니다. 도메인 전문가의 지식을 바탕으로 패키지, 모듈, 클래스 단위로 코드를 정리하면 지속적으로 확장 가능한 소프트웨어를 만들 수 있습니다.

생략해야 할 부분과 중요하게 처리해야 할 부분이 명확해진다

유비쿼터스 언어는 그 팀이 무엇을 의식하고, 무엇을 의식하지 않고 있는지를 결정하는 사고의 틀이라고 설명했습니다. 도메인의 이해가 깊어지면 사용자에게 정말 필요한 것과 도메인 전문가가 중요하게 생각하는 것이 보이게 됩니다.

물론 엔지니어 입장에서는 모든 기능을 자신이 만족할 만큼 세밀하게 설계하고 구현하고 싶어 하는 마음도 이해가 됩니다.

하지만 사용자의 문제를 신속하게 해결하려면 도메인 전문가의 시각에서 핵심을 우선하고 중요하지 않은 요소는 과감히 제거해야 할 때도 있습니다.

도메인 전문가가 제안한 것보다 더 나은 해결책을 제시할 수도 있다

유비쿼터스 언어란 프로젝트에서 해당 팀이 해결하고자 하는 과제와 그에 대한 현재까지의 해결책을 보여 주는 것이라고 설명했습니다. 여기서 '현재'라는 단어에 주목할 필요가 있습니다. 도메인 전문가가 고민해서 제시한 해결책이라고 해도 현재 시점에서는 하나의 해결책일 뿐, 그 방법이 무조건 완벽하다고만 볼 수는 없습니다.

오히려 기술이 발전하면서 도메인 전문가가 가지고 있던 지식이 진부한 것이 되어 버릴 수도 있기 때문입니다. 이때 엔지니어가 도메인을 깊이 이해하고 있다면 더 나은 해결책을 제시할 수 있습니다.

유비쿼터스 언어의 효과

유비쿼터스 언어를 도입하면 프로젝트 내에서 사용하는 언어가 통일되어 의사소통이 훨씬 원활해집니다. 하지만 유비쿼터스 언어의 효과는 이뿐만이 아닙니다.

① 팀 간 의사소통의 불일치 해소

프로젝트 내에서 사용하는 언어를 통일한다면 업무와 연관된 용어의 차이에서 오는 혼란을 피하고, 개발을 다시 해야 하는 리스크를 사전에 막을 수 있습니다. 예를 들어 HR 업계에서 사용되는 '후보자', '응모자', '지원자' 등과 같은 비슷한 언어를 통일한다면 용어의 차이에서 발생하는 오해를 줄일 수 있습니다.

② 복잡한 개념의 관계성 정리

복잡한 업무 지식을 정리하기 위해 개념이 비슷한 단어에 각각의 이름을 붙여서 유사점과 차이점을 쉽게 이해할 수 있게 합니다. 예를 들어 HR 업계에서 진행하는 채용 관련 회의에 '면접', '면담'과 같이 각각 이름을 붙임으로써 비슷한 개념도 구분하여 이해할 수 있습니다.

③ 도메인 이해의 첫걸음

도메인 전문가와 유비쿼터스 언어를 논의하고 결정하는 과정에서 개발자들은 도메인에 대한 이해를 높일 수 있습니다. 이것은 현시점에서 사용자에게 제공하고자 하는 가장 이상적인 소프트웨어가 무엇인지를 이해하는 것으로 이어집니다.

필자는 이 점이 특히 중요하다고 생각합니다. 예를 들어 HR 업계에서 '면접'은 채용 여부를 결정하는 것이기 때문에 '결과'라는 단어와 이어집니다. 반면에 '면담'은 단순한 정보 교환을 의미하기 때문에 '결과'와 관련 지을 필요가 없습니다. 이처럼 업무의 흐름을 예측하기 위해서는 용어를 이해하는 것이 중요합니다. 이것은 소프트웨어 엔지니어에게 있어서 도메인을 이해하는 첫걸음이 됩니다.

2.2.3 유비쿼터스 언어의 도입을 실천하기

이제부터는 하나의 사례를 통해 실제 유비쿼터스 언어를 만들어 보겠습니다. 여기서는 '유비쿼터스 언어를 도입하려는 가상의 프로젝트'를 가정해서 유비쿼터스 언어가 팀에 흡수되는 과정을 설명하겠습니다. 복잡한 것을 이해하기 쉽도록 하는 데 유비쿼터스 언어가 유용하다는 것을 보여 주기 위해서, 조금 복잡한 사례를 준비했습니다.

가상의 프로젝트 사례

당신은 어떤 프로젝트의 개발 책임자입니다. 개발 중인 것은 '해외 특허 번역 교열 시스템'이며, 당신의 팀은 그 프로젝트의 개발을 담당하고 있습니다.

이번에 요구사항이 추가되어 '번역문의 제안을 번역문으로 수용하는 기능'을 구현하게 되었습니다. 업무 흐름은 다음과 같습니다(그림 2-5).

> 1. 교열자는 해외 특허의 원문과 번역문을 비교합니다.
> 2. 교열자는 원문 문장마다 해당 번역문이 적절한지 판단하고, 부적절한 경우 수정 코멘트를 남깁니다.
> 3. 교열자는 원문에서 번역이 누락된 문장이 있는 경우, 번역이 누락되었음을 명시하고 누락된 문장에 대한 '번역문의 제안'을 남깁니다.

▼ 그림 2-5 해외 특허 번역 교열 시스템의 화면 이미지

원문(중국어)	번역문(한국어)
发明名称：智能狗项圈	발명의 명칭: 스마트한 개 목줄
摘要：本发明涉及一种智能狗项圈。该系统可监测狗的健康和行为，并根据需要对其进行控制。	개요: 시스템은 개의 건강과 행동을 감시하고 필요에 따라 제어합니다.
权利要求 1. 智能狗项圈包括一个智能中央控制器、一个传感器网络和一个具有智能功能的狗装置	특허 청구 범위: 1. 스마트 고양이 목걸이는 스마트 중앙 컨트롤러, 센서 네트워크 및 스마트 기능을 갖춘 개 장치를 포함합니다.

【번역의 누락】
번역문의 제안:
본 발명은 스마트한 개 목줄에 관한 것입니다.

【부적절한 번역】
수정 코멘트:
고양이→개

서문

이번에 추가된 요구사항을 반영하고자 유비쿼터스 언어를 도입한다고 가정해 봅시다. '번역문의 제안을 번역문으로 수용하는 기능'을 개발할 때 '번역문의 제안'이 프로젝트 고유의 용어이며 이 기능의 주축이 됩니다. 하지만 '번역문의 제안'이라는 용어는 듣는 사람에 따라서 다양한 의미로 받아들일 수 있습니다. 그러므로 오해가 없도록 언제 어디서든 쉽게 사용할 수 있는 유비쿼터스 언어로 만들어 보겠습니다.

2.2.4 유비쿼터스 언어를 만들어 보기

업무 흐름과 요구사항을 깊이 이해한다

유비쿼터스 언어를 만들기 위해서는 팀이 해결해야 할 과제와 비즈니스 모델에 대한 이해를 바탕으로 하는 것이 중요합니다. 우선은 가상 프로젝트의 업무 흐름을 조금 더 자세히 살펴보겠습니다.

그림 2-5와 같이 교열자는 특허 원문과 번역문을 나란히 확인하면서, 다음과 같은 두 가지 업무를 수행합니다.

- 부적절한 번역에 대한 수정 코멘트 작성
- 번역이 누락된 부분에 대해서는 번역문의 제안 작성

이번 요구사항의 배경은 '번역문의 제안을 번역문으로 수용하는 기능'을 만들어 번역문의 제안을 수용하고 번역본을 완성할 수 있도록 하는 데 목적이 있습니다.

그렇다면 '번역문의 제안'에 적합한 유비쿼터스 언어를 생각해 보겠습니다.

도메인 지식 없이 떠올릴 수 있는 용어를 나열해 본다

일단 **번역문의 제안**이니 '번역 제안'으로 하면 어떨까요? 하지만 부적절한 번역에 대한 수정 코멘트도 '번역 제안'에 해당할 수 있어서 혼동될 우려가 있습니다(그림 2-5).

수정 코멘트에는 수정 방법이 적혀 있는 반면, **번역문의 제안**에는 번역 문장이 적혀 있기 때문에 이것을 구분할 수 있도록 '번역문 제안'이라고 하는 것은 어떨까요? 하지만 교열 화면 오른쪽 질반이 한국어 번역문 전체를 보여 주고 있습니다. 그러므로 번역문 전체도 **원문에 대한 번역문 제안**으로 볼 수도 있어서 역시나 혼동될 것 같습니다.

만약 이런 애매한 상태에서 누군가가 '번역문의 제안'의 의미를 물어보면 '번역문 누락에 대한 번역문의 제안'이라고 설명해줘야 할 것입니다. 이처럼 누구도 혼동하지 않도록 설명하려면 용어가 점점 길어지게 되는데, 이것을 일상적인 의사소통에 사용하기에는 적합하지 않습니다.

도메인 전문가와 함께 문제를 분석한다

지금까지 사례를 통해 도메인 지식이 없으면 그다지 좋은 용어가 생각나지 않는다는 것을 알게 되었습니다. 그런데 왜 이렇게 '번역문의 제안'을 한마디로 딱 정의하기가 어려울까요?

이 문제를 풀어 나가기 위해서는 도메인 전문가에게 물어보는 것이 가장 좋습니다. 그들과 이야기하는 동안 문제는 다음 두 가지라는 것을 알게 되었습니다.

- 번역문: '문'이라는 용어가 글 전체를 나타내는 것인지 한 문장을 나타내는 것인지 애매하다.
- 제안: 해외 특허 번역 교열 시스템에는 제안 기능이 두 가지가 있어서, 단순하게 '제안'이라고만 하면 어느 쪽인지를 특정할 수가 없다.

번역문: '문'이 글 전체를 나타내는 것인지 한 문장을 나타내는 것인지 애매하다

한국어라면 글 전체도, 한 문장도 모두 '문'이라는 의미로 받아들여질 수가 있습니다. 그래서 이 부분은 영어를 이용해서 글 전체는 '문서(document)'로, 한 문장일 경우에는 '문장(sentence)'으로 구분하는 것은 어떨까요(그림 2-6)? 이렇게 하면 혼동하는 일은 없을 것 같습니다.

▼ 그림 2-6 문서와 문장으로 구분하기

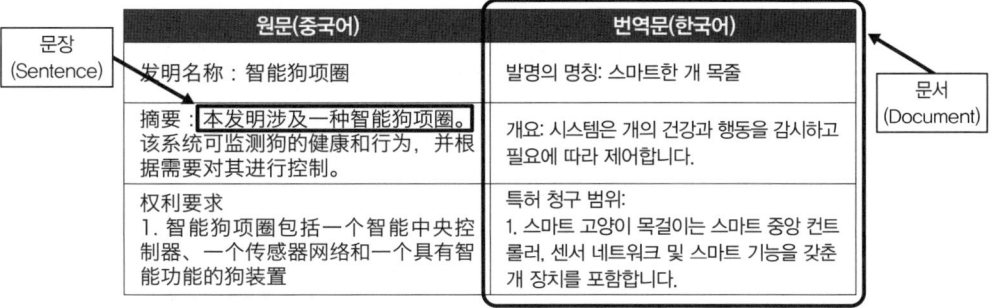

제안: 지금 시스템에는 제안 기능이 두 가지가 있어서, 단순하게 '제안'이라고만 하면 어느 쪽인지 특정할 수 없다

그림 2-5의 '번역문의 제안'과 '수정 코멘트'는 모두 '제안'이라고 볼 수 있습니다. 따라서 이 두 가지를 확실히 구별할 수 있도록 별도의 용어로 구분하는 것이 필요합니다.

한편 도메인 전문가와 이야기하는 사이에 '번역문의 제안'이나 '수정 코멘트' 모두 큰 틀에서는 알림이 필요한 부분이라는 것을 깨달았습니다. 결국 둘 다 알리고자 하는 내용을 보여 주는 것이기 때문에 '알림'이라는 용어를 공통으로 사용하는 것도 좋을 것 같습니다.

이렇게 공통적인 부분과 구분해야 할 부분을 고려해서 최종적으로는 다음과 같이 용어를 정의했습니다. 그림 2-5의 '번역의 누락'은 '누락 알림'으로, '부적절한 번역'은 '오역 알림'으로 이름을 구별했습니다(그림 2-7).

▼ 그림 2-7 두 가지 용어를 '알림'으로 묶기

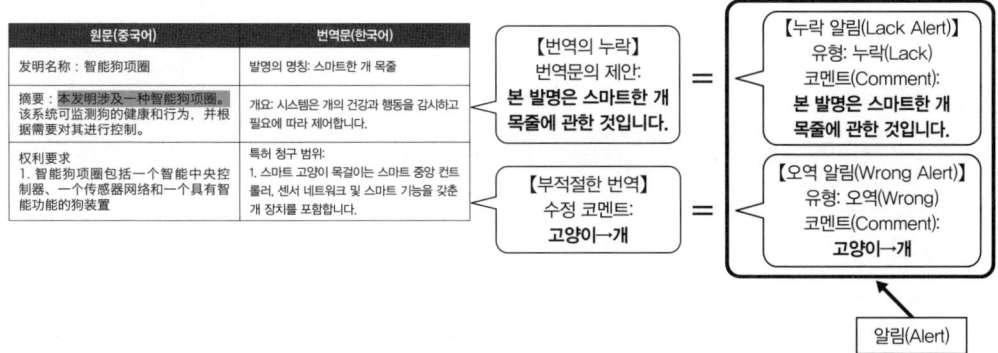

유비쿼터스 언어의 결정

결과적으로 '번역문의 제안'은 '누락 알림 코멘트'로, '부적절한 번역'은 '오역 알림 코멘트'로 구분해 표현하기로 했습니다. 이렇게 하면 다른 개념과 혼동하는 일은 없을 것입니다.

유비쿼터스 언어의 효과

유비쿼터스 언어의 효과를 다시 정리해 보겠습니다.

① 팀 간 의사소통의 불일치 해소

앞서 언급했듯이, 만약 '번역문의 제안'에 대한 유비쿼터스 언어를 결정하지 않고 프로젝트를 진행했다면 '번역문의 제안을 번역문으로 수용하는 기능'을 번역문 전체에 대한 승인 기능으로 오해할 소지도 충분히 있었을 것입니다.

'번역문의 제안을 번역문으로 수용하는 기능'을 유비쿼터스 언어로 다시 바꾸어 보면 다음과 같습니다.

> 누락 알림 코멘트를 번역 문장으로 수용하는 기능

이렇게 바꾸어 말하면, 어떤 부분을 어떻게 수용할 것인지가 매우 명확해졌음을 알 수 있습니다.

② 복잡한 개념의 관계성 정리

유비쿼터스 언어를 사용함으로써 '문서', '문장', '코멘트'의 개념 차이를 누구나 쉽게 이해할 수 있게 되었습니다.

③ 도메인 이해의 시작점

유비쿼터스 언어를 사용하여 업무 흐름을 다시 설명하겠습니다.

> 【수정 전】
> 1. 교열자는 해외 특허의 원문과 번역문을 비교합니다.
> 2. 교열자는 원문의 각 문장에 대해 해당 번역문이 적절한지 여부를 판단하고, 부적절한 경우 수정 코멘트를 남깁니다.
> 3. 교열자는 원문에 번역되지 않은 문장이 있을 경우, 번역이 누락되었음을 명시하고 번역문의 제안을 남깁니다.

> **【유비쿼터스 언어로 수정 후】**
> 1. 교열자는 해외 특허의 원본 문서와 번역 문서를 비교합니다.
> 2. 교열자는 원본의 문장마다 해당 번역 문장이 적절한지 여부를 판단하고 잘못 번역된 문장이 있을 경우 '오역 알림 코멘트'를 남깁니다.
> 3. 교열자는 원본 문서에 번역되지 않은 문장이 있는 경우 '누락 알림 코멘트'를 남깁니다.

이렇게 유비쿼터스 언어로 용어를 잘 정리하면 팀원 간에 혼동하는 일 없이 의사소통이 가능하지 않을까요?

여기서 흥미롭게 봐야 할 대목이 '알림'이라는 개념의 등장입니다. 이것은 원래의 업무 흐름에는 없던 용어이지만, 유비쿼터스 언어를 결정하는 과정에서 도메인 전문가와 개발자 모두의 도메인에 대한 이해가 깊어지면서 생겨난 결과입니다.

2.2.5 유비쿼터스 언어의 장점을 전파하기

지금까지 유비쿼터스 언어의 장점을 소개했다면, 이제부터는 유비쿼터스 언어를 어떻게 팀에게 전파할 수 있을지를 생각해 보겠습니다.

도메인 주도 설계를 배운 적이 없는 팀원들 앞에서 갑자기 유비쿼터스 언어의 중요성을 설명한다면 쉽게 이해하지 못할 것입니다. 따라서 구성원들이 공감할 수 있는 유비쿼터스 언어의 장점에 초점을 맞춰 설명하는 것이 효율적입니다.

필자가 실제로 유비쿼터스 언어를 도입하고자 할 때 사용한 장점은 다음 세 가지입니다.

- 재작업을 최소화한다.
- 설명하는 데 드는 시간과 노력을 줄인다.
- 네이밍에 소요되는 시간을 절약한다.

첫 번째와 두 번째는 앞서 언급한 유비쿼터스 언어의 효과인 '팀 간 의사소통의 불일치 해소'를 설득하기 쉽게 바꿔서 표현한 것입니다.

재작업을 최소화한다

유비쿼터스 언어가 없는 경우, 의사소통의 불일치에 따른 재작업을 해야 하는 경우가 발생하기 쉽습니다.

예를 들어 '번역문의 제안에 대해 문자 색을 빨강으로 해달라'는 의뢰가 있었다고 가정해 보겠습니다. 원래는 '누락 알림 코멘트'의 글자 색을 빨강으로 변경해야 하는데, 번역문 문서 자체의 글자색을 빨강으로 변경해 버리는 경우입니다. 물론 이런 경우라면 소프트웨어를 금방 수정할 수도 있겠지만, 기능이 커질수록 재작업에 걸리는 시간은 점점 늘어날 것입니다.

비즈니스 측면에서도 사용자에게 빠른 결과물을 전달하기 위해서는 재작업을 줄이는 것이 중요합니다. 기존에는 이러한 재작업에 소요되는 낭비를 줄이기 위해 도메인 담당자가 해당 용어를 개발자에게 일일이 설명해야만 했습니다.

설명 비용을 줄인다

유비쿼터스 언어가 없는 상태에서 사양을 설명하다 보면 업무 용어를 일일이 설명해야 하는 일이 종종 발생합니다. 예를 들어 개발자가 번역문의 제안이 무엇을 의미하는지를 물었다고 가정해 봅시다. 이에 대해 도메인 담당자는 '번역에 누락이 있을 때 추가로 제안하는 번역 문장'이라는 것을 일일이 설명해야 합니다.

이렇게 매번 설명하는 것은 비효율적이기 때문에 비즈니스 측면에서도 이러한 시간의 낭비를 줄이는 것은 중요합니다.

네이밍에 소요되는 시간을 절약한다

개발하다 보면 변수나 클래스 이름 등을 정하는 데 생각보다 많은 시간이 소요되기도 합니다.

유비쿼터스 언어는 언제 어디서나 사용하는 공통 언어이기 때문에 코드 내에서도 자연스럽게 사용할 수 있습니다. 유비쿼터스 언어를 그대로 사용하면 네이밍에 들였던 시간을 절약할 수 있습니다.

또한 유비쿼터스 언어를 만들 때 도메인 전문가의 도움을 받을 수 있기 때문에 네이밍의 질적 향상을 기대할 수 있습니다.

2.2.6 팀원들과 함께 유비쿼터스 언어를 결정해 보기

앞서 '유비쿼터스 언어를 만들어 보기'에서는 설명의 편의를 위해 '번역문의 제안'을 '누락 알림 코멘트'로 정했습니다. 하지만 이렇게 정한 유비쿼터스 언어를 실제로 팀원들과 공유하는 과정에서는 훨씬 더 다양한 의견이 나올 수 있습니다. 이것에 대응하기 위한 몇 가지 방법을 확인해 보겠습니다.

도메인 전문가를 참여시킨다

유비쿼터스 언어를 결정하는 자리에서 도메인 전문가의 업무 지식은 매우 유용하게 활용될 수 있습니다. 도메인 전문가의 지식은 오랜 시간 동안 실무에서 검증되었기 때문입니다.

그래서 '누락 알림 코멘트'와 같이 새로 유비쿼터스 언어를 도출하지 않더라도 이미 도메인 전문가가 사용하고 있는 용어가 있다면 처음부터 그것을 사용하는 것도 좋습니다.

유비쿼터스 언어를 흥얼거려 본다

일단 결정된 유비쿼터스 언어라도 사용하기 쉬운지 확인하려면 도메인 전문가와 함께 실제로 흥얼거려 보는 것이 좋습니다. 유비쿼터스 언어는 의사소통에 쓰이기 때문에 문장뿐만 아니라 대화할 때도 어색함이 없어야 하기 때문입니다.

만약 어색하게 들리거나 다른 용어와의 구분이 애매한 경우라면 다시 한번 검토해 볼 필요가 있습니다.

다른 단어와 겹치지 않는 용어를 선택한다

한번 결정된 유비쿼터스 언어는 고유한 의미를 가지는 예약어처럼 사용됩니다. 따라서 유비쿼터스 언어를 추가할 때는 의미가 겹치는 상황이 발생하지 않도록 일반적인 단어를 사용하지 않아야 합니다.

예를 들면 앞에서 유비쿼터스 언어로 '알림'이라는 용어로 사용하기로 했습니다. 하지만 나중에 사용자 입력 화면에서 오류 메시지를 표시하는 기능을 추가하게 되었다고 가정해 봅시다. 이 기능에도 '알림'이라는 용어가 적절하지만, 이미 앞에서 유비쿼터스 언어로 지정해 버려서 중복해 사용할 수 없습니다.

이처럼 다른 기능이 추가되더라도 중복되지 않는 용어를 선택하는 것이 중요합니다.

너무 오래 고민하지 않는다

유비쿼터스 언어를 결정하는 과정에서 이견이 좁혀지지 않으면 시간만 허비할 수도 있습니다. 이에 대한 대책은 나중에 설명하겠지만, 우선 적당한 언어를 임시로 정해서 빨리 사용해 보는 것이 중요합니다. 왜냐하면 실제 업무에서 유비쿼터스 언어를 사용하다 보면 어색하게 느껴지는 경우가 많이 생기기 때문입니다. 예를 들면 기능 명세에 관해 이야기하거나 코드를 작성할 때가 그렇습니다. 그러므로 처음부터 완벽하게 유비쿼터스 언어를 정해야겠다는 마음보다는 사용해 보면서 개선한다는 마음으로 유연하게 접근하는 것이 좋습니다.

결정한 유비쿼터스 언어의 사용을 장려한다

유비쿼터스 언어를 수립하는 과정에서 용어가 한번 정해지면 기존에 사용하던 용어들은 사용하지 않도록 강제하는 것이 중요합니다. 정해진 용어만 사용하도록 사전에 엄격하게 명시해 두면 유비쿼터스 언어를 수립하는 과정에서 더 진지하게 접근하게 됩니다. 팀원들 또한 다 같이 쉽게 사용할 수 있는 용어를 더욱 고민하게 됩니다. 특히 지정된 유비쿼터스 언어를 매일 사용하려는 습관을 들이다 보면 조금 더 빠르게 익숙해지는 것을 느끼게 될 것입니다.

한국어와 영어를 결정한다

유비쿼터스 언어를 한국어뿐만 아니라 영어도 같이 지정해 두면 대화뿐만 아니라 프로그램 코드를 작성할 때 훨씬 쉽습니다.

앞에서도 언급한 바와 같이 '문서(Document)'나 '문장(Sentence)'처럼 한국어로는 구분이 명확하지 않으면 영어를 같이 사용하는 것도 한 가지 방법입니다.

UI(User Interface)와 같이 사용자와 정보를 주고받는 화면에서도 가능한 한 용어를 일치시키는 것이 프런트엔드 엔지니어나 디자이너가 의사소통하는 데 훨씬 도움이 됩니다.

2.2.7 유비쿼터스 언어 수립을 유형화하기

유비쿼터스 언어를 수립하는 것은 팀이나 조직이 용어에 대해 공통된 인식을 갖는 것을 전제로 합니다. 어느 정도는 자유롭게 만들 수도 있겠지만, 공통으로 준수해야 하는 틀을 만들어 놓고 진행하는 것이 유비쿼터스 언어를 더 원활하게 수립하기 위한 요령입니다. 여기서는 유비쿼터스 언어를 수집하는 과정에서 발생하는 문제점을 살펴보고, 유비쿼터스 언어 수립을 '유형화'해서 이 문제를 해결해 보겠습니다.

유비쿼터스 언어를 정하면 얼마 지나지 않아 다음과 같은 문제에 부딪히게 됩니다.

❶ 유비쿼터스 언어의 명칭이 조직에 따라 달라진다.

❷ 어느 범위까지를 유비쿼터스 언어로 지정해야 할지 모른다.

❸ 유비쿼터스 언어 목록이 복잡해져서 유지보수가 어려워진다.

이러한 문제를 해결하려면 다음과 같은 접근법이 효과적입니다.

① 언어로서의 아름다움보다는 사용성을 중시한다.

② 대화에 자주 사용되는 용어만 정의한다.

③ 유비쿼터스 언어를 시각적으로 알기 쉽게 관리한다.

① 언어로서의 아름다움보다는 사용성을 중시한다

유비쿼터스 언어를 수립한다는 것은 공통된 용어를 만드는 작업으로 개개인의 어휘력에 영향을 많이 받습니다. 특히 용어를 사용하는 감각은 순수한 한국어 능력, 영어 능력뿐만 아니라 도메인에 대한 이해의 깊이도 많은 영향을 미칩니다.

이렇게 유비쿼터스 언어는 다양한 요건에 얽매일 수 있으므로 일정한 기준을 마련하는 것이 개인이나 조직에 따라 달라지는 것을 방지할 수 있다고 필자는 생각합니다.

중요한 것은 언어로서 아름다움이 아니라 도메인에 대한 이해를 기반으로 팀 내에서 오해가 생기지 않도록 적절한 용어를 지정했는지입니다. 이것을 판단하는 데 도움이 되는 도구가 바로 유스케이스입니다. 유스케이스로 고려해야 할 도메인 지식에 대한 이해와 실제 업무에서 사용했을 때 효과가 있을지에 대한 감을 잡을 수 있습니다. 유스케이스는 팀이 만족할 수 있을 만한 수준 높은 언어 수립을 지원하는 핵심 도구입니다.

그럼 지금부터 유스케이스 기법을 사용해 '번역문의 제안'에 대한 유비쿼터스 언어를 다시 도출해 보겠습니다.

유스케이스란?

원래 유스케이스는 **'사용자를 주체로 했을 때 시스템으로 어떤 액션을 취할 수 있는지'**를 표현한 것입니다. '번역문의 제안'에 대해 취할 수 있는 유스케이스는 작성, 편집, 삭제입니다(그림 2-8).

▼ 그림 2-8 번역문의 제안에 대해 취할 수 있는 유스케이스

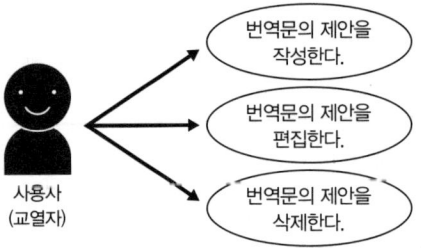

유스케이스 기술서란?

유스케이스 기술서란 사용자와 **시스템의 상호작용에 대한 세부 사항을 상세한 문장으로 정의한 것**입니다. 필자의 경험상 유비쿼터스 언어를 추출할 때는 유스케이스를 분석하는 것이 가장 효율적이었습니다. 다음과 같이 **사용자와 시스템의 상호작용을 보여 주는 것**에 초점을 맞춰 유스케이스를 만들어 보겠습니다.

---

1. 사용자는 교열 화면에서 열기 버튼을 클릭한다.
2. 시스템은 교열 대상인 원문과 번역문을 가져와 표시한다.
3. 사용자는 원문에서 번역이 누락된 부분을 지정한다.
4. 시스템은 번역 누락 알림을 작성하는 모달을 연다.
5. 사용자는 번역문의 제안을 입력한 후 등록 버튼을 클릭한다.
6. 시스템은 번역 누락 알림을 저장한다.

유비쿼터스 언어 후보 찾기

유스케이스 기술서를 살펴보니 '번역문의 제안'과 관련된 용어가 몇 개 있어서 밑줄을 그어 보았습니다. 이것이 유비쿼터스 언어의 후보가 될 것 같습니다.

---

1. 사용자는 교열 화면에서 열기 버튼을 클릭한다.
2. 시스템은 교열 대상인 원문과 번역문을 가져와 표시한다.
3. 사용자는 원문에서 번역이 누락된 부분을 지정한다.
4. 시스템은 <u>번역 누락 알림</u>을 작성하는 모달을 연다.
5. 사용자는 <u>번역문의 제안</u>을 입력한 후 등록 버튼을 클릭한다.
6. 시스템은 <u>번역 누락 알림</u>을 저장한다.

'번역문의 제안'은 '번역 누락 알림 속에 있는 번역문의 제안'으로 대체할 수 있어 '번역 누락 알림'의 한 요소로 읽힙니다. 그래서 상위 개념인 '번역 누락 알림'을 먼저 유비쿼터스 언어로 나타내 보면, 번역이라는 말은 분명하므로 '누락 알림'이라고 부르기로 합니다. 그러면 '번역문의 제안' 요소는 '누락 알림 코멘트'로 대체할 수 있을 것입니다.

적용하거나 소리 내 말해 본다

유비쿼터스 언어를 유스케이스 기술서에 적용해 보거나 실제로 소리 내 말해 보면서 어색하게 들리지 않는지 검증합니다. 자신뿐만 아니라 팀원들에게도 어색하지 않도록 확인하는 것이 핵심입니다.

> 1. 사용자는 교열 화면에서 열기 버튼을 클릭한다.
> 2. 시스템은 교열 대상인 원문과 번역문을 가져와서 표시한다.
> 3. 사용자는 원문에서 번역이 누락된 부분을 지정한다.
> 4. 시스템은 누락 알림(Lack Alert)을 작성하는 모달을 연다.
> 5. 사용자는 누락 알림 코멘트(Lack Alert Comment)를 입력한 후 등록 버튼을 클릭한다.
> 6. 시스템은 누락 알림(Lack Alert)을 저장한다.

여기서는 유스케이스 사례를 기반으로 설명하였지만, 개발 현장에 유스케이스 기술서를 대체할 수 있는 문서나 사양서 등이 있다면 굳이 유스케이스를 새로 작성하지 않고 기존 문서를 사용하는 것이 좋습니다.

② 대화에 자주 사용되는 용어만 정의한다

일단 유비쿼터스 언어를 정의하기 시작하면 어느 범위까지 적용해야 할지 고민이 될 수 있습니다.

필자의 생각은 팀에서 대화할 때 사용하지 않는 용어는 정의하지 않아도 된다는 것입니다. 유비쿼터스 언어는 개발자와 같은 엔지니어와 도메인 전문가가 의견을 주고받기 위한 도구입니다. 따라서 자주 사용하지 않는 용어까지 유비쿼터스 언어로 정의하여 관리하는 것은 비효율적입니다.

유비쿼터스 언어로 지정할지는 유스케이스나 이와 유사한 문서에 등장하는 주요 개념을 기준으로 삼는 것이 타당합니다.

③ 유비쿼터스 언어를 시각적으로 알기 쉽게 관리한다

유비쿼터스 언어를 관리하고자 스프레드시트나 엑셀을 이용하여 유비쿼터스 언어 목록을 만드는 경우가 많습니다(표 2-1). 하지만 이 방법으로는 용어가 늘어날수록 관리가 복잡해지고 용어 간에 연관성을 파악하기도 어려워집니다. 이렇게 복잡해진 목록을 찾아보는 것도 귀찮을뿐더러 새로운 용어가 추가되었을 때 바로 업데이트가 되지 않아 제대로 관리되지 않는 경우가 많습니다.

▼ 표 2-1 유비쿼터스 언어 목록의 예

유비쿼터스 언어(한국어)	유비쿼터스 언어(영어)	의미
교열	Review	Document 두 개를 선택하여 작성되는 것. 요소로서 기한과 상태(처리 중, 처리 완료)를 가진다
문서	Document	원문과 번역문의 글 전체를 나타내는 것. 요소로서 유형(원문, 번역문)을 가진다
알림	Alert	Review에 대한 알림을 나타내는 것. 요소로서 유형(오역, 누락), 코멘트, 선택 범위를 가진다

이를 방지하기 위한 효과적인 방법의 하나가 도메인 모델 다이어그램을 통한 관리입니다. 도메인 모델 다이어그램이란 쉽게 말해서 각각의 유비쿼터스 언어에 연관성을 부여한 다이어그램입니다.

위에서 가정한 사례를 다음과 같은 도메인 모델 다이어그램으로 만들어 보았습니다(그림 2-9). 이것을 통해 알림(Alert)은 교열(Review)과 연관성을 가지지만, 문서(Document)와는 무관하다는 것을 시각적으로 알 수 있습니다.

▼ 그림 2-9 도메인 모델 다이어그램의 예

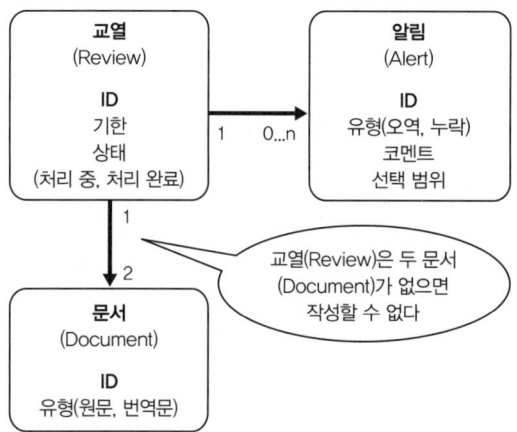

이러한 다이어그램은 개발자 간의 설계 검토 자료로도 활용할 수 있기 때문에, 다이어그램을 먼저

업데이트한 이후에 구현으로 넘어가는 방식으로 운영한다면 유비쿼터스 언어가 업데이트되어 결과적으로는 효율적인 관리가 가능해집니다.

도메인 모델 다이어그램을 만드는 방법에 대한 자세한 내용은 필자의 블로그[2]를 참조해 주세요.

그리고 여기에서는 도메인 모델 다이어그램을 주로 다루었지만, 클래스 다이어그램이나 ER 다이어그램으로도 충분히 대체할 수 있습니다.

2.2.8 마지막으로

이번 절에는 도메인 주도 설계 중에서도 유비쿼터스 언어의 수립에 관해 이야기해 보았습니다. 유비쿼터스 언어는 도메인 전문가와 협업하는 데 필수적인 도구입니다. 특히 도메인 주도 설계를 할 때 비교적 부담 없이 도입할 수 있는 부분이기 때문에 꼭 한번 시도해 보기를 권합니다. 처음부터 도메인 주도 설계의 모든 부분을 도입하기보다는 주어진 과제에 따라 최소한의 범위에서 작게 시작해 보는 것도 좋습니다.

2.3 이벤트 스토밍: 도메인을 해석해 모델 만들기

유비쿼터스 언어와 경계 컨텍스트를 정의하는 데 도움이 되는 이벤트 스토밍을 구체적으로 어떻게 진행하면 좋을까요? 이 절에서는 실제 사례를 바탕으로 이벤트 스토밍의 전체적인 흐름과 진행 시 주의할 점을 설명합니다. 이번 절에서 이벤트 스토밍의 유용성을 함께 체험해 보기 바랍니다.

2.3.1 이벤트 스토밍을 통한 모델링

이벤트 스토밍은 도메인 주도 설계의 공통된 도메인 모델링을 위한 워크숍입니다. 이는 시스템 개

---

[2] URL https://zenn.dev/innoscouter/articles/b1973a7032ff8a

발과는 거리가 먼 도메인 전문가는 물론 프로젝트와 관련된 누구나 쉽게 참여할 수 있도록 고안된 기법입니다. 워크숍에서 참가자 전원이 도메인에서 발생하는 이벤트를 찾아내서 어떻게 연계시킬지를 연구합니다.

이벤트 스토밍의 큰 장점 중 하나는 참가자들 사이에 '유비쿼터스 언어'를 구축할 수 있다는 점입니다. 유비쿼터스 언어란 팀 내에서 공통으로 사용히는 용이와 개념을 의미합니다. 유비쿼터스 언어를 통해 서로 다른 지식을 갖춘 구성원 간에도 효과적으로 의사소통할 수 있습니다. 또한 이벤트 스토밍을 통해 도메인 전문가의 지식과 IT 전문가의 깊은 통찰력을 공유하고, 훨씬 더 풍부한 도메인 모델을 구축할 수 있는 기반을 마련할 수 있습니다. 이것은 복잡한 업무 로직과 업무 흐름을 명확히 하여 서로 다른 지식을 갖춘 팀원들이 공동의 이해와 목표를 향해 협력해서 나아갈 수 있게 해줍니다.

이벤트 스토밍 개요

이벤트 스토밍의 프로세스는 크게 세 가지 단계로 나눕니다.

빅 픽처

첫 번째 단계에서는 도메인 내에서 발생하는 다양한 이벤트를 큰 틀에서 식별하고 시간순으로 정렬합니다. 이 단계에서는 도메인 전체의 설계를 명확히 하고, 핫 스팟과 이벤트 간의 연관성에 주목합니다.

비즈니스 프로세스 모델링

두 번째 단계에서는 이벤트들을 구체적으로 연계시켜야 합니다. 이벤트를 연결하는 명령, 정책, 외부 시스템, 애그리게이트를 명확하게 정의하고 연계해야 비즈니스 전체 흐름을 이해할 수 있습니다.

소프트웨어 시스템 모델링

마지막 단계에서는 실제 소프트웨어 시스템을 설계합니다. 애그리게이트에 대해 깊게 분석하고 경계 컨텍스트를 식별함으로써 도메인 모델을 소프트웨어 설계에 적용하는 방법을 연구합니다.

이러한 세 가지 단계를 거쳐 도메인에 대한 이해를 높일 수 있으며, 이것은 효과적인 소프트웨어 설계로 이어집니다.

> **Column** ≡ **이번 사례의 주의점**
>
> 필자가 지금까지 실제로 진행했던 시나리오를 바탕으로 〈호스팅 서비스 신청 프로세스〉에 적용했던 이벤트 스토밍 사례를 보여 드리고자 합니다. 구체적으로는 사용자가 서버를 신청하고 제공받기까지의 과정입니다. 이론적으로나 실무적으로도 이벤트 스토밍이 무엇인지에 대한 전체적인 느낌을 파악할 수 있을 것입니다.
>
> 한 가지 주의할 점은 원론적인 기법을 변형한 부분이 있다는 점입니다. 나중에 자세히 설명하겠지만, 원래 이벤트 스토밍을 그대로 따르지 않은 부분이 있음을 기억해 주기 바랍니다. 실무에 적용하기 어려운 부분 몇 가지를 변형하였는데, 편의상 '나루세식 이벤트 스토밍'이라고 부르겠습니다.

진행 유형과 각각의 준비

먼저 이벤트 스토밍을 진행하는 데 필요한 준비 사항부터 알아보겠습니다.

온라인으로 진행

원래 이벤트 스토밍은 대면으로 진행하는 것을 권장하고 있지만, 필자의 경험상 온라인 미팅으로 진행해도 충분히 유용하다고 생각합니다. 온라인의 경우, 참가자는 네 명 내외로 구성하는 것이 적당합니다. 사전에 유스케이스 주제를 미리 결정하고, 소수 정예의 참가자를 모집하는 것이 좋습니다. 대규모의 인원을 대상으로 온라인으로 진행한다면 대화의 주제에 참여하지 못하고 구경꾼이 되어 버리는 참가자들이 생겨서 불만이 커질 수도 있습니다.

온라인으로 진행할 때는 동시에 여러 사람이 '포스트잇'을 붙이는 등의 작업이 가능한 소프트웨어 도구가 필요합니다. 필자는 Miro[3]라는 서비스를 주로 사용합니다.

오프라인으로 실시

오프라인 워크숍은 장소가 허락하는 한 참가 인원에 제한이 없으므로 하나의 큰 도메인을 대상으로 다양한 논의를 동시에 진행할 수 있습니다. 이 방법은 도메인 전체 그림을 파악하는 데 유용하며 도메인 이벤트와 프로세스를 시각적으로 정리하는 데 매우 효과적입니다.

오프라인으로 진행할 때도 포스트잇을 붙일 큰 보드나 벽이 필요합니다. 보드가 클수록 포스트잇의 배치를 이동하는 데 큰 노력이 필요합니다.

오프라인일 때도 온라인 편집 도구를 동시에 사용하면서 진행할 수 있습니다. 이 경우 모니터나 태블릿 등을 다수 배치하여 진행 상황을 여러 사람이 볼 수 있게 준비합니다. 프로젝터를 여러 대

---

3 URL https://miro.com/ko/

준비해 활용하는 것도 토론을 활성화하기 위한 좋은 방법입니다.

온라인이든 오프라인이든 장시간에 걸쳐 진행되는 경우가 많으므로 적절한 휴식을 취하는 것이 중요합니다. 편안한 분위기를 조성하여 참가자들의 피로를 줄이고 과자 등 간식을 준비해서 집중력을 유지하도록 하는 것은 퍼실리테이터(facilitator)의 중요한 역할입니다.

구체적인 유스케이스의 설정

모든 참가자에게 시간적 여유가 많지 않다면 이벤트 스토밍을 진행할 때 구체적인 유스케이스를 미리 설정해 두는 것이 좋습니다. 이는 이벤트 스토밍의 효과를 극대화하고 성공적으로 진행하기 위해 매우 중요한 요소입니다.

필자의 경험에 따르면 워크샵에서 유스케이스가 구체화되지 않으면 참가자들이 지치고, 원하는 성과를 단기간에 얻지 못하는 경우가 많았습니다. 결국 이벤트 스토밍에 대한 기대치와 결과 사이의 괴리로 인해 그 효과가 반감되는 결과를 초래할 수 있습니다.

그래서 처음에 이벤트 스토밍을 진행할 때는 제한된 소규모의 유스케이스를 설정하는 것이 좋습니다. 그래야 참가자들이 집중해서 참여할 수 있고, 이벤트 스토밍의 효과를 제대로 확인할 수 있기 때문입니다.

이제부터 이벤트 스토밍을 처음으로 해본다는 가정하에 〈호스팅 서비스 신청 프로세스〉를 유스케이스로 설정해 진행해 보겠습니다. 온라인으로 진행할 예정이고, 도구에서 제공하는 카드 형태의 메모 기능을 가진 객체는 편의상 '포스트잇'으로 표현하기로 합니다.

2.3.2 빅 픽처

빅 픽처는 이벤트 스토밍의 첫 번째 단계입니다.

이 단계에서는 프로젝트나 도메인 전체를 조망하기 위해 관련 이벤트들을 모두 기록하고 시간순으로 정렬합니다. 이러한 과정에서 누락된 이벤트를 발견하거나 새로운 이벤트를 추가할 수 있으며, 이벤트 외에도 논의가 필요한 중요한 주제를 추가로 도출할 수도 있습니다.

또한 전체 도메인의 흐름과 연관성이 시각적으로 명확해지고, 후속 논의를 위한 기본 토대를 마련할 수 있습니다. 그럼 지금 바로 이벤트 스토밍을 시작해 보겠습니다.

이벤트 쓰기

아이디어를 자유롭게 적어 내는 브레인스토밍 기법과 같이, 우선 참여자 전원이 생각나는 대로 도메인 내에서 일어날 수 있는 모든 이벤트를 자유롭게 작성합니다. 여기서 한 가지 중요한 것은 아무리 작은 이벤트라도 중요한 통찰력을 제공할 수 있으니, 이 단계에서는 **아이디어를 평가해서는 안 된다**는 점입니다.

참가자들은 도메인과 관련된 각각의 이벤트를 간결하게 과거형으로 표현합니다. 예를 들면 호스팅 서비스 신청 과정에서는 '신청함', '서버를 준비함' 등의 이벤트가 있습니다.

시작 신호와 함께 모든 참가자가 한꺼번에 이벤트를 써 내려가는 것이 가장 이상적이겠지만, 실제로는 그렇지 않습니다. 참가자들에게 작성을 요청해도 생각처럼 능동적으로 움직이지 않는 것이 현실입니다. 특히 참가자들의 경험이 많지 않은 상태라면 첫발을 내딛는 데 용기가 필요하므로 퍼실리테이터가 이벤트 작성을 이끌어내려는 노력을 해주면 좋습니다.

이번 유스케이스 주제는 '사용자가 호스팅 서비스를 신청한다'입니다. 우선 '호스팅 서비스를 신청함'이라는 시작 이벤트를 작성합니다.

그러면 사용자가 얻고자 하는 결과 이벤트는 '서버를 준비함'이 될 것입니다(그림 2-10).

▼ 그림 2-10 이상적인 시작 이벤트와 결과 이벤트를 작성하기

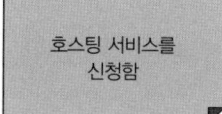 

계속해서 시작 이벤트와 결과 이벤트 사이에 어떤 일이 일어날지를 참가자들에게 물어본다면 처음과는 달리 조금씩 이벤트에 대한 다양한 이야기가 나오기 시작할 것입니다.

이벤트는 타임스탬프가 찍힌 과거형

처음 이벤트를 작성할 때는 빅 픽처에 크게 신경 쓰지 말고 쭉 써 내려가기를 추천합니다. 나중에 작성된 내용이 이벤트로 적절한지 정하기 위해서는 작성된 내용에 타임스탬프가 찍힐 수 있을지 여부가 하나의 판단 기준이 됩니다.

예를 들어 '서버 다운'에는 '2023년 7월 1일 오후 3시에 서버가 다운되었다'라고 타임스탬프를 붙일 수 있습니다. 반면 '시스템이 안정적이다'라고 하는 상태 정보에는 타임스탬프를 붙이기 어렵기 때문에 이벤트로 처리하기에 적합하지 않다는 것을 보여 줍니다. 비슷한 예로 '주문 확정'은 '2023년 7월 2일 오전 11시에 주문이 확정되었다'는 타임스탬프를 붙일 수 있지만 '고객이 상품을 검토

하고 있다'라는 현재의 상태에는 타임스탬프를 붙일 수 없습니다. 이처럼 타임스탬프의 적용 가능성을 기준으로 생각한다면 이벤트 여부를 명확하게 구분할 수 있습니다.

그 외에 '확인 완료'와 같은 특정 쿼리를 기반으로 수행하는 동작은 이벤트로 간주하지 않습니다. 기본적으로 이벤트란 도메인에 대해 어떤 영향을 미쳤는지를 기준으로 판단합니다.

하시만 예외적으로 이벤트 스토밍 도메인을 분석하거나, 도메인에 대해 해당 정보를 유지해야 할 때 사용하는 쿼리는 이벤트로 추가하는 것이 좋습니다.

이벤트를 시간순으로 정렬한다

어느 정도 이벤트가 수집되면 모든 이벤트를 발생한 순서대로 정렬합니다. 이 과정을 통해 도메인의 흐름과 이벤트 간의 관계가 더욱 명확해집니다(그림 2-11).

▼ 그림 2-11 이벤트를 시간순으로 정렬한다

각각의 이벤트가 언제 일어났는지를 시각적으로 이해하게 되면 누락된 이벤트를 찾아내기도 쉽습니다.

여러 사람이 같은 이벤트를 등록하는 경우에는 편집 기능을 이용해 하나로 합치거나 삭제합니다. 오프라인 워크샵의 경우 포스트잇을 겹쳐서 붙이면 됩니다.

해피 패스와 핫 스팟으로 중심을 잡는다

이벤트 스토밍이 계획과는 달리 엉뚱한 방향으로 흘러가는 상황이 발생하기도 합니다. 참여자 간에 지식이나 바라보는 관점이 다르다 보니 당장 확인하거나 결정하기 힘든 상황이 발생할 수도 있습니다. 이럴 때 사용할 수 있는 도구가 '해피 패스(happy path)'와 '핫 스팟(hot spot)'입니다.

해피 패스는 오류나 문제없이 성공적으로 진행하기 위한 표준 시나리오를 말합니다. 어느 정도의 이탈은 허용하되, 본질적으로는 해피 패스를 중심으로 프로세스를 진행해야 합니다.

핫 스팟은 미결정 사항으로 볼 수 있습니다. 토론이 진행되다 보면 당장 결정할 수 없는 중요한 사안이나 도메인에 예상치 못한 중요한 업무 지식이 튀어나올 수 있습니다. 이런 정보들은 중요한 정보이면서도 성공적인 표준 시나리오에서 옆길로 새게 만드는 문제들입니다. 이럴 때 핫 스팟이라고 정보를 기록합니다.

예를 들어 '결제함'이라는 이벤트에 대해 결제 수단을 생각하지 않을 수 없습니다. 이런 경우 일단은 해피 패스에서 벗어나지 않고, 앞으로 논의하겠다는 의미로 포스트잇에 적어서 비스듬하게 붙여 둡니다(그림 2-12).

▼ 그림 2-12 미결정 사항은 핫 스팟으로 적어 둔다

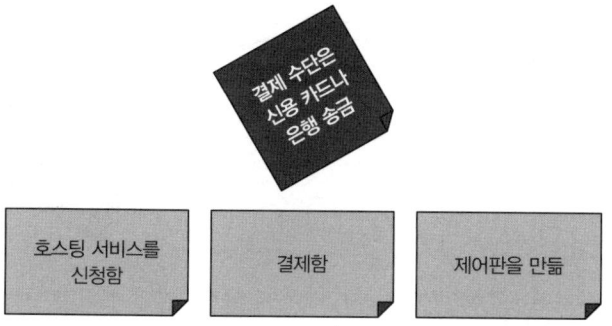

핫 스팟에는 주로 해야 할 일(TO DO)과 도메인 지식을 적어 놓는데, 전자는 언젠가는 해결해야 할 일이지만, 후자는 참고할 지식으로 계속 남겨 둘 수도 있습니다.

2.3.3 비즈니스 프로세스 모델링

비즈니스 프로세스 모델링은 빅 픽처에서 파악한 이벤트를 사용해 업무 흐름을 더 세부적으로 파악하는 단계입니다.

이 단계의 주요 목적은 서로 다른 이벤트를 연결하는 방법을 자세히 검토하는 것입니다. 명령, 애그리게이트, 외부 시스템, 정책과 같은 핵심 개념을 사용하여 비즈니스 프로세스의 복잡한 구조를 파악할 수 있습니다.

또한 리드 모델과 액터를 추가함으로써 비즈니스 프로세스의 상호 관계를 구체화하고, 더 시각적이고 이해하기 쉬운 다이어그램으로 바꾸어 나갑니다.

이벤트와 이벤트를 연결한다

이벤트는 자동으로 이어지는 것이 아니라 특정 조건이나 트리거에 의해서만 다음 이벤트로 연결됩니다. 이벤트와 이벤트를 연결하는 규칙은 그림 2-13과 같이 표현할 수 있습니다.

▼ 그림 2-13 이벤트 스토밍 연계 규칙

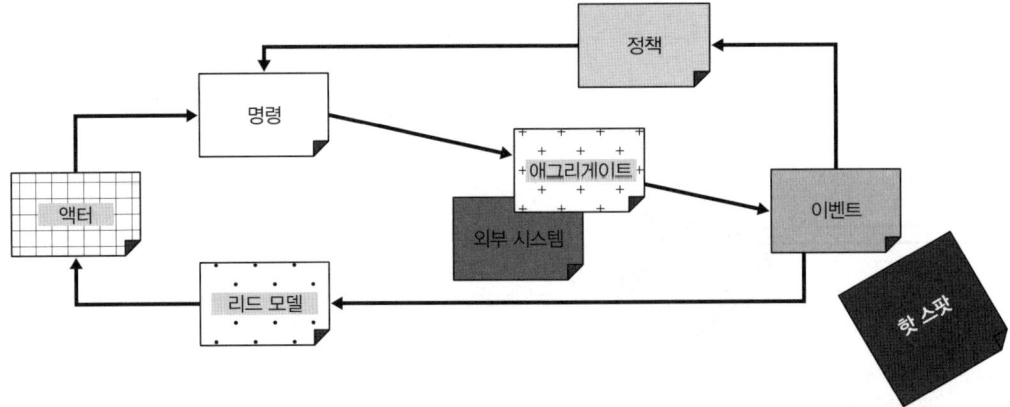

그림 2-13은 이벤트 스토밍에 사용되는 포스트잇이 어떻게 다른 포스트잇에 연결될 수 있는지를 보여 주는데, 이렇게 이벤트와 이벤트를 연결하기 위한 패턴은 다음의 두 가지가 있습니다.

1. 이벤트 → 정책 → 명령 → 애그리게이트 또는 외부 시스템 → 이벤트
2. 이벤트 → 리드 모델 → 액터 → 명령 → 애그리게이트 또는 외부 시스템 → 이벤트

첫 번째 패턴부터 살펴보겠습니다.

명령

이벤트를 연결하려면 먼저 이벤트를 유발하는 핵심 요소인 명령을 추가해야 합니다.

각 이벤트는 그 자체로 발생하는 것이 아니라 시스템이나 프로세스에 대한 구체적인 지시나 동작을 나타내는 명령에 의해 발생합니다.

예를 들어 '호스팅 서비스를 신청함' 이벤트가 있으면 '호스팅 서비스 신청하기'라는 명령을 작성해야 합니다(그림 2-14).

▼ 그림 2-14 이벤트를 유발하는 명령을 정의한다

명령은 보통 기대되는 이벤트의 현재형을 작성하지만, 그렇지 않은 경우도 있습니다. 이를테면 보통은 '준비 완료 알리기' 명령에 대한 이벤트는 '준비 완료를 알림'이 됩니다. 하지만 메일 혹은 문자와 같이 통지 방법이 여러 개일 경우에는 '준비 완료 알림 메일을 발송함' 혹은 '준비 완료 알림 문자를 발송함' 등과 같은 이벤트가 발생할 수도 있습니다.

애그리게이트

명령과 이벤트는 직접적으로 연관되어 있지 않으며, 명령을 전달하는 매개체를 통해 이벤트가 발생합니다. 애그리게이트는 명령을 전달하는 매개체로, 실제 이벤트를 발생시키는 역할을 수행합니다.

'호스팅 서비스 신청하기' 명령과 '호스팅 서비스를 신청함' 이벤트 사이에도 애그리게이트라는 매개체가 배치됩니다(그림 2-15).

▼ 그림 2-15 명령을 받고 이벤트를 발생시키는 애그리게이트를 정의한다

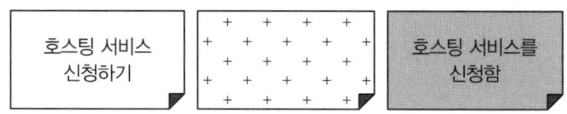

원래의 이벤트 스토밍 방식에서는 지금 시점에 애그리게이트 포스트잇을 붙이지 않습니다. 하지만 필자는 나중에 포스트잇을 이동하는 번거로움을 피하기 위해서 이 시점에 애그리게이트 포스트잇을 붙여 보겠습니다.

애그리게이트 이름은 명사로 해야 하기 때문에 '호스팅 서비스'라고 만들어 보겠습니다. 다만, 지금 시점에서 붙여진 이름은 임시로 정한 것입니다. 당장 적당한 이름을 정하는 게 어렵다면 그림 2-15와 같이 일단 이름을 비워 두어도 괜찮습니다. 나중에 전체 업무의 흐름이 보이는 단계에서 더 정확하게 네이밍할 수 있는 경우도 많기 때문입니다.

외부 시스템

업무 프로세스에 직접적인 영향을 미치는 요소에는 우리가 직접 통제할 수 없는 외부 시스템도 있습니다. 예를 들면 다른 부서에서 관리하는 시스템과의 연동이나 타사의 결제 시스템 등이 있습니다.

이런 시스템들도 명령을 받고 이벤트를 발생하는 것으로 간주할 수 있기 때문에, 명령과 이벤트를 연계하는 매개체에 해당합니다.

예를 들어 호스팅 서비스는 서버가 준비되었을 때 사용자에게 메일 등으로 그 사실을 알립니다. 메일 알림 서비스는 핵심 업무 로직과는 거리가 멀다고 볼 수 있으므로 외부 시스템으로 대체해서 명령과 이벤트를 연결시킵니다.

물론 외부 시스템이 핵심 도메인의 역할을 하는 경우도 있지만, 이 부분은 깊게 다루지 않겠습니다. 자사에서 직접 관리하는 핵심 시스템이나 나중에 이야기할 액터와 관련된 이벤트를 중심으로 설명해 보겠습니다.

정책

정책은 이벤트와 명령을 연결하는 중요한 요소로, 특정 이벤트가 발생했을 때 명령이 **자동으로 실행되게** 사전에 정해 놓은 규칙을 말합니다.

예를 들면 그림 2-16은 '호스팅 서비스를 신청함' 이벤트가 발생했을 때 '결제하기' 명령이 자동으로 실행되는 정책의 흐름을 보여 줍니다.

▼ 그림 2-16 정책으로 이벤트와 명령을 연결한다

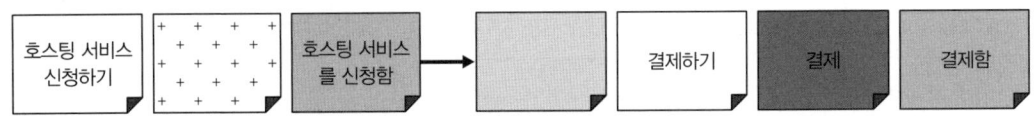

특정 조건에서만 실행되는 명령이 있을 때도, 그 조건은 정책으로 정의하고 명시합니다.

하지만 정책에 이름을 붙이지는 않습니다. 앞의 경우에도 결제 정책과 같이 나름대로 해당 정책의 이름을 붙일 수 있지만, 실무에서는 거의 의미가 없는 경우가 많기 때문에 나루세식 이벤트 스토밍에서는 기본적으로 이름을 붙이지 않습니다.

조건에 따라 명령을 나누거나 합치고 싶을 때는 그림 2-17과 같이 나누고 다시 합치는 모양으로도 만들 수 있습니다.

▼ 그림 2-17 조건에 따른 처리의 분기와 합류를 표현

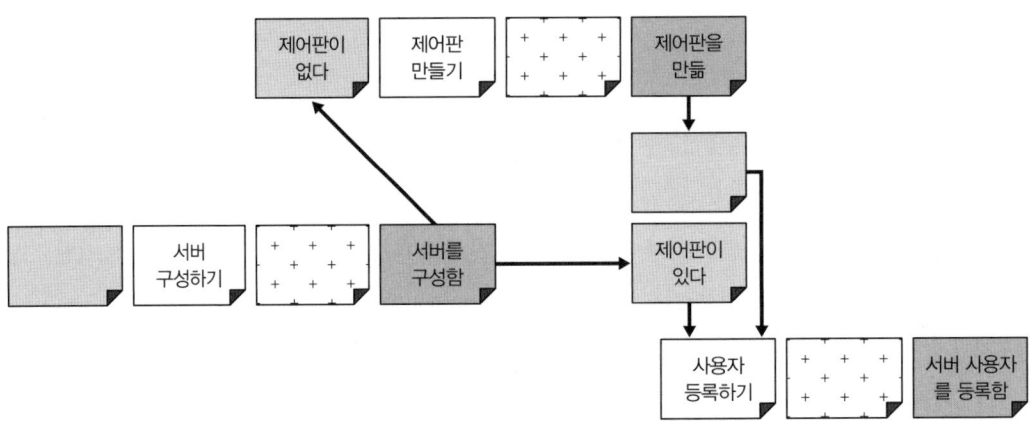

정책, 명령, 외부 시스템 또는 애그리게이트, 이벤트는 하나의 세트처럼 사용되는 이벤트 스토밍의 기본 요소입니다. 효율적이고 성공적인 이벤트 스토밍을 위해서는 이것을 기본 세트로 미리 준비해 놓고 진행하는 것이 좋습니다.

액터를 매개로 이벤트 연결하기

두 번째 패턴은 명령을 내리기 위한 액터가 있는 방식으로, 액터의 행동이나 결정에 따라 다음 명령이 발생합니다.

액터와 리드 모델

액터는 사용자, 시스템 등 다양한 형태로 존재하며 리드 모델을 참조해 얻은 정보를 바탕으로 명령을 내립니다. 또한 비즈니스 프로세스의 다음 단계를 결정하고 적절한 조치를 취하는 역할을 합니다.

리드 모델은 액터가 명령을 내리는 데 참조하기 위한 정보이며, 데이터 모델이나 메일, 대시보드 화면 등 다양한 형태로 시스템에 존재합니다.

구체적인 액터의 예

호스팅 서비스의 경우 사용자가 서비스를 신청했을 때 서버 준비가 완료되면 제어판의 서버 실행 상태가 바뀝니다. 이 '서버 실행 상태'는 액터가 결정을 하는데 참조가 되는 리드 모델의 일부입니다(그림 2-18).

▼ 그림 2-18 리드 모델을 정의하고 액터를 경유하여 이벤트와 명령을 연결한다

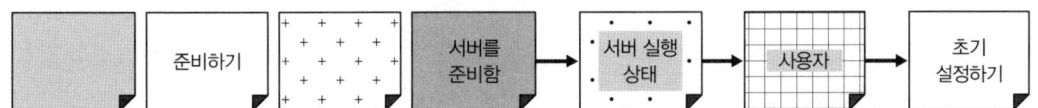

사용자(액터)는 실행 상태를 확인하고 '초기 설정하기'라는 명령을 내립니다. 이 행동은 리드 모델에서 얻은 '서버 실행 상태' 정보를 기반으로 하며, 사용자가 취할 수 있는 다음 단계를 명확히 합니다. 이처럼 리드 모델은 액터가 적절한 행동을 취할 수 있는 중요한 정보이자 가이드가 됩니다.

리드 모델은 외부 시스템에서 생성하는 것도 있습니다. 예를 들어 통지 시스템에서 보내는 '준비 완료 메일'이 대표적입니다. 이벤트가 리드 모델에 전달되어 상태가 변하는 것을 표현해야 하므로 '준비 완료 메일을 발송함' 이벤트에서 '준비 완료 메일'로 화살표가 뻗어 나가야 합니다. 하지만 메일 자체는 '준비 완료 메일을 발송함' 이벤트가 발생하기 전에 이미 메일이 발송되어 버리기 때문에 '준비 완료 메일을 발송함' 이벤트에서 '준비 완료 메일'로 화살표가 뻗어 나가는 것은 적절하지 않습니다.

따라서 나루세식 이벤트 스토밍에서는 이벤트가 아니더라도, 외부 시스템에서 리드 모델로 화살표를 연결하는 것을 허용하고 있습니다(그림 2-19).

▼ 그림 2-19 외부 시스템이 리드 모델로 이어지는 모습을 표현

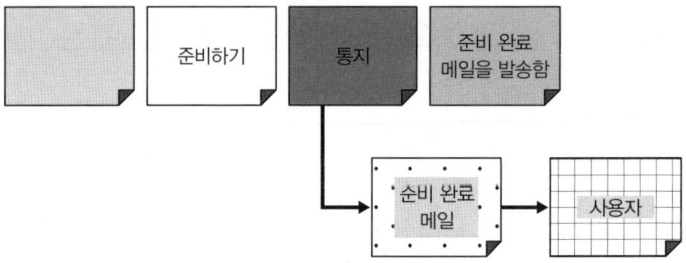

조건 분기

시스템에는 조건 분기가 빈번하게 사용됩니다. 지금까지의 이벤트 스토밍에서는 이벤트, 명령, 액터 등을 중심으로 단방향의 흐름을 구축했지만, 실제 시스템에서는 다양한 조건에 따른 분기가 필요합니다.

이벤트 스토밍에서는 주로 두 가지 상황에 대해 조건 분기가 등장하며, 각각에 대해서 어떻게 표현되는지 살펴보겠습니다.

정책에 의한 조건 분기

정책을 설명할 때 잠깐 언급했지만, 정책에는 애그리게이트의 내부 상태에 의존하지 않는 조건을 작성할 수 있습니다. 애그리게이트의 내부 상태는 서버 구축 과정에서 오류가 발생한 경우 등을 의미하며, 애그리게이트 자체적으로 판단할 수 있는 내용입니다.

정책은 이러한 애그리게이트의 내부 상태가 아닌 외부 상황에 대한 조건에 주목합니다. 예를 들어 서버의 제어판이 이미 생성되어 있는지와 같은 조건에 따라 사용자 인터페이스용 데이터 생성과 같은 특정 프로세스를 작동할지의 여부가 결정됩니다.

애그리게이트에 의한 조건 분기

애그리게이트에 의한 조건 분기에서는 애그리게이트의 내부 상태에 따라 어떠한 이벤트를 발생시킬지가 결정됩니다.

예를 들면 서버의 상태가 유지보수 모드인지, 정상 모드인지에 따라 시스템의 응답이 달라집니다. 이러한 조건은 그림 2-20과 같이 유지보수 모드일 때 사용자가 서버를 시작하려고 하면 '서버 실행을 실패함' 이벤트를 발생시키는 반면, 정상 모드에서는 '서버를 실행함'이라는 이벤트를 발생시킵니다. 이처럼 여러 개의 이벤트를 정의하는 것은 애그리게이트의 내부 조건에 따라 발생하는 이벤트와 시스템의 응답이 달라질 수 있음을 의미합니다.

▼ 그림 2-20 조건에 따라 애그리게이트가 여러 이벤트를 발생시킨다

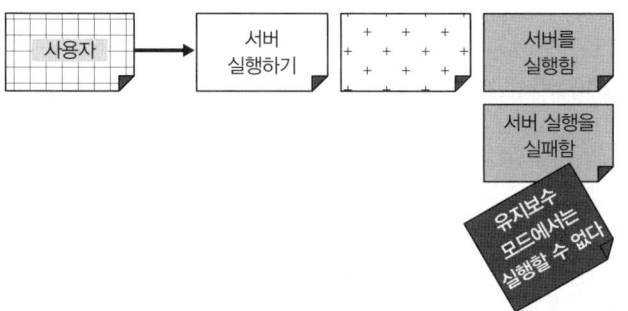

물론 실패를 이벤트로 정의할지의 여부는 논란의 여지가 있습니다. 하지만 '서버 실행을 실패함'이 도메인에서 중요한 사안이라면 이벤트로 표현하는 것이 유용할 수도 있습니다.

또한 조건에 따라 이벤트가 발생하는 것 외에도 여러 개의 이벤트를 모두 발생시키는 패턴도 있습니다.

이것은 복수의 이벤트가 작성되어 있는 것으로 조건 분기가 아니라는 점에 유의해야 합니다.

액터에 의한 조건 분기

액터는 리드 모델의 정보를 바탕으로 판단하고 명령을 내린다는 점에서 액터 자체가 조건 분기를 담당합니다.

마무리를 향해

비즈니스 프로세스 모델링도 어느덧 마무리 단계에 접어들었습니다. 여기까지 왔으면 이제 해피 패스를 완성할 수 있을 것입니다.

이 단계에서는 지금까지 파악된 해피 패스의 세부 사항을 구체화하고, 시스템의 견고성을 검토합니다. 또한 애그리게이트의 역할과 경계를 최종 점검하고 전체 설계를 완성하는 것을 목표로 합니다.

새드 패스 작성하기

이상적인 해피 패스가 작성되면, 예상치 못한 오류가 발생했을 때를 대비하여 최악의 패스를 작성합니다. 이러한 패스를 편의상 새드 패스(sad path)나 언해피 패스(unhappy path) 등으로 부릅니다.

이 단계에서는 앞으로 발생할 가능성이 있는 실패 시나리오나 오류 상황을 검토하고 그에 대응하기 위한 프로세스를 정의합니다. 새드 패스를 통해 시스템이 예기치 않은 오류나 예외 상황에 어떻게 대처해야 하는지 이해하고, 적절한 오류 핸들링과 예외 처리를 위한 전략을 수립할 수 있습니다.

애그리게이트로 명명하기

모든 이벤트를 규칙에 따라 연결했다면 이제 애그리게이트의 이름을 지정할 차례입니다. 하지만 여기서 정하는 이름은 임시적인 것으로 몇 번의 검토를 거쳐서 최종적인 이름을 확정할 것입니다.

지금까지의 이벤트 스토밍 다이어그램은 그림 2-21과 같습니다.

▼ 그림 2-21 지금까지의 이벤트 스토밍 다이어그램

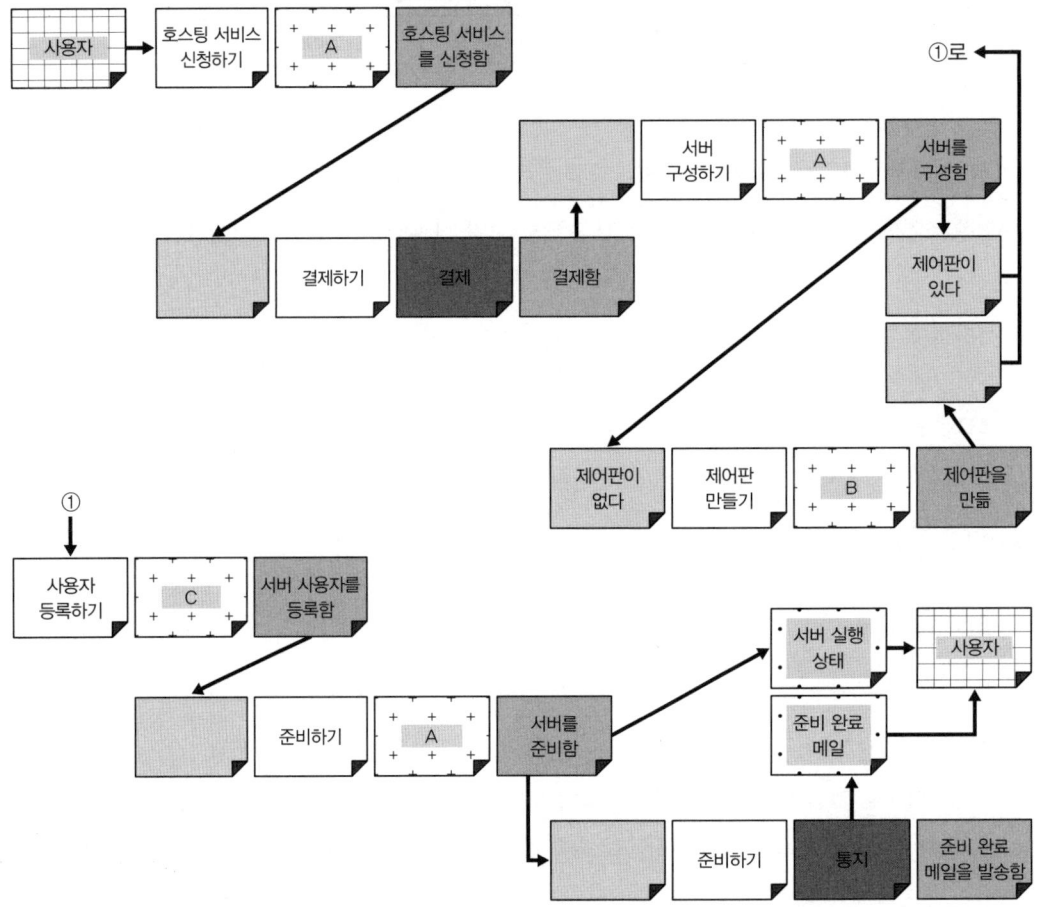

애그리게이트 이름을 정할 때 해당 명령의 목적어나 이벤트의 주어나 목적어가 좋은 단서가 됩니다. '서버 구성하기'에서 보듯이 서버는 애그리게이트의 이름 후보입니다. 실제로 이 이벤트 스토밍의 모델이 된 워크숍에서 팀원들의 논의 끝에 그림 2-21의 A~C를 다음과 같이 명명하는 것이 자연스럽다는 결론을 얻었습니다.

- A: 서버
- B: 제어판
- C: 서버 사용자

애그리게이트의 이름을 붙이는 데는 절대적인 기준은 없으며 브레인 스토밍을 진행하면서 보완하거나 다른 것으로 바꾸기도 합니다.

유비쿼터스 언어의 형성을 촉진

비즈니스 프로세스 모델링에서는 특히 언어의 변화나 다른 개념을 가진 언어를 동일시하는 경우가 자주 발생합니다.

언어의 모호성은 같은 개념을 서로 다르게 표현하는 것을 말합니다. 예를 들어 시스템을 구성하는 요소인 서버에 대해서 어떤 사람은 VM(Virtual Machine)이라고 표현할 수도 있습니다. 이렇게 같은 대상을 다르게 표현하는 경우라면 통일하려고 노력해야 합니다.

다른 개념을 동일시하는 경우는 다른 개념을 같은 말로 표현하는 것으로, 비즈니스적으로는 문제가 없지만 시스템으로 표현할 때는 혼란이 발생할 수 있습니다. 예를 들어 신청은 문맥에 따라 '신청하는 행위' 자체를 의미하기도 하고, '신청 서류'를 의미하기도 합니다. 이럴 때도 참가자 모두가 합의하여 명확히 의미를 구분해 사용하면 좋습니다.

2.3.4 소프트웨어 시스템 모델링

소프트웨어 시스템 모델링 단계에서는 비즈니스 프로세스 모델링에서 나온 특정한 요소를 더욱 상세하게 분석하여 소프트웨어 시스템에 녹여냅니다.

여기에서는 애그리게이트에 대한 깊이 있는 통찰을 기반으로 문맥을 자연스럽게 연결해 보겠습니다.

참여자 변경

소프트웨어 시스템 모델링 단계에서는 시스템과 관련된 설계 작업이 주를 이루기 때문에 도메인 전문가가 반드시 참여하지 않아도 됩니다. 앞서 비즈니스 프로세스 모델링 단계에서 다양한 이벤트에 대해 통합을 강조한 것은 이 단계에서 도메인 전문가를 참여시키지 않아도 프로세스에 영향이 없도록 하려는 의도가 있습니다. 바쁜 도메인 전문가를 모든 단계에 참여시키기보다는 꼭 필요한 단계에만 참여할 수 있게 하는 것이 바람직합니다.

물론 도메인 전문가가 자발적이면서 지속적으로 참여하려 한다면 함께하는 것도 좋습니다. 궁금한 점이 생겼을 때나 중대한 의사 결정이 생겼을 때 빠르게 논의하고 해결점을 찾을 수 있기 때문입니다. 또한 도메인 전문가의 통찰력은 애그리게이트를 정의하는 데 큰 도움이 될 수 있습니다.

애그리게이트의 정의와 심층 분석

먼저 실시간으로 일관성이 요구되는 단위로서 애그리게이트를 정의해 나갑니다. 물론 비즈니스 프로세스 모델링 단계에서 이미 정의했다면 이 작업은 필요하지 않습니다.

일관성이란 어떤 상황에서도 항상 유지되어야 하는 한결같은 특성입니다. 예를 들어 전자상거래 시스템의 장바구니 금액의 합계는 항상 상품의 수량과 단가를 곱한 일정한 값이 됩니다. 이런 경우 장바구니는 애그리게이트로 정의하고 관리하는 것이 좋습니다.

애그리게이트의 이름을 정의할 때는 명령과 이벤트에 붙여진 용어에 주목해야 합니다. 앞의 사례에서는 '서버 구성하기' 명령이나 '서버를 구성함' 이벤트에 사용된 용어가 애그리게이트의 이름을 정하는 데 힌트가 됩니다.

팀 내 논의를 통해 애그리게이트의 정의가 끝나면 애그리게이트에 전송할 명령과 발생시킬 이벤트를 수집해야 하며, 이것이 곧 애그리게이트를 구현하기 위한 설계서가 됩니다. 객체지향 프로그래밍으로 비유해 설명하면 애그리게이트는 클래스를 나타냅니다. 그 클래스에서 사용되는 메서드나 인수는 명령을 수행하는 역할을 하며, 그 결과는 이벤트가 됩니다.

남겨야 할 다이어그램에 대하여

나루세식 이벤트 스토밍에서는 애그리게이트의 포스트잇을 복제해 남깁니다. 그 이유는 비즈니스 프로세스 모델링에서 작성된 다이어그램은 비즈니스의 흐름을 잘 표현하고 있기 때문입니다. 이것을 남겨 두면 후속 개발자가 시스템을 이해하거나 개선을 검토할 때, 혹은 영향 범위를 파악할 때 유용하게 활용할 수 있습니다. 또한 도메인 전문가와 논의하거나 개선의 영향 범위를 파악하는 데도 도움이 됩니다.

두 가지의 다이어그램을 모두 채택할 때 우려되는 점은 서로 연관된 다이어그램을 일관성 있게 유지보수하는 것이 어렵다는 점입니다. 만약 하나의 다이어그램만 남겨야 한다면 필자는 비즈니스 프로세스 모델링 다이어그램을 남기는 쪽을 권합니다. 소프트웨어 시스템 모델링에서 작성된 다이어그램은 그대로 코드로 표현되기 때문에, 나중에라도 클래스의 정의나 단위 테스트를 통해 소프트웨어 시스템 모델링의 내용을 유추하는 것은 어렵지 않기 때문입니다.

컨텍스트의 발견

여기서 말하는 컨텍스트는 도메인 주도 설계의 개념 중 하나인 경계 컨텍스트를 의미합니다. 시스템이나 비즈니스 프로세스의 특정 부분이나 언어의 범위를 정의하는 그룹으로, 전체 시스템에서 특정 도메인 모델이 적용된 범위를 나타냅니다.

컨텍스트도 애그리게이트와 마찬가지로 절대적인 지표는 없으며, 팀이나 해당 분야의 참여자들이 공통적으로 납득할 수 있는 그룹을 찾아내는 것이 목표라고 할 수 있습니다.

이벤트 스토밍 다이어그램에서 컨텍스트를 구분하기 위해서는 선을 활용합니다. 예를 들어 준비 완료에 대한 알림은 '통지 컨텍스트'와 같은 방식으로 선을 그어서 표현할 수 있습니다(그림 2-22).

▼ 그림 2-22 소프트웨어 시스템 모델링 다이어그램

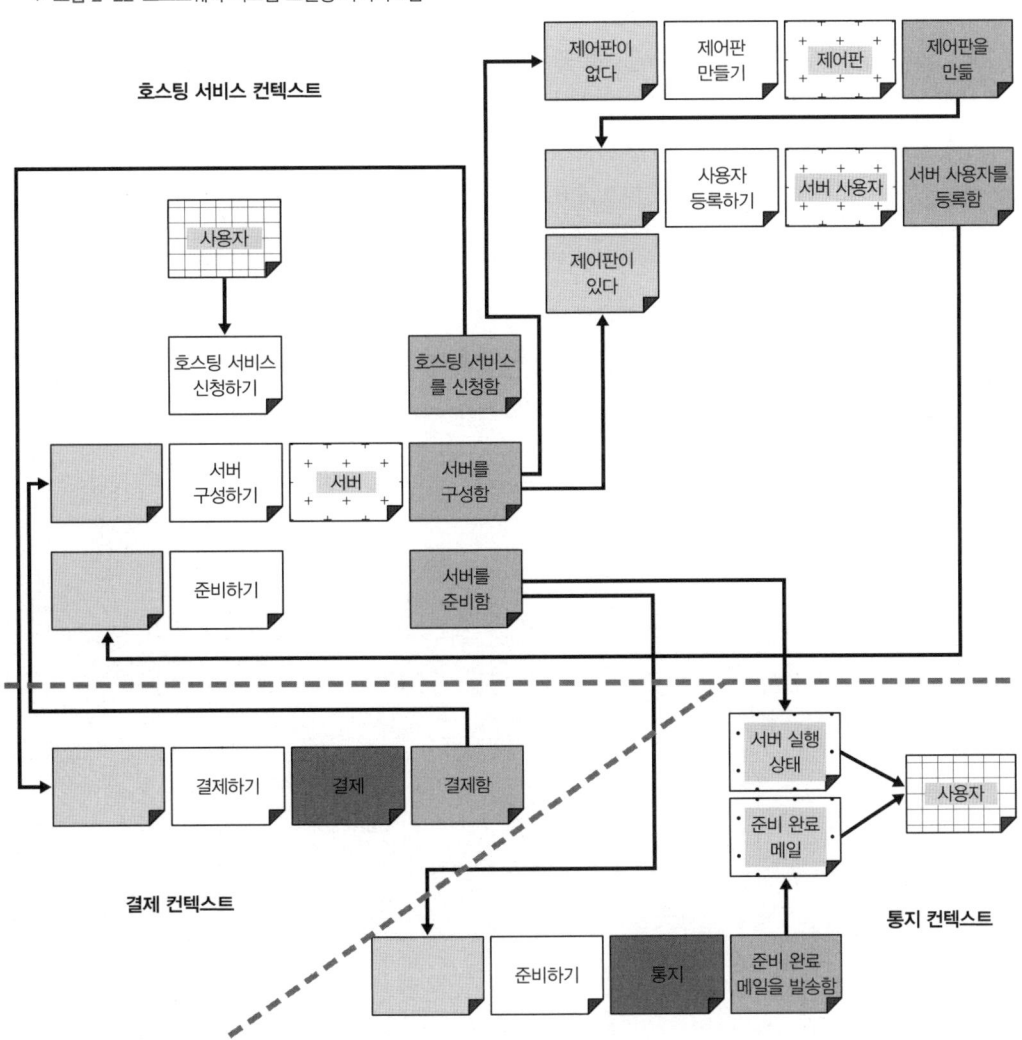

2.3.5 피드백 루프

소프트웨어 시스템 모델링을 진행하다 보면 비즈니스 프로세스 모델링에서 사용된 개념이 잘못되었음을 알게 되는 경우가 있는데, 크게 다음과 같이 두 가지 경우로 나눌 수 있습니다.

첫 번째는 애초에 정의가 애매모호하여 아직 다듬어야 할 여지가 있는 패턴으로, 소프트웨어를 구현하다 보면 서로 다른 용어가 같은 의미로 사용되는 경우가 있습니다. 이런 모호함은 시스템을 구현할 때 걸림돌이 될 수 있습니다. 두 번째는 시스템에 제약이 있어 현실적으로는 구현할 수 없는 경우입니다.

두 경우 모두 비즈니스 프로세스 모델링에서의 개념을 수정할 필요가 있습니다. 이때 도메인 전문가와 팀이 피드백을 주고받으면서 새로운 방법을 수립하기 위해 노력해야 합니다. 이렇게 지속적인 협의와 조정이 이루어지는 피드백 루프는 더 정교한 모델을 만들기 위한 필수 요소입니다.

사례로 돌아가서 애그리게이트를 다시 정의해 보면 기존의 '서버', '제어판', '서버 사용자'가 아니라 서버 준비를 나타내는 '서버 프로비저닝'이라는 용어가 가장 적합하다는 것을 알 수 있습니다. 시스템 자체가 서버를 관리하는 것이 아니므로 호스팅 서비스 신청 과정에서 발생하는 일련의 준비 작업을 잘 표현할 수 있는 용어가 어울리기 때문입니다.

동시에 신청서를 관리하기 위한 외부 시스템과의 연동이 필요하다는 사실도 알게 되었고 '주문 시스템'이라는 외부 시스템도 추가했습니다(그림 2-23).

이 모든 것은 도메인 전문가와 팀원들의 의견을 협의하여 결정하였으며 거기에 어떠한 절대적인 지표는 적용되지 않았습니다. 결국 이번 사례에서 얻은 경험은 '처음에 결정된 것에 대해 집착하지 말자'는 것입니다.

▼ 그림 2-23 피드백에 의해 모델이 진화한다(그림 2-22의 진화 후)

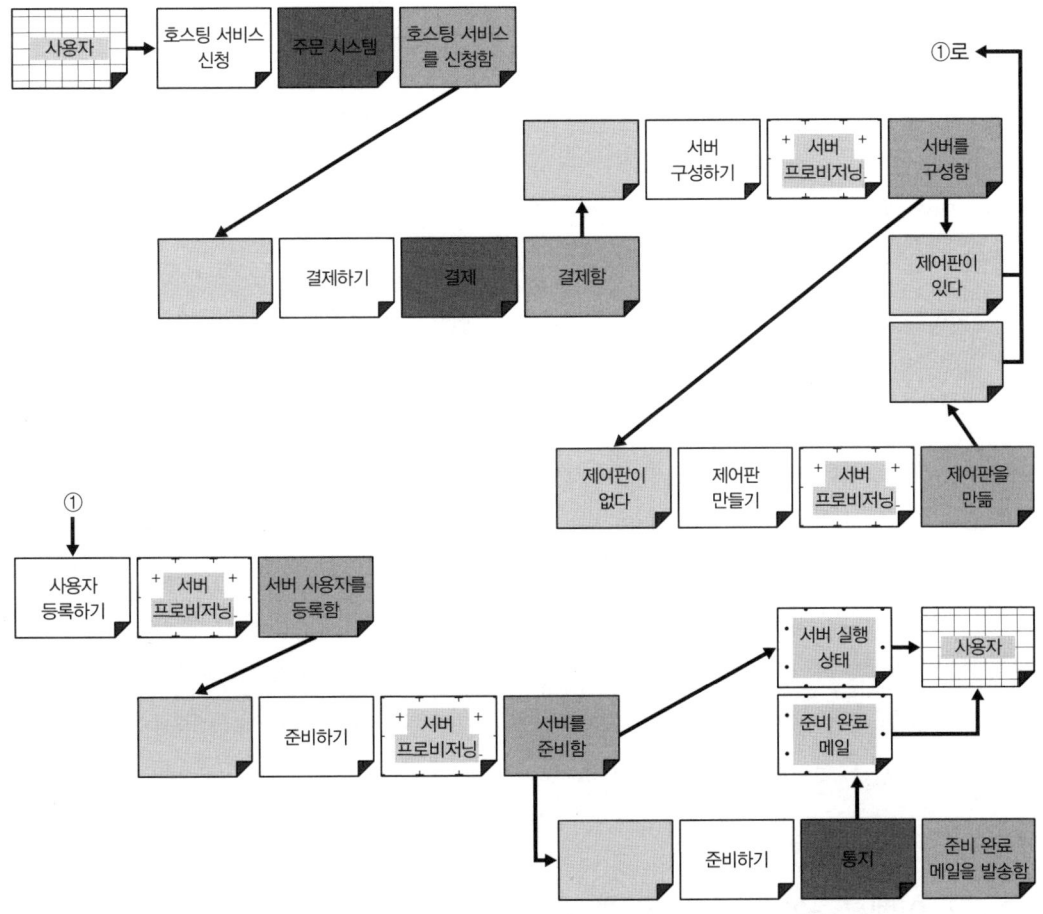

2.3.6 요약

이번 절에서는 이벤트 스토밍의 진행 시 주의해야 할 사항을 자세하게 설명했습니다. 어렵게 느껴졌을 수도 있지만 요약하면, 이벤트를 정의해서 규칙에 따라 연결하고, 곳곳에 존재하는 애그리게이트를 찾아내는 게 전부입니다. 이렇게 큰 틀에서 이해한 뒤에 일단 하나씩 시도해 보고, 중간에 막히면 본문을 다시 읽어 보는 식으로 하다 보면 나중에는 익숙해질 것입니다.

필자는 이벤트 스토밍의 장점이 재현하기 쉬울 뿐 아니라 자신만의 노하우로 만들기 쉽다는 점이라고 생각합니다. 처음에는 잘 맞지 않더라도 반복해 연습하다 보면 대다수의 구성원이 이해할 수 있을 것이며, 퍼실리테이터 역할을 수행할 수 있는 사람도 점차 늘어날 것입니다.

현명한 개발자라면 자연스럽게 그 유용성을 느끼고 개발 프로세스에 도입하려고 노력할 것입니다.

2.4 이벤트 소싱: 이벤트 스토밍 다이어그램 기반으로 구현하기

이번 절에서는 이벤트 중심의 설계와 구현 프로세스를 자세히 살펴보고, 실제 소프트웨어 개발에 어떻게 적용할 수 있을지를 알아보겠습니다.

지난번에는 이벤트 스토밍을 통해 도메인을 다이어그램으로 표현하고 이해하는 방법을 배웠습니다. 이번 절에서는 이벤트를 중심으로 하는 소프트웨어 설계와 구현에 대한 방법론으로, 이벤트 주도 아키텍처를 구현하는 법을 소개합니다.

이벤트 주도 아키텍처를 이용하면 이벤트 스토밍으로 발견한 도메인 이벤트, 명령, 정책 등을 실제 소프트웨어 설계와 구현에 적용할 수 있습니다. 이벤트 주도 아키텍처는 소프트웨어 구현을 돕는 강력한 도구로써 시스템 설계에 새로운 관점을 제공합니다. 기존 방법론에서 간과하기 쉬운 이벤트 흐름과 시스템 상태 변화에 집중함으로써 훨씬 유연하고 투명한 시스템을 구축할 수 있습니다. 또한 업무 로직과 시스템에 대한 상태 관리를 더 직관적으로 이해하고 통합할 수 있습니다.

이벤트 스토밍으로 얻은 도메인 지식과 실제 개발 프로젝트에서의 설계와 구현 방식을 이해하면 더욱 효과적인 소프트웨어를 개발할 수 있습니다.

2.4.1 이벤트 스토밍 다이어그램 사례

이번 절에서는 그림 2-24의 결제에 관한 이벤트 스토밍 다이어그램을 기반으로 설명합니다. 흐름을 따라가기 쉽도록 여기서는 비즈니스 프로세스 모델링 다이어그램을 제시합니다.

다음 예시는 API 호출을 받아 자신의 시스템에 데이터를 저장하면서 외부 API를 처리하는 일반적인 시나리오입니다.

▼ 그림 2-24 이벤트 스토밍 다이어그램 예

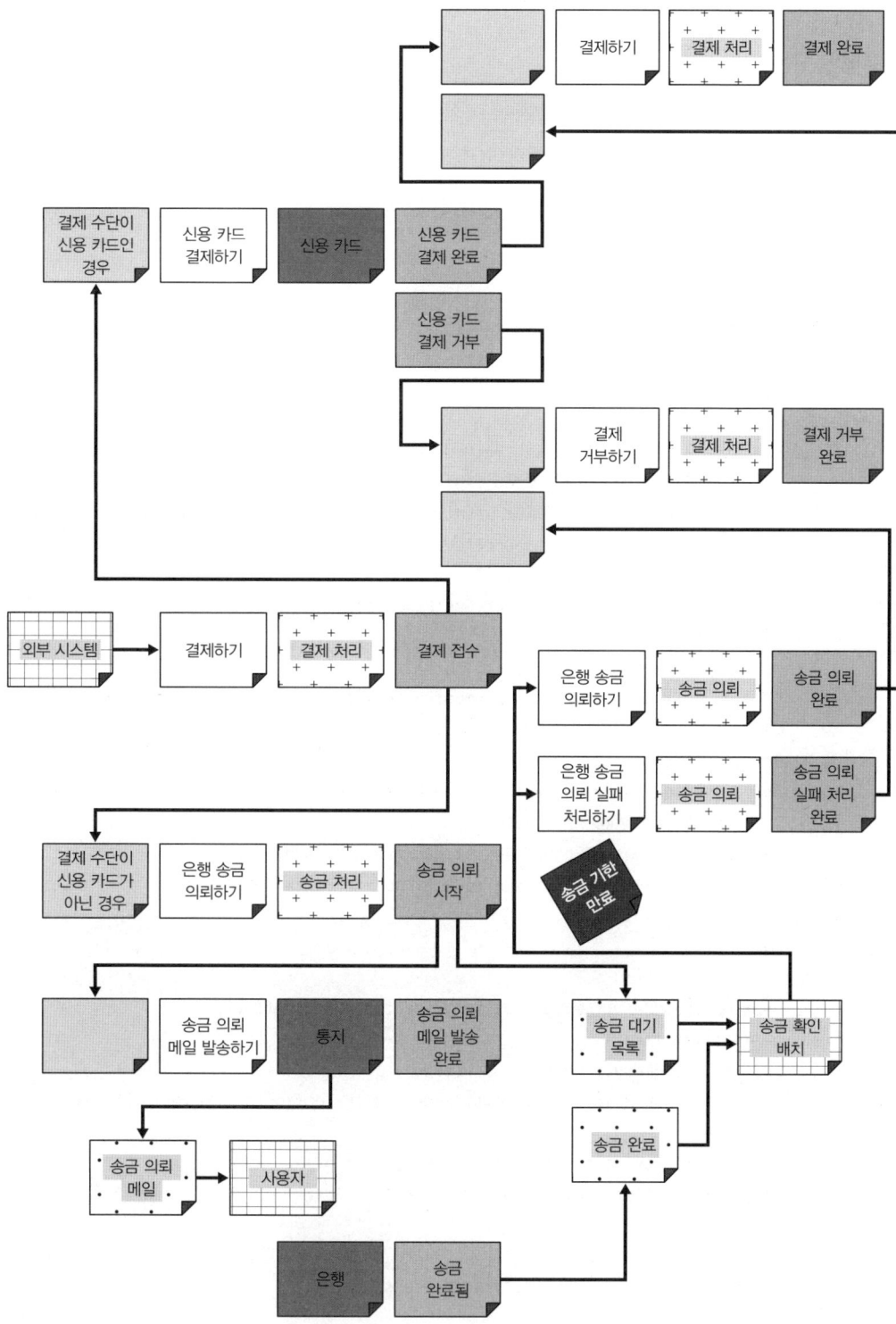

2.4.2 이벤트를 전제로 하지 않는 구현

전통적인 구현

먼저 이벤트 기반 아키텍처가 아닌 전통적인 아키텍처 기반부터 살펴보겠습니다. 그림 2-24의 예를 전통적인 구현 방식으로 설명하면 대략 코드 2-4와 같이 설명할 수 있습니다.

코드 2-4 전통적인 구현

```
class PaymentService {
    ...생략...
    public PaymentOutputData handle(PaymentInputData inputData) {
        var paymentProcess = new PaymentProcess(inputData.accountId(),
inputData.amount());

        if (inputData.method == PaymentMethod.CREDIT) {
            var makePaymentResult = creditApi.makePayment(
                new MakePaymentInputData(inputData.accountId(), inputData.amount())); // ❶
            if (makePaymentResult.hasSucceeded()) { // ❷
                paymentProcess.complete();
                paymentRepository.save(paymentProcess);
            } else {
                paymentProcess.fail();
                paymentRepository.save(paymentProcess);
            }
        } else {
            var prepareTransferRequestResult = bankApi.prepareTransferRequest(
                inputData.accountId());
            if (prepareTransferRequestResult.hasErrorOccurred()) {
                throw new PaymentServicePrepareTransferFailException(
prepareTransferRequestResult);
            }

            var mailSendResult = mailApi.send(inputData.accountId(),
transferRequestMailTemplate());
            if (mailSendResult.hasErrorOccurred()) {
                throw new PaymentServiceMailSendinFailException(mailSendResult);
            }
            paymentProcess.mailSent(mailSendResult.mailId());
            paymentRepository.save(paymentProcess);
        }

        return new PaymentOutputData(paymentProcess.status());
```

            }
      }

코드 처리 방식이 이벤트 스토밍 다이어그램의 내용을 반영하고 있음을 그리 어렵지 않게 알 수 있습니다.

전통적인 구현의 문제점

이런 전통적인 구현 방식은 단순하지만, 몇 가지 문제점을 가지고 있습니다.

개인의 능력에 따라 달라지는 해석

첫 번째 문제점은 사람마다 자신의 역량에 따라 다이어그램을 다른 방식으로 해석한다는 점입니다.

다이어그램을 구체적인 코드로 만들려면 먼저 해석을 해야 합니다. 이 과정은 개발자 개개인의 기술적 능력과 해석 결과에 따라 크게 좌우됩니다. 예를 들어 '신용 카드 결제하기' 명령은 코드 2-4의 ❶과 같이 메서드로 호출합니다. '신용 카드 결제 완료' 이벤트와 '신용 카드 결제 거부' 이벤트는 서로 다른 이벤트임에도 불구하고, 코드 2-4의 ❷와 같이 makePaymentResult.hasSucceeded()로 정리됩니다. 소스 코드 관점에서는 납득할 수 있지만, 이벤트 스토밍 관점에서는 다이어그램의 포스트잇을 그대로 표현했다고 보기에는 다소 무리가 있는 상황입니다.

다이어그램을 실제로 구현하려면 개발자는 자신이 이해하고 해석한 정보를 바탕으로 기술적 판단을 내려야 합니다. 이 과정은 개발자 개인의 경험이나 지식에 영향을 받기 때문에 같은 다이어그램을 가지고도 어떻게 해석하느냐에 따라서 완전히 다른 방식으로 구현해 버릴 수도 있습니다.

이러한 부분은 팀원이 바뀔 때 팀 전체의 구현 능력에도 영향을 미치며 나아가 프로젝트에도 부정적인 영향을 미칠 수 있습니다.

다이어그램과 구현의 괴리

두 번째 문제점은 앞서 말한 대로 개발자의 상이한 해석이 쌓이다 보면 시간이 지날수록 최초의 다이어그램과 실제 구현 코드가 점점 달라진다는 점입니다. 이 문제는 초기 단계에서 작성된 시스템의 다이어그램과 최종 구현한 결과물 사이에 간극이 발생하는 현상을 말합니다. 다이어그램에는 시스템의 이상적인 기능과 동작이 상세하게 그려져 있습니다. 하지만 실제 소스 코드로 구현하는 과정에서는 기술적 제약이나 개발 중 요구사항 변경 등에 따라 초기 단계의 다이어그램에서 벗어나는 경우가 자주 발생하므로 최종 소프트웨어는 초기의 다이어그램을 완전히 반영하지 못하는 경우가 많습니다.

이러한 불일치는 시스템의 유지보수를 어렵게 만들고, 향후 확장성이나 변경에 대한 유연성을 떨어뜨립니다. 또한 개발팀과 도메인 전문가를 비롯한 이해관계자 간의 의사소통 문제도 유발하여 프로젝트의 원활한 진행을 저해할 수도 있습니다.

2.4.3 이벤트 중심의 구현

지금까지 전통적인 접근 방식의 문제점을 살펴봤습니다. 이제 이벤트 중심의 구현 방식에 관해 자세히 알아보겠습니다.

이벤트 소싱이란

이벤트 소싱은 이벤트 주도 아키텍처와 밀접한 관련이 있는 패턴입니다. 이벤트 소싱은 애플리케이션의 상태 변화를 기록하는 방식이며, 이벤트와 관련된 모든 변경 사항과 동작이 기록됩니다. 그래서 애플리케이션의 과거 이벤트를 기반으로 현재 상태를 재현할 수 있습니다.

예를 들어 이벤트 소싱이 아닌 전통적인 데이터 관리 방식에서는 데이터베이스에 상태가 직접 저장됩니다. 즉, 애플리케이션이 다루는 객체의 현재 상태가 데이터베이스에 저장되고 실시간으로 업데이트됩니다. 한편 이벤트 소싱에서는 상태 자체가 아니라 그 상태에 이르기까지의 모든 변경이 기록됩니다. 그러면 언제든지 특정 시점의 상태를 이벤트 로그에서 재현할 수 있게 됩니다.

이벤트 소싱 방식에서는 개별 이벤트를 시간순으로 데이터베이스에 기록합니다. 이 정보로 애플리케이션의 모든 상태 변화를 투명하게 추적할 수 있으며, 오류 발생 시 디버깅이나 비즈니스 프로세스 등을 감시하기 쉬워집니다. 이렇게 저장된 이벤트 로그는 시스템의 상태를 재현할 수 있으므로 다양한 요구에 유연하게 대응할 수도 있습니다.

프레임워크를 활용한 구현

이벤트 소싱에서는 이벤트 저장과 재생, 이벤트에 기반한 트리거 등 프로세스를 스스로 처리하고 관리해야 합니다. 이것은 대규모 애플리케이션이나 빈번한 이벤트가 발생하는 시스템에서는 기술적인 부담이 될 수 있습니다.

이러한 과제를 이벤트 소싱을 지원하는 프레임워크를 이용해 해결할 수 있습니다. 프레임워크는 이벤트 지속화, 이벤트 스트림 관리, 상태 변경, 업무 로직 실행 등 이벤트 소싱 특유의 복잡한 작업을 간소화합니다. 또한 이벤트 소싱의 다양한 패턴과 모범 사례를 제공하여 초기의 실수를 줄이는 데도 도움이 됩니다. 이를 통해 개발자는 업무 로직 자체의 구현에만 집중할 수 있게 되고, 이에 따라 빠르고 신속하게 개발할 수 있으며 시스템의 신뢰성 향상도 기대할 수 있습니다.

프레임워크는 여러 가지가 있지만, 필자가 사용하고 있는 Axon 프레임워크[4]를 소개하겠습니다. Axon 프레임워크는 스프링 프레임워크(Spring Framework)와 연계할 수 있으며, 애너테이션(Annotation) 기반의 코딩으로 이벤트 주도 기반의 소프트웨어를 더 쉽게 개발할 수 있습니다. 애너테이션 기반의 코딩 기법은 스프링 프레임워크에서는 사실상의 표준(de facto standard)으로 많은 개발자들이 빠르게 적응할 수 있습니다. 또한 도메인 주도 설계 원칙에 따라 구현되어 있다고 공언해도 될 만큼, 이벤트 스토밍과의 궁합도 좋은 편입니다.

그 외에도 Eventuate Tram이나 Akka, Apache Pekko, Proto.Actor 등 여러 프레임워크가 있습니다. 전통적인 구현에 익숙한 개발자라면 Eventuate Tram을 바로 사용할 수 있을 것입니다. Akka와 Apache Pekko, Proto.Actor는 액터 모델의 프로그래밍 방식을 미리 습득해야 하며, Proto.Actor는 C#이나 Go에서도 사용할 수 있습니다.

2.4.4 이벤트 소싱을 통한 구현

이벤트 스토밍 다이어그램을 이벤트 주도 아키텍처로 구현했을 때의 코드를 설명합니다. 샘플 코드는 깃허브(GitHub)에서 공개하고 있는 실제로 동작하는 코드입니다.[5]

이 프로젝트는 문서를 공유하는 것을 목적으로 하며, 여기서 소개하는 것 외에도 몇 가지가 더 있으니 활용해 보기 바랍니다.

액터의 명령 처리(결제 접수)

처리의 흐름을 따라가기 위해서 그림 2-24의 시작부터 차례로 확인해 나가겠습니다. 우선은 외부 시스템이 접수한 사용자 결제를 처리하기 위한 부분부터 보겠습니다(그림 2-25).

▼ 그림 2-25 액터의 명령을 받는 예

---

4 [URL] https://developer.axoniq.io/axon-framework/overview
5 [URL] https://github.com/nrslib/pubsubdoc/tree/softwaredesign-snapshot

명령을 전송하기

여기에서는 액터가 사용자에게 받은 결제를 처리하기 위해 API를 실행합니다. 이는 HTTP 요청을 수락하는 컨트롤러에 해당됩니다.

코드 2-5에서는 명령을 만들어 전송하는 과정을 보여 줍니다. CommandGateway는 Axon 프레임워크에서 제공하는 객체로, 명령을 전달하면 프레임워크는 해당 객체를 인수로 하는 @CommandHandler 애너테이션이 부여된 메서드를 호출합니다. 또 sendAndWait 메서드는 이름에서 알 수 있듯이, 동기적으로 명령 전송과 처리 완료를 기다립니다. 비동기적으로 처리하고 싶다면 send 메서드를 활용하면 됩니다.

코드 2-5 결제 처리 수락하기

```
public record PaymentsController(CommandGateway commandGateway) {
    @Operation(summary = "Request payment.")
    @PostMapping
    @ResponseStatus(HttpStatus.CREATED)
    public PaymentsPostResponse post(PaymentsPostRequest request) {
        var userId = new UserId(request.userId());
        PaymentProcessId paymentProcessId = commandGateway.sendAndWait(
            new PaymentRequest(paymentId, userId, request.amount()));

        return new PaymentsPostResponse(paymentProcessId.value());
    }
}
```

주의해야 할 점은 명령을 받은 핸들러까지 동기적으로 처리해야 한다는 것입니다. 여기서는 '결제 접수' 이벤트가 발생한 시점까지를 의미합니다. 다이어그램에서의 모든 프로세스가 끝날 때까지 대기하는 것이 아닙니다. 아울러 이벤트 스토밍 다이어그램의 '결제하기' 명령은 PaymentRequest로 구현되어 있습니다(코드 2-6).

코드 2-6 결제하기 명령 구현하기

```
public record PaymentRequest(UserId userId, BigDecimal amount) {
}
```

명령을 받아서 이벤트 발생하기

코드 2-7은 방금 전송한 명령을 받는 핸들러를 처리하는 과정입니다. 명령을 받아 PaymentProcess 애그리게이트의 메서드인 create를 호출하고, 반환된 값인 event를 apply 메서드로 애플리케이션에 적용하고 있습니다. 적용된 이벤트는 데이터 저장소에 저장되고, 그 이후의 처리는 이벤트 프로세스가 맡습니다. 이때 이벤트를 저장하는 데이터 저장소를 저널이라고 부릅니다.

코드 2-7 결제하기 명령 수락하기

```
@Aggregate
public class PaymentProcessAggregate extends AbstractAggregate<PaymentProcess,
PaymentProcessId, PaymentProcessEvent> {
...생략...
    @CommandHandler
    public PaymentProcessAggregate(PaymentRequest command) {
        var event = PaymentProcess.create(
            new PaymentProcessId(), command.userId(), command.amount());
        apply(event, MetaData.with("processId", event.paymentProcessId().value()));
    }
    ...생략...
}
```

'결제 처리' 애그리게이트는 여기서 처음 만들어졌으므로 인스턴스화를 위해 생성자(constructor)로 명령을 받아서 처리하고 있습니다(코드 2-8). PaymentRequest 명령을 전달했을 때 되돌아오는 것은 기존 클래스에 정의되어 있는 @AggregateIdentifier로 수식된 값입니다. 이 반환값을 변경하려면 명령 핸들러의 메서드를 정의하여 @CreationPolicy(AggregateCreationPolicy.ALWAYS)로 수식하면 구현할 수 있습니다.

코드 2-8 결제 처리 애그리게이트

```
public record PaymentProcess(PaymentProcessId paymentProcessId, UserId userId)
    implements EventDrivenAggregateRoot<PaymentProcessEvent> {
        public static PaymentProcessRequested create(
            PaymentProcessId paymentProcessId, UserId userId, BigDecimal price) {
            return new PaymentProcessRequested(paymentProcessId, userId, price);
        }
        ...생략...
}
```

apply에서 공급하는 MetaData는 저널에 메타 정보로 보존됩니다. 여기서는 processId라는 정보를 설정해 두고 있습니다. 이 값은 이벤트로부터 발생하는 명령이나, 명령을 통해 발생되는 이벤트에 계속 전달되어 흐름을 추적하기 위한 용도로 사용됩니다. 이것은 이벤트를 수집해 특정 프로세스의 진행 상황을 확인하는 데 도움이 됩니다. 이러한 정보는 RDB(Relational Database)의 테이블 컬럼이나 아파치 카프카(Apache Kafka) 등과 같은 메시지 브로커의 헤더 등에 보관됩니다.

Axon 프레임워크에서는 @Aggregate로 수식한 클래스를 애그리게이트로서 @EventSourcing Handler로 수식한 메서드를 정의하여 이벤트 소싱을 구현합니다. 프레임워크에 따라 수식된 클래스를 애그리게이트로 구현하면 자연스럽게 프레임워크에 의존하게 됩니다. 하지만 본래 애그리게이트는 기술적인 기반에 의존해서는 안 되는 도메인 객체입니다. 그래서 이 코드에서는 그 의존을 피하고자 AbstractAggregate 같은 하위 클래스에서 Axon 프레임워크의 고유 코드를 어댑터로 다루면서 본래의 애그리게이트(PaymentProcess)를 독립적으로 취급하고 있습니다.

애그리게이트 메서드는 기본적으로 이벤트를 반환합니다. create 메서드가 반환하고 있는 PaymentProcessRequested는 '결제 완료' 이벤트입니다.

이때 '결제 완료' 이벤트는 '결제 처리' 애그리게이트의 시작 이벤트입니다. 따라서 이 이벤트를 발생하기 위한 메서드는 애그리게이트 인스턴스가 없는 상황에서 실행해야 하기 때문에 create 메서드는 static으로 구현되고 있습니다.

게다가 '결제 완료' 이벤트는 코드 2-9와 같이 단순하게 구현됩니다.

코드 2-9 결제 완료 이벤트

```
public record PaymentProcessRequested(PaymentProcessId paymentProcessId, UserId userId,
    BigDecimal amount, PaymentMethod paymentMethod)
    implements PaymentProcessEvent {
    }
```

여기까지가 애그리게이트가 명령을 받아 이벤트를 발생시키는 흐름입니다. 이벤트 스토밍 다이어그램에서 명령과 애그리게이트 및 이벤트는 여기서 소개한 각각의 클래스에서 동일하게 정의합니다.

외부 시스템의 처리(신용 카드 결제)

다음은 결제 방식이 신용 카드일 때 결제 웹 API를 처리하는 과정을 설명합니다(그림 2-26).

▼ **그림 2-26** 외부 시스템에 명령을 전달하는 예

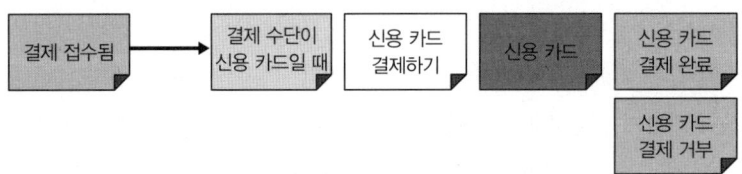

여기서 중요한 점은 외부 시스템을 다루는 방법과 정책입니다.

이벤트를 트리거로 하여 다음 명령을 전달하기

우선 발생된 이벤트에서 연결되는 정책 부분을 구현합니다(코드 2-10).

코드 2-10 이벤트를 트리거로 처리하기

```java
@Component
public record PaymentProcessCreditPaymentStep(CommandGateway commandGateway) {
    @EventHandler
    public void on(PaymentProcessRequested event) {
        if (event.paymentMethod() == PaymentMethod.CREDIT) {
            commandGateway.send(
                new CreditApply(event.paymentProcessId(), event.userId(), event.amount()));
        }
    }
}
```

이벤트 트리거로 처리하는 경우에는 해당 이벤트를 인수로 하는 메서드를 정의하고 @EventHandler로 코드의 의미를 명확하게 수식합니다. 정책이 '결제 수단이 신용 카드일 때'라고 되어 있기 때문에 그 조건대로 명령을 실행하고 있습니다.

외부 시스템에서 이벤트가 발생한다

자사 시스템은 이벤트 주도 아키텍처로 구현하고 있지만, 외부 시스템의 경우에는 그렇지 않습니다. 신용 카드 결제 서비스는 웹 API이기 때문에 HTTP를 통한 동기 처리가 필요합니다.

그래서 외부 시스템을 코드 2-11과 같이 구현합니다. 명령에 따라 웹 API를 호출하고, 그 결과를 이벤트로 발생시킵니다. 외부 서비스가 HTTP 통신 기반이므로 동기 처리가 필요한 부분을 자사 시스템의 이벤트 주도 아키텍처에 적합하게 구현하고 있는 것입니다. 이러한 외부 시스템과의 아키텍처 차이로, 자사 시스템의 로직이 영향을 받는 것을 방지하기 위해 부패 방지 계층을 이용합니다. 덧붙여 HTTP 통신에서 발생할 수 있는 통신 오류 등을 줄이고자 지수 백오프(Exponential Backoff)를 통해 재시도하는 방식으로 처리하고 있습니다.

코드 2-11 외부 시스템 처리하기

```java
@Service
public record CreditService(CreditApi creditApi, QueryGateway queryGateway,
```

```java
        EventGateway eventGateway, EventScheduler scheduler) {
    @CommandHandler
    public void handle(CreditApply command) {
        var response = creditApi.makePayment(new CreditMakePaymentRequest(
            command.userId(), command.amount()));
        if (response.statusCode() != 200) {
            eventGateway.publish(new CreditMakePaymentFailed(command, null));
            return;
        }

        if (response.accepted()) {
            eventGateway.publish(new CreditAccepted(command.paymentProcessId()));
        } else {
            eventGateway.publish(new CreditRejected(command.paymentProcessId()));
        }
    }
}

    @EventHandler
    public void on(CreditMakePaymentFailed event) {
        RetryScheduler.exponentialBackoff(scheduler, event.command().count(), 5, 60,
            (duration) -> {
                eventGateway.publish(new CreditMakePaymentCriticalErrorOccurred());
        }, () -> {
            var command = event.command().countUp();
            return new ExternalRetryRequested(command);
        });
    }
}
```

외부 서비스 호출은 대부분 이렇게 처리합니다. 특히 외부 서비스가 이벤트 주도 아키텍처인 경우에는 서비스 호출을 자사 시스템이 아닌 외부 서비스 측에서 이벤트를 핸들링할 수 있습니다. 단, 이런 경우에는 외부 시스템과의 의존 관계를 고려해 적용해야 합니다.

예를 들어 주문 서비스와 결제 서비스가 있다고 가정해 보겠습니다. 결제 서비스가 주문 서비스의 이벤트에 종속되는 형태로 하면 결제 서비스는 항상 주문 서비스의 영향을 받게 됩니다. 컨텍스트에 따라 다르겠지만, 대부분 이 의존 관계가 좋다고 보기는 어려울 것입니다.

애그리게이트가 명령을 수락하는 처리(결제 완료)

다음은 신용 카드 결제 후의 완료 처리를 보여 줍니다(그림 2-27). 결제 정책을 처리하는 것은 외부 시스템으로, 여기서는 애그리게이트 인스턴스를 읽어 들이는 부분에 주목합니다.

▼ 그림 2-27 이벤트에서 명령이 발생하는 예

결제를 처리할 때 지금까지와 다른 것은 애그리게이트 이벤트가 한 번 저장된다는 점입니다. 따라서 생성자가 아닌 메서드로 명령을 받습니다.

코드 2-12는 애그리게이트의 complete 메서드를 호출하고, 오류가 발생한 경우에는 예외를 보냅니다. 결제가 실패했을 때 처리를 하지 않도록 complete 메서드는 오류 상태를 확인합니다. 중요한 것은 이 상태가 과거 이벤트를 읽어 들이는 방식으로 설정되어 있다는 점입니다.

코드 2-12 결제 완료 처리

```
@Aggregate
public class PaymentProcessAggregate extends AbstractAggregate<PaymentProcess,
PaymentProcessId, PaymentProcessEvent> {
    ...생략...
    @CommandHandler
    public void handle(PaymentProcessComplete command) {
        applyOrThrow(PaymentProcess::complete, (error) -> {
            throw new PaymentProcessAggregateException(error);
        });
    }
}
```

이벤트 소싱에서는 최신 상태를 알 수 없기 때문에 상태 정보를 얻으려면 인스턴스를 생성한 후 해당 인스턴스와 관련된 이벤트를 불러오는 방식을 사용합니다. 구체적으로는 실제 애그리게이트를 처리하는 코드 2-13의 applyEvent 메서드가 그 역할을 수행합니다. applyEvent 메서드는 프레임워크가 이벤트를 데이터 저장소에서 읽을 때마다 호출되며 그때마다 새로 인스턴스를 만들거나 상태를 변경하는 방식으로 상태 값을 반환하고 업데이트합니다.

코드 2-13 applyEvent 메서드 구현하기

```
public record PaymentProcess(PaymentProcessId paymentProcessId, UserId userId, boolean
error) implements EventDrivenAggregateRoot<PaymentProcessEvent> {
    ...생략...
```

```
    @Override
    public EventDrivenAggregateRoot<PaymentProcessEvent>
applyEvent(PaymentProcessEvent
event) {
        return switch (event) {
            case PaymentProcessRequested __ -> new PaymentProcess(paymentProcessId,
userId, false);
            case PaymentProcessCompleted __ -> this;
            case PaymentProcessFailed __ -> new PaymentProcess(paymentProcessId,
userId, true);
            default -> throw new IllegalStateException("Unexpected value: " + event);
        };
    }

    public Either<PaymentProcessError, PaymentProcessCompleted> complete() {
        if (error) {
            return Either.left(new PaymentProcessInvalidError());
        }

        return Either.right(new PaymentProcessCompleted(paymentProcessId, userId));
    }

    public PaymentProcessFailed fail() {
        return new PaymentProcessFailed(paymentProcessId);
    }
}
```

아울러 애그리게이트가 가져야 할 상태는 메서드의 실행과 관련된 것들에 한정됩니다. 예를 들면 '결제 처리' 애그리게이트와 관련된 명령이나 이벤트에서는 금액이나 결제 방법에 관한 데이터를 가지고 있었습니다. 그러나 현재의 구현에서는 '결제 처리' 애그리게이트의 상태에 대한 데이터를 가지고 있지 않습니다. 이것은 현재의 '결제 처리' 애그리게이트를 처리하는 메서드가 없기 때문입니다. 만약 해당 데이터를 참조하고자 하는 외부 시스템이 있는 경우에는 해당 이벤트의 데이터를 보면 됩니다.

애그리게이트가 재구현될 때마다 이벤트를 읽어 나가는 것이 비효율적이라고 생각할 수도 있습니다. Axon 프레임워크에서 제공하는 스냅샷[6]을 사용하면 특정 시점의 객체를 직렬화(serialize)해서 데이터 저장소에 저장하고 지속적으로 사용할 수 있습니다.

---

6 URL https://docs.axoniq.io/reference-guide/axon-framework/tuning/event-snapshots

리드 모델을 생성하는 프로세스(송금 의뢰하기 이벤트에서 송금 대기 목록을 작성한다)

마지막으로 이벤트에서 리드 모델을 생성하는 프로세스를 설명합니다(그림 2-28). 여기서 생성하는 리드 모델은 RDB의 데이터 모델입니다.

▼ 그림 2-28 리드 모델의 예

이벤트를 받아 리드 모델 생성하기

이벤트를 받아 리드 모델을 생성하는 객체는 프로젝션(projection) 등으로 불립니다. Axon 프레임워크에서는 이벤트 핸들러를 정의하고, 그 핸들러로 리드 모델을 생성합니다(코드 2-14).

코드 2-14 송금 대기 목록의 리드 모델 만들기

```
@Component
public record TransferRequestProjection(TransferRequestRepository repository) {
    @ResetHandler
    public void reset() {
        repository.deleteAll();
    }


    @EventHandler
    public void on(TransferRequestStarted event) {
        var data = new TransferRequestDataModel();
        data.setTransferRequestId(event.transferRequestId().asString());
        data.setStatus(TransferRequestStatus.CREATED);

        repository.save(data);
    }
}
```

리드 모델을 생성하고 있는 코드 자체는 객체와 RDB 데이터를 매핑하기 위한 일반적인 O/R 매퍼(Object-relational Mapper)인 Spring Data JPA[7]를 활용한 것입니다. 이 리드 모델은 배치 프로그램이 참조하며, 후속 처리의 API를 실행할 때 파라미터에 이용합니다.

---

7 URL https://spring.io/projects/spring-data-jpa/

주목할 만한 것은 @ResetHandler 애너테이션(annotation)이 붙은 메서드입니다. 리드 모델의 리셋 처리를 실행했을 때 최초로 실행되는 코드로, 대부분의 개발자가 실전에서 구현해 본 적이 없을 것입니다.

리드 모델의 리셋을 단적으로 표현하면 데이터베이스를 재생성하는 것입니다. 구체적으로는 리셋 핸들러를 실행한 후 그 관리하에 있는 객체의 모든 이벤트를 다시 실행합니다. 이렇게 하면 데이터베이스를 최신 상태로 업데이트할 수 있습니다.

리드 모델이 주는 혜택

시스템의 업데이트를 명령으로 처리하고, 데이터를 읽어 내는 것은 쿼리로 합니다. 이처럼 명령의 결과 데이터(여기서는 이벤트)에서 쿼리용 데이터를 만드는 방법으로 명령 쿼리 책임 분리(CQRS, Command Query Responsibility Segregation) 패턴이 많이 알려져 있습니다. 특히 이번과 같이 이벤트 소싱(ES, Event Sourcing)을 활용하고 있는 경우는 CQRS+ES라고 부를 수 있습니다.

CQRS+ES를 활용하면 시스템을 쉽게 구축할 수 있습니다. 명령을 내리는 시스템 측면에서는 RDB와의 데이터 처리 방식의 차이에 따른 격차를 고려하지 않아도 되기 때문입니다.

RDB는 검색이나 통계 기능이 뛰어나므로 이 기능을 활용하기 위해서는 쿼리(Query)를 고려하면서 데이터를 저장하는 것이 일반적입니다. 그러나 CQRS+ES를 전제로 하면, 읽기 데이터는 시스템 쪽 이벤트 명령에 의존하게 됩니다. 명령을 하는 시스템 측면에서는 별도의 리포지터리에 이벤트 정보를 저장하면 되므로 일부러 쿼리용 데이터베이스 테이블에 데이터를 저장할 필요가 없어집니다.

CQRS+ES의 장점은 명령을 하는 시스템 쪽에만 있는 게 아닙니다. 앞서 리드 모델 리셋 프로세스를 설명하는 부분에서도 언급했지만, 쿼리용 데이터베이스의 데이터를 자유롭게 업데이트할 수 있습니다. 물론 이것을 위해서는 병렬 처리 등을 활용해야 합니다. Axon 프레임워크에는 병렬 처리를 간단하게 지원하는 API가 있으며, 리셋 중에 일어난 이벤트도 처리를 해주기 때문에 비교적 부담 없이 사용할 수 있습니다.

그밖에도 이벤트 기반의 데이터를 자유롭게 만들고, 하나의 이벤트에 대한 리드 모델을 용도별로 여러 개 만들 수도 있습니다.

CQRS+ES를 실현하는 구조 자체는 간단하지 않을 수도 있지만, 프레임워크를 이용해 업무 로직을 조립하는 입장에서 보면 CQRS+ES의 조합은 매우 단순하고 확장성 있는 구성이라고 할 수 있습니다.

2.4.5 이벤트 스토밍과 이벤트 소싱

지금까지 이벤트 소싱 다이어그램에 나타나는 패턴을 구현하는 방법에 대해 확인해 보았습니다. 마지막으로 이벤트 스토밍 다이어그램의 구현 방법과 비교하여 설명하겠습니다.

이벤트 스토밍 다이어그램과 비교

이벤트 소싱 코드를 보면 이벤트 스토밍 다이어그램의 포스트잇과 클래스 정의가 일치한다는 것을 알 수 있습니다.

예를 들어 '결제하기' 명령은 PaymentRequest로, '결제 처리' 애그리게이트는 PaymentProcess로, '결제함' 이벤트는 PaymentProcessRequested로 정의되어 있습니다. 정책을 알기는 어렵지만 PaymentProcessCreditPaymentStep으로 정의되어 있으며, 이러한 것들에 관해서도 대략적으로 패턴화할 수 있습니다.

명령의 전달로 이어지는 패턴은 두 가지로 나눕니다. 액터가 전달하는 경우와 이벤트를 트리거에 전달하는 경우입니다. 마찬가지로 이벤트의 발생으로 이어지는 패턴도 두 가지입니다. 애그리게이트가 발생시키는 경우와 외부 시스템을 부패 방지 계층으로 감싸서 발생시키는 경우입니다.

여기서 사용하는 포스트잇은 클래스로 정의할 수 있으며, 그것들의 연결은 다이어그램의 패턴으로 결정됩니다. 구체적으로 조건 분기 등을 구현하기 위한 로직에 미세한 차이는 있지만, 일정한 패턴화가 가능합니다. 이 패턴화로 다이어그램과 코드를 일치시킬 수 있습니다.

다이어그램과 코드의 일치 효과

다이어그램과 코드가 일치되면 개발자는 다이어그램 패턴에 따라 코드를 작성할 수 있게 됩니다. 예를 들어 다른 도메인의 개발자가 오더라도 다이어그램과 코드가 일치하기 때문에 곧바로 프로그래밍을 시작할 수 있습니다.

또한 코드를 변경하려고 할 때도 어디까지 영향을 미치는지 확인하는 것이 더 쉬워집니다. 이벤트 스토밍 다이어그램으로 변경하고자 하는 대상에서 화살표가 이동하는 방향만 봐도 되기 때문입니다.

그러기 위해서는 시스템을 변경할 때마다 다이어그램도 업데이트해야 합니다. 매번 이것을 유지 관리하는 것은 어렵고 귀찮은 일이라고 생각할 수 있지만, 필자가 경험해 본 바로는 생각보다 업데이트가 그리 어렵거나 귀찮지 않았습니다. 이벤트 주도 아키텍처 시스템을 개발하다 보면 프로세스(이벤트) 간에 느슨하게 결합(loosely coupled)되어 있어 전체 구조를 한눈에 파악하는 것이 어렵습니다. 그러다 보니 그림을 보지 않으면 코드를 작성할 수 없어서, 그림을 업데이트해 어떻게 구현되는지를 보는 버릇이 생기기 때문입니다.

다이어그램을 보지 않으면 코드를 구현할 수 없는 상황 자체가 개발자들의 불만으로 이어지는 것을 우려할 수도 있습니다. 하지만 다이어그램을 잘 만들어야 나머지 팀원들은 이것을 믿고 코딩에만 집중할 수 있게 됩니다. 페어 프로그래밍(pair programming)이나 몹 프로그래밍(mob programming)을 해야 하는 상황이라면 더욱 이해하기 쉬울 것입니다. 다이어그램을 그릴 때는 내비게이터의 역할이 되어서 시스템을 어떻게 연계할지를 고민하고, 코드를 작성할 때는 드라이버의 역할이 되어서 코드를 작성해 나가는 것입니다.

물론 실제로 다이어그램을 그리지 않고 누군가가 이벤트 스토밍한 다이어그램을 기반으로 코드를 작성하는 경우도 있습니다. 이 경우에는 시스템의 연계 등에 대한 고민 없이 드라이버로서의 역할에 충실하여 프로그래밍에만 전념할 수 있습니다.

피드백의 동기

다이어그램이 없으면 코드를 작성할 수 없다는 것은 강한 피드백의 동기가 되기도 합니다.

코드를 작성하다 보면 다이어그램에 문제가 있다는 것을 알고, 이것을 변경해야 하는 상황이 생길 수 있습니다. 이벤트 스토밍 다이어그램은 도메인 전문가나 팀의 합의로 만들어 낸 것으로, 변경할 때는 전문가의 의견이 필요할 수도 있습니다. 이때 얻은 피드백에 따라 더 나은 개선 방법을 발견할 수도 있습니다.

이런 반복적인 피드백 과정을 통해 우리는 더 완벽에 가까운 모델을 구현할 수 있습니다.

2.4.6 인프라스트럭처 구성

마지막으로 이번 사례에 대한 인프라스트럭처 구성을 간단히 소개하겠습니다.

Axon 프레임워크에는 전용 서버 시스템인 Axon Server[8]가 있습니다. 이것은 마이크로서비스 스케일링이나 메시지 브로커, 저널 검색 기능 등을 제공합니다.

---

8 URL https://developer.axoniq.io/en/axon-server/overview

아울러 Axon 프레임워크는 JDBC(Java DataBase Connectivity)[9]로 RDB를 이용할 수 있습니다. 메시지 브로커로서 아파치 카프카[10]를 이용할 수 있는 플러그인도 제공합니다. 이것들을 이용해 일반적인 인프라스트럭처를 구성할 수 있으며, 이것을 이용해 볼 수 있도록 앞에서 제시한 다이어그램 예제에도 실행 설정이 포함되어 있습니다.

어느 것을 사용하더라도 장단점은 있습니다. 필자는 개인적으로는 전자를 사용하고 있으며, 프로젝트에서는 후자의 아파치 카프카를 사용하고 있습니다. 조직에 적용할 수 있는 환경이라면 Axon Server를 이용하는 것이 관리하기 쉬우며 학습 비용 면에서도 아파치 카프카를 처음부터 배우는 것보다 유리할 수 있습니다.

2.4.7 요약

이벤트 스토밍은 그 자체로도 강력한 도구지만, 이벤트 소싱과 결합하면 효과를 극대화할 수 있습니다. 다이어그램과 코드가 일치함으로써 얻는 장점은 헤아릴 수 없이 많기 때문입니다.

이벤트 소싱은 전통적인 기법과 달라, 처음 구현하려고 하면 거부감이 들 수도 있습니다. 하지만 우리의 현실 세계가 이벤트의 연속이라는 것을 생각하면 이벤트 소싱은 좋은 대안이 되기도 합니다. 이벤트 소싱을 구현할 수 있는 프레임워크는 이번에 소개한 Axon 프레임워크 외에도 다양하게 있으니, 관심이 있다면 한 번씩 찾아서 사용해 보기 바랍니다.

---

9 URL https://docs.oracle.com/javase/8/docs/technotes/guides/jdbc/index.html
10 URL https://kafka.apache.org/

memo

3장

클린 아키텍처란 무엇인가: 개발에 활용할 수 있는 설계의 핵심을 알아보자

3.1 클린 아키텍처의 용어: 블로그, 책, 시대적 배경에서 용어 의미를 이해하기

3.2 클린 아키텍처의 본질에 접근하기: 관심사 분리, 동심원 그림, SOLID 원칙의 요점

3.3 소스 코드로 이해하기: 전형적인 시나리오에서 클린 아키텍처의 핵심을 도출하자

3.4 응용 프로그램을 통해 이해하기: 강한 결합→느슨한 결합→ 클린 아키텍처 체감하기

3.5 실전 모바일 앱 개발: 앱 아키텍처 가이드를 기반으로 현실적인 방법을 생각하기

네 개의 동심원 그림으로 유명한 클린 아키텍처(Clean Architecture)는 로버트 C. 마틴(Robert C. Martin)의 블로그에서 소개되었으며, 그의 저서 〈클린 아키텍처〉(인사이트, 2019)[1]를 통해서 더욱 알려졌습니다. 하지만 용어가 생소하고 그림도 이해하기 어려워 실무에 당장 적용하기 어려운 측면이 있었습니다. 이번 장에서는 블로그, 책, 시대적 배경을 통해 클린 아키텍처에서 사용되는 용어의 의미를 되돌아보겠습니다. 이를 통해 저자가 말하고자 하는 설계 방식을 애플리케이션 예제와 소스 코드를 통해 풀어 나갈 것입니다. 클린 아키텍처가 무엇인지 제대로 이해한다면 개발 프로젝트에 활용할 수 있는 본질적인 접근 방식을 찾을 수 있을 것입니다.

3.1 클린 아키텍처의 용어: 블로그, 책, 시대적 배경에서 용어 의미를 이해하기

로버트 C. 마틴이 제안한 클린 아키텍처는 시대적 배경이나 표현 방식에 따라 용어의 의미가 조금씩 다르게 해석되는 경향이 있습니다. 이 부분을 우선 명확하게 정리하지 않으면 동심원 네 개가 내포하는 의미를 제대로 이해할 수 없습니다. 우선 시대적 배경을 기반으로 '설계'와 '아키텍처'가 가지는 의미를 다시 한번 되돌아보겠습니다.

3.1.1 클린 아키텍처란

클린 아키텍처는 결코 새로운 개념이나 설계 방식이 아닙니다. 과거에도 수많은 소프트웨어 개발에 이 기법이 적용됐습니다. 다만 기존 기법의 특징을 조금 극단적으로 표현하다 보니 클린 아키텍처라는 용어가 생겨나게 되었고, 이것은 사람들로 하여금 새로운 아키텍처인 것처럼 느끼게 했습니다. 그러다 보니 사람마다 느끼는 게 조금씩 다르며, 심지어는 저자인 로버트 C. 마틴조차도 범위에 차이는 있지만 크게 두 가지 의미로 사용하고 있습니다.

이번 절에서는 먼저 클린 아키텍처라는 용어의 의미에 초점을 맞춰서 설명하겠습니다.

---

[1] 〈Clean Architecture〉(Pearson, 2017)

블로그에서의 클린 아키텍처

로버트 C. 마틴(애칭: 밥 아저씨)은 2012년까지 등장한 개발 방법론들의 목적이 매우 유사하며, 몇 가지 공통점이 있음을 깨달았습니다. 그래서 '클린 아키텍처'라는 새로운 용어로 지금까지 나온 아키텍처를 설명하고자 했습니다.

우선 자신의 블로그[2]를 통해 그림 3-1과 같은 아키텍처의 기본 콘셉트를 공개했습니다. 그가 공개한 그림에는 전체적인 콘셉트가 잘 드러나 있어서 점차 많은 사람들에게 알려졌습니다. 하지만 이 그림이 웹을 통해 조금씩 퍼져가는 사이에 마치 '이대로 프레임워크를 설계해야 한다'는 인식이 조금씩 생겨났습니다.

▼ 그림 3-1 클린 아키텍처의 콘셉트로 발표된 그림

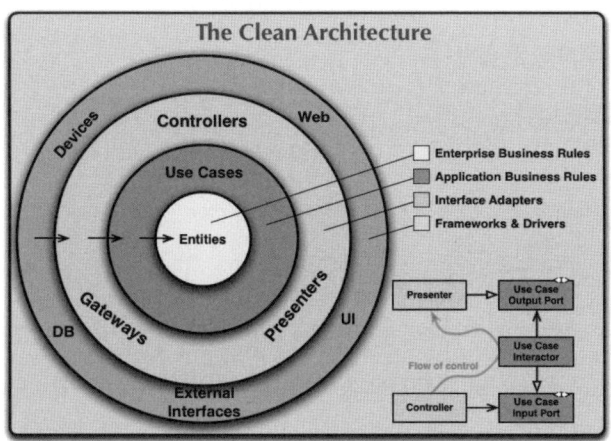

출처: 각주에 언급된 블로그

하지만 클린 아키텍처라는 용어가 꼭 그림과 같이 배치한 프레임워크만을 의미하는 용어는 아니라는 점을 블로그에서도 언급하고 있습니다.

> Only Four Circles?
> No, the circles are schematic.[3]

그림 3-1은 어디까지나 하나의 예시라는 점을 잘 이해하는 것이 중요합니다. 이것은 정해진 아키텍처나 방법론이 아니며, 단지 클린 아키텍처라는 용어를 설명하기 위한 하나의 개념일 뿐입니다. 이 그림을 통해 전하고자 한 것은 소프트웨어 아키텍처의 단순하고 보편적이면서도 중요한 특성

---

2 URL https://blog.cleancoder.com/uncle-bob/2012/08/13/the-clean-architecture.html

3 역주 네 개의 동심원이 아니면 안 되는 걸까?
아니, 이 원은 그저 콘셉트를 전달하기 위한 하나의 방편일 뿐이야!

에 대한 발견입니다. 요약하면 다음과 같습니다.

- 소프트웨어의 구조에는 관점과 역할이 다른 여러 영역이 있다.
- 영역의 계층 관계는 세부 사항에서 핵심 주제로 향하는 방향성에 항상 의존한다.

이와 같은 구조를 제대로 구현하려면 의존 방향을 올바르게 조절하는 것이 중요합니다

이것은 이미 출간된 〈클린 소프트웨어〉(제이펍, 2017)[4]에서 설명하는 내용과도 일치한다는 것을 새삼 느꼈습니다. 로버트 C. 마틴에게 있어서 네 개의 동심원 그림은 책보다 효과적으로 클린 아키텍처의 원칙을 전달할 수 있는 좋은 수단이었을 것입니다.

블로그에 쓰인 동심원에 대한 설명이 특별히 새롭거나 획기적인 내용은 아닙니다. 이미 지난 10년 동안 제안된 소프트웨어 개발 방법론 중에서 반복적으로 등장했던 특징을 정리한 것입니다. 또한 〈클린 소프트웨어〉의 내용과도 본질적으로 동일합니다.

그림 3-1에 대한 설명은 3.2절에서 하겠습니다.

책에서의 클린 아키텍처

로버트 C. 마틴은 클린 아키텍처의 콘셉트를 공개한 후 〈클린 아키텍처〉를 출간했습니다. 하지만 이 책에서 클린 아키텍처라고 되어 있는 부분은 전체 33장 중에서 1장뿐입니다.

이 책의 전반부에서는 대부분 객체지향 프로그래밍의 SOLID 원칙과 패키지 원칙에 대해 설명하고 있으며, 후반부에서는 프레임워크에 의존하던 당시의 개발 방식을 비판하고 있습니다. 클린 아키텍처 자체에 대한 설명은 전반부와 후반부 사이에 잠깐 언급할 뿐입니다.

클린 아키텍처는 새로운 무언가가 아니라, 기존 아키텍처의 원칙들을 잘 정리해서 보여 주는 것입니다. 개발자들이 아키텍처의 공통점을 스스로 발견하고 이해할 수 있도록 〈클린 아키텍처〉 책 한 권을 통해서 저자의 경험과 생각을 집약해서 말하고 있는 것입니다.

SOLID 원칙과 클린 아키텍처의 관계에 관해서는 3.2절에서 설명하겠습니다.

클린 아키텍처가 등장한 시대적 배경

2010년 전후에는 Ruby on Rails 같은 프레임워크를 따르는 웹 개발이 유행했습니다. 이것은 데이터베이스의 CRUD(Create, Read, Update, Delete) 조작을 기반으로, 애플리케이션을 간단하게 개발

---

[4] 〈Agile Software Development〉(Pearson, 2002)입니다.

하는 방식으로 소프트웨어의 개발 생산성을 높이는 데 주안점을 두었습니다. 또한 Model, View, Controller로 분리해 데이터를 읽고 쓰는 방식의 MVC(Model-View-Controller) 패턴도 사용하였습니다.

> **Column ≡ 책의 구성에 대해서**
>
> 〈클린 아키텍처〉에서는 객체지향의 원칙을 '설계의 원칙'으로, 패키지의 원칙을 '컴포넌트의 원칙'이라는 용어로 사용합니다.
>
> 또, 객체지향 프로그래밍이 가지는 의미를 '함수 포인터의 가벼운 버전' 정도로 절제해 사용하고 있습니다. 객체지향이라는 용어에 대해 독자가 확대 해석하지 않도록 배려하기 위한 의도라고 생각합니다.
>
> 사용하는 용어는 다르지만, 의미는 〈클린 소프트웨어〉에서 등장하는 것과 동일합니다.

엄밀히 말해 MVC는 GUI(Graphical User Interface) 초기부터 있었으며 1970년대 팰로앨토(Palo Alto)까지 거슬러 올라갑니다. 초기에는 데스크탑 PC의 GUI에 많이 사용하였으나 이후에 마틴 파울러에 의해서 웹 애플리케이션의 설계 패턴에도 반영되었습니다. 대략 이 시점까지는 GUI의 설계 패턴과 비슷한 의미였습니다. 하지만 10년이라는 시간이 흐르는 사이에 그 의미도 조금씩 변해 '이미 준비된 뼈대에 기능만 더하면 되는 웹 애플리케이션 개발 방식'이라는 의미가 생겨났습니다. 이것은 Ruby on Rails 방식 이후에 나온 프레임워크에 많이 사용되었습니다.

이와 같은 흐름에 반해, 클린 아키텍처의 지지자들은 '소프트웨어 설계를 제대로 하는 건 이런 방식이 아니다'라고 주장했습니다. 이들은 Ruby on Rails 프레임워크 이전의 스타일에 다시 주목했습니다.

네 개의 동심원 그림에서 아키텍처의 중심으로부터 가장 먼 곳에 있는 것이 프레임워크입니다. MVC 프레임워크를 사용했을 때 기능을 제공하기는 편하지만, 모든 개발자에게 이것이 유리하다고는 볼 수 없습니다. 강한 의존 관계는 개별 소프트웨어 목적에 맞게 아키텍처를 설계하는 것을 어렵게 만듭니다.

〈클린 아키텍처〉는 이러한 문제를 자각하지 못하는 젊은 웹 개발자들에게 파울러의 〈엔터프라이즈 애플리케이션 아키텍처 패턴〉(위키북스, 2015)[5]과 〈클린 소프트웨어〉가 출간되었을 당시로 돌아가자는 메시지를 전합니다.

---

5 〈Patterns of Enterprise Application Architecture(PofEAA)〉(Addison-Wesley Professional, 2002)

3.1.2 아키텍처와 소프트웨어 설계

우리는 소프트웨어를 개발하기 위한 방법에 대한 생각을 '설계'라고 부릅니다. 그러나 단순히 '설계'라고만 하면 단순 작업 이외의 모든 것들을 포함하는 의미로 생각할 수 있습니다. 이렇게 초점이 흐려지는 것을 막고자 우선 설계라는 용어가 가지는 정확한 의미부터 자세히 살펴보겠습니다.

콘셉트 수준의 설계

애플리케이션으로 만들고자 하는 대상은 도메인(문제 영역)입니다. 도메인은 애플리케이션이 존재하는 이유 그 자체이며 사용되는 프로그래밍 언어나 프레임워크가 바뀌더라도 본질적으로 변하지 않습니다.

하지만 도메인이 가지는 의미는 눈에 잘 보이지 않기 때문에 시스템으로 구현하기 위해서는 이러한 개념을 알기 쉽게 모델링하는 것이 중요합니다. 설계란 이렇게 모델링을 통해서 모호한 현실의 콘셉트에 구체적인 형태를 부여하는 것입니다.

이러한 도메인 개발을 위해 형식 언어(formal language)로서 실행과 검증을 할 수 있는 프로그래밍 언어를 사용하는 것이 최근의 개발 추세입니다. 요즘은 예전에 비해 쉽게 프로그래밍 언어를 사용하여 논리를 표현하고 검증할 수 있습니다.

시스템을 운영하는 중이거나 개발 도중에도 수정이나 개선 작업은 발생하겠지만, 그렇다고 해서 도메인의 중요한 기본 콘셉트가 그렇게 쉽게 바뀌지는 않습니다. 이렇듯 변화하지 않는 본질을 파악하고 유연한 프로그래밍이 가능한 모델을 만드는 것이 콘셉트 수준의 설계입니다.

코드 수준의 설계

프로그래밍은 누구나 할 수 있는 기계적인 작업이 아닙니다. 애플리케이션이 제대로 동작하려면, 세부적인 코드 하나하나에 대한 설계가 필요하기 때문입니다.

아무리 콘셉트가 훌륭해도 동작하는 소프트웨어로 구현하지 못한다면 의미가 없습니다. 특히 애플리케이션의 중요한 콘셉트를 표현하기 위한 '도메인 모델'의 코드는 매우 중요합니다.

물론 코드 수준에서 핵심이 아닌 부분이라 하더라도, 설계를 할 때는 신중하게 접근하는 태도가 중요합니다. 아무리 사소한 부분이라도 오류가 있으면 애플리케이션이 정상적으로 동작하지 않기 때문입니다.

프로그램 코드는 아무렇게나 시도하고, 무작정 시행착오를 거치면서 만드는 것이 아닙니다. 어떻게 만들었는지 재현할 수 없을 정도로 아무렇게나 개발된 코드는 누구도 관리하고 싶어 하지 않습니다. 프로젝트 도중에 그런 코드 영역이 많이 발생하면 일정이 지연되고 프로그램의 완성도가 떨어집니다. 그래서 효율적인 프로그램의 수정과 유지보수를 위해서는 좋은 설계를 기반으로 코드를 작성하는 것이 중요합니다.

이처럼 '설계'라는 용어도 어떻게 말하느냐에 따라 전혀 다른 의미로 쓰이게 됩니다.

코드의 설계 품질은 타협할 수 있다

앞에서 크게 '콘셉트'와 '코드'로 나눈 것은 변경의 용이성이 다르다는 점을 강조하기 위해서입니다. 코딩은 콘셉트에 비해 국소적이어서 상대적으로 수정하기가 쉽다는 특징이 있습니다.

최근의 소프트웨어는 다양한 컴포넌트의 집합으로 이루어져 있습니다. 이렇게 잘 정리된 컴포넌트는 다른 부분에 큰 영향 없이 대체할 수가 있습니다.

기능의 변경 없이 코드 수준의 설계를 개선하는 행위를 리팩터링(refactoring)이라고 합니다. 아무리 어렵게 작성된 코드도 리팩터링이 가능한 상태라면 그렇게 심각한 문제는 아닙니다. 단지 코드의 품질을 위해 나중에 타협하고 해결해야 할 기술 부채(technical debt)일 뿐입니다.

하지만 작은 이유 때문에 타협할 수 없을 정도로 리팩터링이 어려워지는 경우도 발생합니다. 이를테면 복잡한 연동 때문에 동시에 변경해야 할 부분이 너무 많아진다거나, 다른 부분에 어떤 영향을 미칠지 파악하기 힘들어 수정하는 데 부담이 되는 경우 등입니다.

그렇다고 해서 코드 수준의 설계에 너무 집중하다 보면 나무는 보고 숲은 보지 못하는 상황에 빠질지도 모릅니다. 프로그램 코드는 워낙 양이 방대하므로 상황에 따라 어느 정도의 기술 부채는 받아들이는 융통성도 필요합니다.

Column ≡ 조립식 제품의 장점, 주문형 제품의 장점

소프트웨어를 제작할 때 설계 감각이 그다지 중요하지 않을 수도 있습니다. 이를테면 제공되는 기능이 광범위한 프레임워크를 사용하는 경우입니다. 이러한 프레임워크는 이미 범용적인 설계를 기반으로 구현되어 있어서, 하나하나 본질부터 설계하지 않아도 원하는 애플리케이션을 만들 수 있습니다. 이런 특징은 설계에서도 중요한 열쇠가 됩니다.

여담이지만 'Ruby on Rails를 능숙하게 사용하려면 프로그램을 업무에 맞추기보다 업무를 프로그램에 맞춰야 한다'라는 말이 있습니다. 처음부터 새로 만드는 비용을 고려하면 이미 만들어진 범용적인 것을 사용하는 것이 비용 대비 성능 면에서 좀 더 나은 전략이 될 수도 있기 때문입니다.

하지만 단기적으로는 비용 절감 효과를 볼 수 있겠지만, 장기적으로는 비용이 점점 증가하는 문제가 발생할 수도 있습니다. 잘 정리된 도로(표준적인 편리한 기능)와 도로 사이의 비포장도로(특수한 비즈니스 요구사항)처럼 예상치 못한 문제가 발생해 곤란해질 수 있습니다. 이런 상황을 충분히 고려하여 큰 틀에서 최종 비용을 낮출 방안을 찾는 것이 설계의 묘미입니다.

> 클린 아키텍처는 초보 개발자들이 잘 정리된 프레임워크의 틀 안에서만 개발하고 있다는 점을 지적합니다. 예전의 숙련된 개발자들이 해오던 방식처럼 프레임워크와 업무 간 괴리가 발생할 때는 콘셉트 수준으로 재설계해야 한다는 것을 초보 개발자들에게 말하고 있습니다.

아키텍처 수준의 설계

'아키텍처'라는 단어는 겉으로 보기에 대단하게 느껴지지만, 그 자체는 사용자에게 직접적인 이익을 주지는 않습니다. 그런 점에서, 앞서 이야기한 콘셉트 수준 설계와 코드 수준 설계는 사용자 가치에 직결되는 중요한 요소입니다. 사용자가 애플리케이션을 사용하려는 목적과 의미를 소프트웨어의 동작으로 명확히 전달하기 때문입니다. 이를 집에 비유해 보겠습니다. '어떠한 집에서 살고 싶다'라는 것이 집에 대한 청사진이라면, 실제 그 집에서 살았을 때의 만족감은 이와는 별개입니다. 겉보기에 화려하고 멋있다고 해서 반드시 만족도가 높지는 않기 때문입니다. 즉, 아키텍처가 겉모습이라면 실제 만족을 위해서는 콘셉트 수준 설계와 코드 수준 설계가 중요합니다.

건축적인 설계의 좋고 나쁨은 그 건물에 거주하는 사람이 직접적으로 알기는 힘듭니다. 그렇다고 해서 아무렇게나 설계해 버리면 곤란하므로 이 분야의 실력 있는 전문가가 실제 거주를 고려해 세심한 설계를 할 것입니다. 이것은 소프트웨어에서도 마찬가지입니다.

SOLID 원칙은 〈클린 아키텍처〉에서 '설계의 원칙'이라는 용어로 사용되고 있습니다. 좋은 아키텍처가 되려면 다음과 같은 구조를 위한 개념과 코드를 뒷받침하는 설계가 중요합니다.

- 콘셉트 코드를 작성하는 데 어떤 것도 방해해서는 안 된다.
- 부분적으로 품질의 차이가 발생하더라도, 오랫동안 지속적으로 잘 동작해야 한다.

데이터베이스, 통신, 사용자 인터페이스를 다루는 기술은 요구되는 기능을 구현하는 데 있어서 매우 중요합니다. 하지만 기능을 어떻게 구현할지만 집중하다 보면 도메인의 본질적인 요구사항이 여기저기에 흩어져 버리는 현상이 생깁니다. 파울러는 이처럼 도메인 모델이 본래의 핵심 업무 로직을 담지 못하고 데이터만 가진 상태를 '빈약한 도메인 모델'이라고 불렀습니다.

데이터베이스나 통신 등과 같은 세부적인 기술에 영향을 받지 않으려면 핵심 도메인만 따로 독립적인 모델로 만들어야 합니다. 즉, 업무 로직을 분리하여 도메인 모델 본연의 역할을 제대로 수행할 수 있는 콘셉트를 유지해야 합니다.

물론 세부적인 기술끼리도 서로 영향을 받아서는 안 됩니다. 끊임없이 변화하는 비즈니스 환경 속에서 소프트웨어는 수시로 변화하기 때문입니다. 지속적 통합(CI, Continuous Integration)을 구성할 수도 있지만, 이것은 어디까지나 소프트웨어 변경 및 배포 과정에서 발생하는 오류를 신속하게 알아차리도록 도와줄 뿐, 근본적인 해결책이 되지는 못합니다. 상호 간에 영향을 받지 않는 독립성을 보장해 주는 기술은 복잡한 소프트웨어 개발에 있어 상당히 중요합니다.

독립적인 공간에서의 오류가 다른 부분에 영향을 미치지 못하도록 분리된 구조를 확보해야 합니다. 이렇게 부분적으로 분리하거나 교체할 수 있는 구조로 되어 있으면 훨씬 빠르고 효율적으로 수정할 수 있습니다.

프로젝트 전체에서 아키텍처 수준의 설계 비중이 크지는 않지만 프로젝트와의 궁합을 고려하면 의외로 개발 비용의 많은 부분을 차지합니다.

설계와 애자일 개발의 관계

앞에서 설명한 바와 같이 로버트 C. 마틴의 〈클린 아키텍처〉는 이보다 10년 전에 출간된 〈클린 소프트웨어〉에서 다룬 주제와 비슷한 내용이 많습니다. 왜 아키텍처 설계가 애자일로 이어지는 걸까요?

대략 2000년대부터 시작된 애자일 운동은 소프트웨어 개발에 따로 정해진 방법이 있는 게 아니라 상황에 맞게 유연하게 대처해야 한다는 인식을 만들었습니다. 소프트웨어란 본질적으로 유연하고 형태가 없는 것입니다. 제조업처럼 단순하게 인원을 늘리면 소프트웨어 개발 생산성도 향상될 것으로 생각하던 시절도 있었습니다. 하지만 소프트웨어 개발은 단순 반복 작업이 아니라 오랫동안 숙련된 개발자 개인의 역량과 창의력이 중요한 업무입니다.

'단지 콘셉트가 좋으면 된다', '코드를 잘 작성하면 된다'라는 식으로 노력이나 근성과 같은 정신력만을 강조하다 보면 함께 일하는 개발자들이 금방 지치게 됩니다.

한정된 인원의 실력 있는 개발자들이 맘껏 실력을 발휘하게 하려면 의견이 대립하는 상황이나 수정 요청으로 발생하는 문제에 대한 부담을 덜어 주는 시스템이 필요합니다. 많은 개발 인력을 확보하더라도 이와 같은 문제는 계속 발생하므로, 영역을 작게 나누어 개발하고 관리할 수 있는 체계를 만드는 것이 중요합니다.

우수한 개발자를 고용하는 것은 허드렛일을 시키기 위해서가 아니라, 실제 업무에 도움이 되는 기발한 설계와 이것을 정확한 코드로 구현하기 위함입니다. 결국 애자일 성공의 필요조건은 불필요한 부담을 전략적으로 줄이고 낭비를 최소화하는 아키텍처 설계입니다.

3.1.3 도메인 주도 설계와 클린 아키텍처

설계를 중시하는 시대의 재도래

에릭 에반스의 〈도메인 주도 설계〉가 다시 조명되기 시작한 시기와 클린 아키텍처라는 말이 알려지기 시작한 시기가 비슷합니다.

> **Column ≡ 아키텍처와 우주비행사**
>
> 조엘 스폴스키(Joel Spolsky)는 다음과 같은 개념을 '아키텍처 우주비행사(Architecture Astronauts)'라고 풍자하였습니다.
>
> > 나는 소프트웨어 설계 전문가야. 하찮은 구현 업무 따위는 누군가에게 시키면 돼. 업무 같은 거 몰라도 수준 높은 아키텍처 설계만으로 높은 관리자가 될 수 있어.
>
> 우주비행사는 보통 사람이 할 수 없는 고도의 기술을 가진 소수의 엘리트입니다. 하지만 우주비행 기술은 발이 땅에 닿지 않는 지구 밖의 높은 곳에서 유용할 뿐, 지상에서는 별 도움이 되지 않습니다.
>
> 이와 같이 소프트웨어 개발에 있어서 아무리 아키텍처 설계가 중요하다고 하더라도 어디까지나 실제 구현을 지원하기 위한 것입니다. 무엇보다 중요한 것은 고유의 콘셉트를 동작하는 코드로 정확하게 구현할 수 있도록 뒷받침하는 것입니다. 클린 아키텍처를 제안한 로버트 C. 마틴도 정해진 형식이나 규칙보다는 현실과 개인을 중시하는 애자일 개발 선언의 지지자입니다.
>
> 애플리케이션의 대상 도메인에 도움이 되지 않는 이론은 아무런 필요가 없습니다. 클린 아키텍처가 간결하면서도 본질만 담고 있는 이유는 사람과 현실을 중시하는 의미가 반영되었기 때문일지도 모릅니다.

에릭 에반스의 〈도메인 주도 설계〉는 파울러의 〈엔터프라이즈 애플리케이션 아키텍처 패턴〉(PofEAA)가 나온 직후인 2003년에 출간되었습니다.

그리고 DDD가 등장하고 Ruby on Rails가 발매되었습니다. Ruby on Rails는 아키텍처를 별도로 설계하지 않아도 간단히 사용할 수 있는 형태의 프레임워크로서, 기존의 공급업체에 종속되어 복잡하게 구현되던 웹 개발 흐름에 새로운 트렌드로 등장하였습니다.

그러다 보니 DDD나 PofEAA 같은 설계 방식은 소수의 개발자들 사이에서만 조용히 사용되어 왔습니다. 한편 이렇게 시간이 흐르는 사이에 기존 방식의 웹 시스템도 규모가 커지고 데이터가 많아지다 보니 관리 및 유지보수가 점점 힘들어졌습니다. 결국 애플리케이션 개발을 위한 다른 도메인 모델이나 아키텍처에 대한 요구가 부활하였고 이러한 흐름의 일환으로 제안된 것이 바로 '클린 아키텍처'입니다.

이제 개발자들은 어떤 부분이 클린 아키텍처이고, 어떤 부분이 도메인 주도 설계인지를 명확하게 구분할 수 있어야 합니다.

도메인 주도 설계(DDD)란

DDD는 도메인 모델 설계 활동을 중심으로 프로젝트를 진행하는 방식입니다. 코드 중심의 모델링을 기반으로 고객과 의사소통하면서 더 나은 형태로 개선해 나가는 것이 DDD의 주요 활동입니다.

이러한 반복적인 작업에서 시행착오를 줄이려면 모델 개선을 저해하는 요인을 제거해야 합니다. 그러다 보니 추상적인 방식을 사용하게 되고, 자연스럽게 시스템 구조도 이렇게 추상화된 틀을 따라가게 됩니다.

블로그에서 말하는 '콘셉트 수준 설계'와 '코드 수준 설계'에 초점을 맞추는 것이 DDD의 의미에 부합하는 것입니다.

도메인에 대한 이해 없이 단순히 책에 나오는 DDD 패턴을 무작정 따라 하다 보면 현실과는 동떨어진 '아키텍처 우주비행사'가 되어 버릴 위험이 있습니다. 예를 들어 단순하게 단위 테스트 커버리지 점수를 올리는 데 집중하다 보면 정말로 중요한 도메인을 놓치게 되듯이, 정말 중요한 도메인에 집중하고 있는지를 먼저 살펴보는 것이 좀 더 DDD다운 접근 방식입니다.

클린 아키텍처와의 구별

DDD는 프로젝트에 대한 하나의 정책입니다. DDD를 하다 보면 클린 아키텍처의 특징들이 곳곳에서 보이는데 클린 아키텍처 자체가 DDD의 목표는 아닙니다. DDD가 개발의 방향성이라면, 클린 아키텍처는 자연스럽게 그 결과로 나온 구조적 형태의 결과물입니다.

DDD와 클린 아키텍처 모두 같은 대상을 다른 관점에서 바라보고 있는 것일 수도 있습니다. DDD는 아니지만 클린 아키텍처라고 부를 수 있는 경우도 있습니다. 이렇듯 바라보는 위치에 따라 달라지므로 상황에 따라 구별하여 사용하는 것이 좋습니다.

DDD와 클린 아키텍처가 헷갈리기 쉬운 이유로는 설계가 필요 없는 완제품 형태의 프레임워크가 보급되어 프레임워크 기반으로 학습하기 시작한 초보 개발자가 많아진 것을 들 수 있습니다. 이들에게 쉽게 개발할 수 있게 만들어진 프레임워크를 그대로 사용하는 것이 바람직하지 않다고 지적하기 위해 DDD 혹은 클린 아키텍처라는 표현을 들고 나온 것일 수도 있습니다.

'내가 하는 방식이 과연 최선인가'라는 의심 없이 단지, 어떤 새로운 기술이나 개념을 무조건 최선이라 믿는 태도는 프레임워크를 맹신하게 되는 결과를 초래합니다. 이것은 모두가 공통으로 이해하기 위한 언어를 만들어야 한다는 DDD의 '유비쿼터스 언어'의 정신에도 어긋납니다.

3.2 클린 아키텍처의 본질에 접근하기: 관심사 분리, 동심원 그림, SOLID 원칙의 요점

이번 절부터는 클린 아키텍처의 실체를 하나씩 풀어 나갑니다. 크게 세 가지로, 첫째는 관심사 분리의 열쇠가 되는 세 개의 성질이고, 둘째는 전형적인 예라고 불리는 동심원 그림이며, 마지막으로 〈클린 아키텍처〉 책에서 상세하게 설명하는 SOLID 원칙입니다. 또한 필자가 실무에서 구체적으로 그렸던 다이어그램도 소개합니다.

3.2.1 관심사 분리

네 개의 동심원 그림을 보기 전에, **관심사 분리**를 이해하기 위한 열쇠가 되는 **응집도**, **결합도**, **의존성**이라는 세 가지 성질에 대해 우선 설명하겠습니다.

응집도

응집도란 서로 관련된 구성 요소들이 서로 가까이 뭉쳐 있거나, 관계가 약한 구성 요소가 서로 떨어져 있는 정도를 말합니다. 이를테면 데이터베이스와 잘 통신되는지에 대한 관심은 웹 페이지 UI에 관한 관심과는 관계가 멉니다. 그래서 이런 경우의 구현은 완전히 다른 그룹(패키지 혹은 컴포넌트)에 속하는 것이 보통입니다.

객체지향 프로그래밍에서는 객체가 메서드를 갖게 할 수 있습니다. 이것은 언뜻 보기에 데이터와 관련된 처리를 쉽게 수집해서 응집도를 높이는 데 도움이 되는 것처럼 보입니다. 하지만 필요할 때마다 수시로 객체에 메서드를 추가하는 방식은 오히려 응집도를 낮추기도 합니다.

예를 들어 시스템의 모든 요소를 담당하는 사용자(User) 클래스를 만든다고 가정해 보겠습니다. 이런 경우 사용자 클래스가 시스템의 다른 요소에 대한 조작 권한을 가지는 형태가 되어 오히려 응집도를 낮추는 결과가 되어 버립니다.

물론 모든 요소를 담당하는 이러한 사용자 클래스는 현실에 잘 없는 극단적인 예일 수 있습니다. 하지만 의외로 응집도를 낮추는 이러한 메서드는 소스 코드 곳곳에서 많이 발견됩니다. 아무 관계도 없는 메서드가 같은 모듈 안에 뒤섞이거나 밀접한 관계를 맺은 메서드를 다른 모듈에서 작성해 버리는 경우가 많습니다.

결합도

응집도를 고려하여 그룹을 잘 나눴다고 하더라도 또 다른 요인에 따라 그룹들이 얽히는 경우가 있습니다. 이런 경우에는 보통 응집도보다는 **결합도**가 높아져 문제가 발생하는 경우가 많습니다.

그룹들이 얽혀 있으면 서로 간에 영향을 많이 주고받으므로, 의미 있는 응집도를 제대로 구현하려면 먼저 결합할 포인트를 제한해야 합니다.

흔히 **느슨한 결합**(loosely coupled)과 **강한 결합**(tightly coupled)이라고 표현하는 개념이 그것입니다. 느슨한 결합은 코드를 변경하지 않아도 연결된 대상을 바꿀 수 있으며, 강한 결합은 코드를 직접 변경해야 연결된 대상을 바꿀 수 있습니다. 결국 어떤 부분을 약하게 결합하고 어떤 부분을 강하게 결합해야 할지를 적절히 구분해 작성하는 것이 중요합니다.

의존성

의존성이란 하나의 구성 요소가 다른 구성 요소에 기대서 동작하는 관계를 의미합니다. 예를 들어 모듈 A, B가 있다고 가정합니다. 모듈 A는 모듈 B가 필요하지만, 모듈 B는 모듈 A가 필요하지 않을 때 A가 B에 의존한다고 합니다. 모듈 간의 관계에 있어서 **의존의 방향**은 매우 중요합니다.

그룹을 잘 나눠서 모듈을 구성했다고 하더라도 의존하는 모듈을 변경하면 여기에 의존하고 있던 모듈이 제대로 동작하지 않을 수도 있기 때문입니다. 이처럼 자주 변화하는 모듈에 의존하다 보면 아무것도 하지 않았는데도 프로그램 오류가 자주 발생하게 됩니다.

특히 여러 곳에서 의존하는 모듈의 경우 그 코드가 어디에서 얼마만큼 쓰이고 있는지 파악하기 어렵습니다. 이렇게 의존성이 큰 모듈을 수정하게 되면 그 여파가 생각보다 큽니다. 어디서부터 어디까지 수정해야 할지 파악조차 힘든 경우가 많기 때문입니다.

의존성으로 인한 최악의 상황은 통제할 수 없는 외부에서 변경되는 경우입니다. 이를테면 외부 솔루션이나 라이브러리 등이 기능 추가나 보안 등의 이유로 업데이트되는 경우입니다. 이때 자사의 비즈니스 요구와는 관계없이 프로그램을 수정해야 하는 상황이 생깁니다.

결국 의존성에 따른 피해를 최소화하는 방향으로 아키텍처를 설계하는 것이 중요합니다. 이를테면 아키텍처 설계에서 강한 결합은 피하고 느슨한 결합을 중심으로 구현할 때 인터페이스 등으로 소통하면 코드의 변경에도 영향을 받지 않는 유연한 구조가 될 수 있습니다.

3.2.2 전형적인 클린 아키텍처의 예

이제 네 개의 동심원(그림 3-2)에 관해서 설명하겠습니다.

각각의 원을 설명하기에 앞서 살펴봐야 할 부분은 원의 안쪽으로 향하고 있는 화살표의 방향입니다. 이것은 계층 간 의존 방향을 나타내는 것으로 바깥쪽은 안쪽의 것이 필요하지만, 안쪽에서는 바깥쪽의 것이 필요하지 않습니다. 이러한 관계에서 안쪽과 바깥쪽에 각각 어떤 관심사를 위치시키는 것이 클린 아키텍처의 전형적인 예인지 알아보겠습니다.

▼ 그림 3-2 클린 아키텍처의 그림

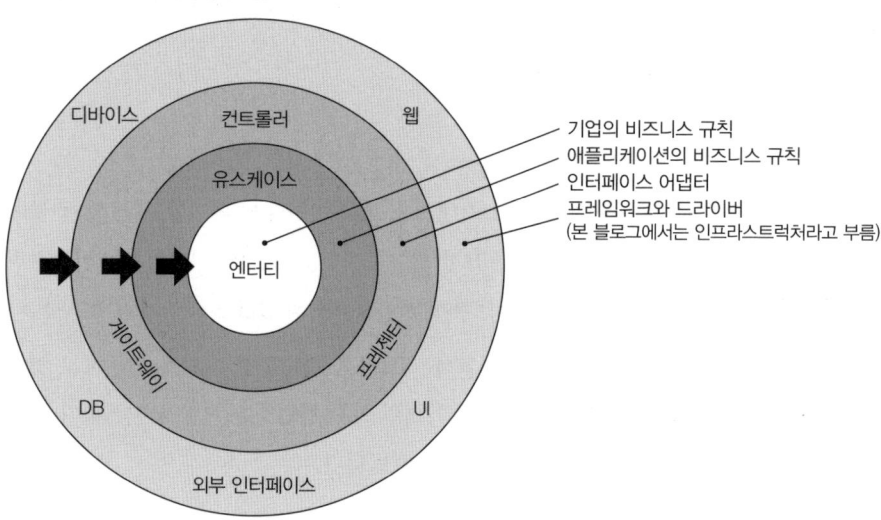

엔터티

엔터티는 클린 아키텍처 다이어그램의 가장 안쪽에 있습니다. 〈도메인 주도 설계〉에서는 이것을 도메인 계층이라고 하였으며, 마틴 파울러는 〈PofEAA〉에서 이를 도메인 모델이라고 불렀습니다. 당시 파울러의 도메인 모델은 소박한(naïve) 객체지향을 가리키는 용어였지만, 현재 DDD에서는 함수형 프로그래밍 언어까지도 포함하고 있습니다.

엔터티라고 하면 흔히 데이터베이스에서 사용하는 엔터티를 생각할 수 있습니다. 하지만 여기서 말하는 엔터티란 철학의 존재론(ontology)에서 말하는 '실재'처럼 그 자체로 존재하는 것이라고 이해하면 좋겠습니다. 단순한 데이터로서의 개체가 아니라 '사용자(User)'처럼 그 자체의 존재로 의미 있는 하나의 요소입니다.

이 계층에서는 애플리케이션의 실행 환경을 고려하지 않고, 단지 모델링 대상에 초점을 맞추고 프로그래밍 언어를 사용합니다. 객체지향 언어든, 함수형 프로그래밍 언어든 현실의 문제를 모델링하고 시스템으로 구현할 수 있다면 무엇이든 상관없습니다. 도메인의 고유한 콘셉트에 충실하게 설계하는지가 가장 중요합니다.

엔터티로 표현하는 것은 상품의 수량과 가격을 곱하는 계산을 위한 단순한 데이터 구조만을 의미하는 것이 아닙니다. 애플리케이션 안에서 항상 같은 의미를 가지는 존재들을 구조화하고 정리하는 것이 엔터티의 본질입니다.

애플리케이션 문맥 내의 다른 모든 요소들은 이 엔터티에 의존합니다.

유스케이스

사용자가 사용할 수 있는 응용 프로그램의 기능들은 대부분 **유스케이스**에 해당합니다. 엔터티를 다루기 위한 업무 로직의 대부분은 유스케이스 계층에서 구현됩니다.

유스케이스는 업무 로직을 사용하기 위한 흐름이고, 엔터티는 업무 로직을 담고 있는 객체입니다. 그래서 유스케이스가 엔터티 코드에 영향을 미쳐서는 안 되며 엔터티에 의존되는 방향으로 설계되어야 합니다. 이것은 DDD나 클린 아키텍처에 있어서 중요한 의존 규칙입니다.

하지만 이것은 어디까지나 이상적인 목표일 뿐이며 처음부터 완벽한 엔터티를 구성하기는 어렵습니다. 현실적으로는 테스트 주도 개발에서의 테스트 케이스처럼, 유스케이스를 통해 엔터티를 시험해 봅니다. 이를테면 특별한 로직을 엔터티에서 분리하거나 공통된 부분을 엔터티에 포함해 가면서 모델을 점점 개선합니다.

유스케이스는 도메인에 대한 작업을 표현하는 코드로 시스템의 내부 구현에 영향을 받지 않게 분리합니다. 어떤 데이터베이스를 사용하는지, 어떤 화면을 그릴 것인지 등은 애초에 추상화를 통해 분리합니다.

엔터티나 유스케이스를 만들 때 업무 로직에만 집중할 수 있도록 데이터베이스나 사용자 화면 등과 같은 세부 코드는 작성하지 않습니다. 이렇게 하면 리팩터링하듯이, 부담 없이 수정과 테스트를 반복할 수 있습니다. 만약 이렇게 논리적으로 분리하지 않으면 다른 업무 로직에 영향을 미치는 것이 부담스러워서 수정하기가 조심스러워집니다.

인터페이스 어댑터

세 번째 계층에는 컨트롤러, 프레젠터, 게이트웨이 등과 같은 애플리케이션 구축과 관련된 요소들이 있습니다. 이 계층의 주요 역할은 비즈니스 중심으로 작성된 모델을 컴퓨터 시스템이 처리할 수 있는 형태의 모델로 바꾸는 것입니다.

인터페이스 어댑터 계층(Interface Adapter Layer)이라고 이름 붙여진 이유는 관심사를 변환하는 중요한 포인트이기 때문입니다. 인터페이스 어댑터 계층은 엔터티와 유스케이스 같은 업무 로직은 물론 화면, 데이터베이스와 같은 시스템 정보도 가지고 있습니다. 순수한 업무 로직과 컴퓨터 시스템을 연결하는 변환기와 같은 역할을 합니다.

업무 로직의 상태 변화는 RDBMS에 데이터로 동기화됩니다. SQL 쿼리 엔터티를 가져오기 위해 변환하는 것도 이 계층에서 일어납니다. 유스케이스 계층에서의 트랜잭션 처리는 논리적인 업무 로직을 의미하지만, 인터페이스 어댑터에서는 데이터베이스를 분산 혹은 병렬 처리하는 임무를 수행합니다.

사용자 인터페이스(User Interface, UI) 화면을 풍부하게 표현하기에 적합한 모델로 변환하고, 핵심 업무 로직을 단순하게 처리하는 역할을 수행합니다. 즉, 사용자 화면과 업무 로직에 대한 이해를 바탕으로 변환을 수행하고 HTTP 송수신 등의 방식으로 상호 연결해 줍니다.

다만 인터페이스 어댑터는 어디까지나 변환하는 역할을 수행할 뿐 실체하는 기능이 아니므로 구체적인 HTML을 출력하거나 데이터베이스와 직접 통신하지는 않습니다. 특히 세부적인 기술과 관련된 부분은 라이브러리의 업데이트 등과 같이 사용자의 요구와 관계없이 수정해야 할 때도 생깁니다. 그래서 인터페이스 어댑터 계층은 외부 기술 환경의 변화에 영향을 받지 않도록 추상화 수준으로 격리해서 안정적으로 운영해야 합니다.

인프라스트럭처

〈클린 아키텍처〉 원문에는 '프레임워크와 드라이버'로 되어 있지만, 의미가 조금 제한적으로 느껴질 수 있으므로 이제부터는 DDD 용어를 빌려 **인프라스트럭처**라고 부르기로 하겠습니다. 오해를 불러일으키기 쉬운 계층이니 주의해서 봐야 합니다.

기술적인 부분을 대부분 담당하는 것이 인프라스트럭처 계층입니다. 인터페이스 어댑터에서 추상화된 기술적인 지식과 표현은 인프라스트럭처 계층에서 구체화됩니다. 인프라스트럭처에서 다루는 주된 내용은 프레임워크, 라이브러리, 도구 상자, SDK 등과 같은 컴퓨터 시스템과 관련된 부분입니다.

주의해야 할 것은 인프라스트럭처가 데이터베이스나 Web-UI 프레임워크 자체는 아니라는 점입니다. 원문에는 '이 계층에는 많은 것을 작성하지 않는다'고 되어 있습니다. 바로 이 부분에 중요한 단서가 있습니다. 데이터베이스나 웹 프레임워크 자체는 상당히 많은 코드로 이루어져 있지만, 인프라스트럭처 계층은 단지 이러한 시스템 자체를 외부와 연결하는 역할을 한다는 의미입니다.

오늘날 대부분의 소프트웨어 개발에는 수많은 서드파티 제품과 외부 서비스가 이용됩니다. 이런 제품들은 개발자가 만들고자 하는 것과는 전혀 다른 각각의 도메인 모델을 가지고 있습니다. 인프라스트럭처 계층에서 다루는 코드는 외부 시스템과의 연결과 변환에 대한 구현입니다. '많은 것을 작성하지 않는다'고 하는 것은 인프라스트럭처 계층에는 애플리케이션의 본질에 관련되는 중요한 로직을 쓸 필요가 없다는 것입니다.

인터페이스 어댑터 계층이 애플리케이션 내부의 의미 수준을 변환하는 역할이라면, 인프라스트럭처 계층은 애플리케이션 외부와의 기술적 수준을 변환하는 역할이라고 할 수 있습니다. 인프라스트럭처는 인터페이스 어댑터 계층에서 추상화한 기술적 구현에 대해 외부 라이브러리를 이용하여 구현하는 것입니다.

인프라스트럭처는 애플리케이션의 기술적 추상화와 외부 시스템 양쪽에 모두 의존하는 가장 낮은 의존 계층입니다. 인프라스트럭처 계층의 변경은 자체적으로 흡수하고, 내부의 업무 로직 등에는 어떠한 영향도 미치지 않도록 설계해야 합니다.

어디까지나 이것은 하나의 예

다시 한번 강조하지만, 클린 아키텍처라는 게 위에서 설명한 구조대로 따라 하라는 의미는 아닙니다. 책에서 네 개의 동심원을 예로 든 것은 어디까지나 '일반적인 패턴' 중 하나를 제시한 것에 지나지 않습니다. 이대로 똑같이 구현하지 않았다고 해서 '이건 클린 아키텍처가 아니다'라고 말하는 것은 잘못된 생각입니다.

클린 아키텍처의 네 개의 동심원 그림에서 우리가 생각해야 할 중요한 포인트는 다음 두 가지입니다.

- 외부 계층에 의존하지 않음으로써 어떤 이점을 얻을 수 있을까?
- 바깥에서 안쪽으로 의존성이 향하도록 어떻게 제어할 것인가?

계층으로 나누는 것만 보면 어니언 아키텍처(onion architecture)와 비슷하고, 바깥에서 안쪽으로 향하는 의존 방향만 보면 헥사고날 아키텍처(hexagonal architecture)와 비슷합니다. 단순히 이런 규칙만 놓고 본다면 굳이 클린 아키텍처라는 새로운 이름을 사용할 필요 없이 기존의 아키텍처 이름을 그대로 사용하는 것이 낫다고 생각할 수도 있습니다.

하지만 클린 아키텍처라는 것은 '당신이 여기에서 느낀 것으로 당신의 제품에 어떤 아키텍처를 적용할 생각입니까?'라고 하는 방향성만을 나타냅니다. 즉 '아키텍처의 아키텍처'와 같은 메타적인 느낌의 용어라고 할 수 있습니다.

계층을 나누는 것보다는 책임을 분리하는 것

클린 아키텍처 자체는 '계층 간 의존 방향이 내부를 향하도록 한다'라고 하는 간단한 콘셉트로 되어 있습니다. 한편, 〈클린 아키텍처〉에서는 프로젝트의 폴더 구조를 DB나 프레임워크 등과 같은 기술을 기준으로 구분하는 것을 강하게 비판하고 있습니다.

클린 아키텍처가 표현하는 네 개의 계층은 어디까지나 계층 간 특징을 구분한 것일 뿐, 계층 이름과 똑같이 네 개의 폴더를 만들라는 의미는 아닙니다. 이것은 앞서 소개한 '누구나 똑같은 프레임워크를 사용하고 있는 업계의 풍자'와 다를 게 없습니다. 특히 로버트 C. 마틴은 '프로젝트 루트에 Model, View, Controller 폴더를 똑같이 만들어서 애플리케이션 코드를 만들어 버리면 무엇을 하는 프로젝트인지 알 수가 없다'라고 했습니다.

책에서는 '아키텍처는 뭐라고 소리치고 있는가?'라는 문장을 사용했습니다. 이것은 '아키텍처 자체만으로 무엇을 하는 시스템인지 알 수 있어야 한다'라는 의미로 정해진 기준도 없이, 그저 계층 기준으로 폴더를 나누는 것을 지적했습니다. 무작정 따라 하기보다는 그 프로젝트가 어떤 애플리케이션을 만들고자 하는지 한눈에 알 수 있는 구조로 폴더를 나누는 것이 더욱 중요합니다.

한편 결합에 관해서는 수평과 수직 모두를 고려해야 합니다. 클린 아키텍처에 따르면 수평 방향의 결합보다 수직 방향의 결합을 다루는 것이 훨씬 수월합니다. 수직 방향의 의존에는 명확한 지침이 주어지기 때문입니다. 그러므로 가능하면 수평 방향에 관해서는 불필요한 결합을 피하는 것이 좋습니다.

〈클린 아키텍처〉에서 종합적으로 이야기된 내용을 극단적으로 요약하면 '수평 방향과 수직 방향 모두 책임의 분리가 중요'하다고 말할 수 있습니다.

3.2.3 SOLID 원칙의 요점 파악하기

2000년~2002년경 정리된 SOLID 원칙의 내용에는 단 다섯 개의 현실적인 원칙(표 3-1)만이 포함되어 있습니다. 객체지향 프로그래밍에서 말하는 설계의 일반 원칙이자, 객체지향 프로그래밍이 보급된 이후의 다양한 방법론에도 공통으로 적용되는 내용입니다.

〈클린 아키텍처〉에서도 SOLID 원칙을 중점적으로 다루고 있습니다. 여기에서는 클린 아키텍처와 특히 관련이 깊다고 생각되는 두 가지 원칙(단일 책임 원칙, 의존 역전 원칙)을 샘플 코드를 기반으로 설명하겠습니다.

▼ 표 3-1 SOLID 원칙

원칙	내용
단일 책임 원칙(SRP)	모듈을 설계할 때는 모듈과 책임을 1:1로 한다.
개방-폐쇄 원칙(OCP)	기존 코드의 수정 없이도 기능을 확장할 수 있게 한다.
리스코프 치환 원칙(LSP)	모듈을 교체해도 완전한 호환성을 가지게 한다.
인터페이스 분리 원칙(ISP)	사용자가 의존하는 인터페이스는 최소화한다.
의존 역전 원칙(DIP)	제어 흐름과 의존 방향이 서로 바뀌는 것은 정상적인 것으로 이해한다.

단일 책임 원칙

단일 책임 원칙(SRP, Single Responsibility Principle)은 더 이상 분할할 수 없을 정도의 최소 책임 단위와 하나의 모듈을 정확히 일치시켜야 한다는 원칙입니다. 한 모듈에 몇 개의 책임이 있으면 안 되며, 한 책임이 여러 모듈에 나뉘어 있어서도 안 됩니다.

예를 들어 제품 판매 시스템에 관한 유스케이스를 생각해 보겠습니다. 제조사는 제품을 입고하고, 판매할 때는 다시 재고에서 꺼냅니다. 재고를 관리하는 유스케이스 객체를 코드 3-1과 같이 설계하는 것은 단일 책임 원칙을 따르고 있다고 볼 수 있을까요?

코드 3-1 단일 책임 원칙을 따르고 있는지 의심스러운 설계

```
package usecase;
import entity.Product;
public class ProductStockManager {
    // 제품을 입고하는 메서드
    public void stock(Product p, int amount) { ...생략... }
    // 재고에 있는 제품을 판매하기 위한 메서드를 추가
    public void sell(Product p) { ...생략... }
}
```

입고(stock)와 판매(sell) 처리가 같은 데이터베이스의 테이블을 사용한다는 점에 주목한다면, 모듈이 해야 하는 책임의 범위는 CRUD와 같은 데이터 처리로 한정지을 수 있습니다. 그렇게 되면 두 기능을 분리할지 여부는 유스케이스 단계에서 고민할 문제가 아닙니다. 데이터베이스를 조작하는 것은 업무 로직을 구현하기 위한 수단일 뿐이기 때문입니다.

유스케이스에서 책임 단위를 나누는 기준은 누가 언제, 어떤 업무를 수행하는지입니다. 실제 개발에서도 팀마다 어떤 단계를 구현할지에 대한 시점이 다르므로 독립적인 모듈 단위로 나누는 것이 좋습니다.

〈클린 아키텍처〉의 후반부에서 패키지 분할은 entity나 usecase 같은 계층 중심의 수직축보다는 stock이나 sales 같은 기능 중심의 수평축으로 나누는 것이 응집도를 높이는 데 좋다고 설명합니다.

코드 3-2에서는 재고 관리를 위한 ProductStockManager와 판매를 위한 ProductSales를 분리하였습니다. 이렇게 함으로써, 이것이 무엇을 하는 시스템인지를 프로젝트의 폴더 구조만 봐도 알 수 있게 구분하였습니다.

코드 3-2 단일 책임 원칙으로서 타당한 유스케이스 설계

```
package stock;

import product.Product;

public class ProductStockManager {
    public void stock(Product p, int amount) { ...생략... }
    // 재고에서 꺼내는 처리만
    public Product pickOne(string name) { ...생략... }
}
```

```
package sales;

import product.Product;

public class ProductSales {
// 재고 관리와 관계없는 판매 처리
    public void sell(Product p) { ...생략... }
}
```

UNIX 철학에도 단일 책임 원칙과 같이 '한 가지를 잘하라'는 말이 있습니다. 불필요한 기능이 많은 모듈이나 하나의 기능도 제대로 수행을 못 하는 모듈은 재사용하기 힘들어서 처음의 특정한 용도로밖에 사용할 수 없습니다.

책임의 경계가 명확하지 않으면 모듈의 재사용도 어려울 뿐만 아니라 개발 자체도 어려워집니다. 콘웨이의 법칙(Conway's law)은 소프트웨어의 구조와 그것을 만드는 조직의 구조를 반영한다고 말

하는데, 여기서 시사하듯 여러 단계로 나누어 개발할 때는 명확하게 구분할 수 있는 구조로 설계하는 것이 매우 중요합니다. 이렇게 단일 책임을 기준으로 구분한다는 원칙은 구조적 접근법을 적용한다고 하더라도 달라질 게 없는 보편적인 원리입니다.

의존 역전 원칙

의존 역전 원칙(DIP, Dependency Inversion Principle)은 서로 강하게 얽히지 않은 느슨한 결합을 만들 때 '제어 흐름의 방향'과 '의존 방향'이 반대가 되는 것을 의미합니다. 구체적으로는 상위 계층이 하위 계층을 호출하지만, 반대로 하위 계층이 상위 계층에 의존하는 형태입니다. 클린 아키텍처의 계층 사이는 대부분 이러한 의존 관계를 맺습니다.

모듈의 기능을 사용하면 그 모듈에 의존하게 된다는 것은 직관적으로 이해할 수 있는 관계입니다. 예를 들면 날짜를 계산하고 싶은 경우에는 캘린더(Calendar) 객체를 호출해 사용하는데, 이런 관계는 '강한 결합'이라고 할 수 있습니다.

'느슨한 결합으로 한다'라는 것은 이런 직관적인 의존 관계와는 달리, 구체적인 기능의 구현을 의식하지 않는 의존 관계를 만든다는 의미입니다. 이를테면 구체적인 기능이 어떻게 동작하는지 모르더라도 인터페이스에 의존하면서 추상 메서드를 호출하는 것만으로도 원하는 동작을 수행할 수 있습니다.

계층을 넘어서 발생하는 이러한 관계는 호출을 당하는 쪽이 오히려 호출하는 쪽에 의존하게 되는 의존 관계의 역전 현상이 발생하게 됩니다.

다시 재고 관리 유스케이스로 돌아가서 '제품을 꺼내서 재고를 줄인다'라고 하는 로직을 추가하려고 합니다. 이것을 구현하려면 제품명 등을 사용해 재고 정보를 가져와야 합니다. 코드 3-3과 같이 데이터베이스에서 데이터를 가져오는 게이트웨이(gateway)를 만들고, 유스케이스에서 이용하는 형태로 만들어 보면 어떨까요?

코드 3-3 의존과 제어의 방향이 동일한 결합

```
package db;

import stock.ProductStock;

public class ProductStockDataGateway {
    public ProductStock findOne(String name) {
        // 데이터를 기반으로 재고 정보 객체를 반환한다
    }
```

```
        // 그밖에 이런저런 방법
}
```

```
package stock;

import product.Product;
import db.ProductStockDataGateway;
// 방향이 이상하게 기술 쪽에 의존하고 있다

}
public class ProductPickUp {
    private ProductStockDataGateway dataGateway;
    public Product pickOne(String name) {
        ProductStock stock = dataGateway.findOne(name);
        stock.decrement();
        return stock.getProduct();
    }
}
```

이렇게 구현하면 도메인 로직인 유스케이스가 데이터 게이트웨이라는 기술에 의존하게 됩니다. 하지만 이런 구조에서는 db와 stock 패키지 간에 서로를 의존하는 순환 참조(circular dependency)에 빠져 버립니다. 이것은 나눠진 패키지들이 서로 영향을 미치면서 사실상 하나의 거대한 코드 집합인 모놀리스 구조처럼 되어 버립니다.

이 문제를 해결하기 위해서 느슨한 결합으로 인터페이스에 의존하게 합니다(코드 3-4). 그리고 이 인터페이스에 리포지터리라는 추상 개념을 부여합니다. 리포지터리는 안에 뭐가 있는지 알 수는 없지만 뭔가 객체를 꺼낼 수 있는 일종의 저장소라고 생각하면 됩니다.

코드 3-4 의존 역전 원칙에 따른 추상화

```
package stock;

import product.Product;

public interface IProductStockPickingRepository {
    public ProductStock findToPickUp(string name);
}

public class ProductStockManager {
    private IProductStockPickingRepository repo;
```

```java
    public Product pickOne(String name) {
        ProductStock stock = repo.findToPickUp(name);
        // 이하 동일
    }
}
```

```java
package datamapper;

import stock.ProductStock;
Import stock.IProductStockPickingRepository;
// 의존성이 여기로 이동

public class ProductStockRepositoryImpl implements
    IProductStockPickingRepository
    // 다른 유스케이스용 인터페이스도 겸할 수 있다
{
    public ProductStock findToPickUp(String name) {
        // ORM을 사용해 데이터를 객체에 매핑한다
    }

    // 다른 유스케이스를 위한 메서드도 구현할 수 있다
}
```

코드 3-4의 IProductStockPickingRepository는 정말 작은 인터페이스로 유스케이스에 명명된 메서드 하나만 가지고 있습니다. 유스케이스를 구현할 때는 이 인터페이스만 사용하고 있습니다. ProductStockRepositoryImpl에서는 일방적으로 유스케이스 인터페이스에 의존하게 되었습니다.

이 코드는 인터페이스 분리 원칙(ISP)을 잘 보여 주는 예제입니다. 원래 데이터 조회 메서드들이 한곳에 모여 있는 구조였지만, 지금은 필요에 따른 유스케이스로 각각 구현할 수 있게 되었습니다. 물론 기술적인 이유 등으로 같은 데이터베이스의 테이블을 사용하는 메서드들을 하나의 리포지터리에 모을 수도 있습니다. 하지만 유스케이스 입장에서는 리포지터리가 작고 가벼운 메서드만을 가진 객체처럼 보입니다.

의존 방향을 역으로 할 수 있다는 점은 객체지향 프로그램의 오랜 역사 속에서도 변하지 않은 일관된 특성 중 하나입니다. 어떻게 보면 의존 역전 원칙은 객체지향 프로그래밍 그 자체라고 해도 과언이 아닙니다. 이런 점에서 보면 클린 아키텍처도 이러한 원칙에 대한 하나의 예시에 불과하다고 말할 수 있을 것입니다.

로버트 C. 마틴은 그의 저서 〈클린 아키텍처〉에서 '객체지향이란 결국 보통의 개발자가 사용하는 함수 포인터일 뿐이다'라고 말합니다. 다소 극단적인 표현일 수 있지만, 의존 방향을 제어하는 것에 집중한다면 이해가 됩니다. 그 이유는 의존성이 가리키는 방향을 제어하는 것이 클린 아키텍처의 핵심 중 하나이기 때문입니다.

3.2.4 테스트 용이성의 확보

단순한 테스트의 이점

단일 책임 원칙을 지키게 되면 단위 테스트가 단순해집니다. 그리고 의존 역전 원칙을 지키게 되면 구현체의 완성 없이도 목업(mockup) 형태의 테스트가 가능합니다. 이렇게 클린 아키텍처는 테스트 용이성을 확보하는 데도 많은 도움이 됩니다.

엔터티와 유스케이스 계층은 화면이나 데이터베이스 등 기술적인 부분을 염두에 두지 않고도 핵심 로직을 테스트할 수 있습니다. 마찬가지로 인터페이스 어댑터 계층에서도 인프라스트럭처 없이 테스트할 수 있습니다.

애플리케이션 전체에 대한 실행 환경이 없어도 코드 일부만 테스트해 정확성을 검증할 수 있다는 것은 설계 품질에 큰 영향을 미칩니다. 개별 함수나 메서드 등과 같은 작은 단위의 소스 코드를 반복적으로 테스트하여 사소한 실수를 줄이다 보면 마지막에는 전체적으로 잘 동작하는 소프트웨어를 만들 수 있습니다. 이것이 바로 지속적 통합이 추구하는 목표입니다.

모델링이 주는 가치

엔터티와 유스케이스를 단순한 로직으로 테스트할 수 있다는 것은 DDD 측면에서도 매우 고마운 일입니다. 복잡한 알고리즘을 고객에게 설명할 수는 없기 때문입니다. 고객에게 설명할 수 있는 로직이란 테스트 케이스와 같이 차례대로 진행되는 절차 정도입니다.

테스트 주도 개발은 반복적인 단위 테스트를 중심으로 하는 프로그래밍 기법입니다. 따라서 복잡한 프레임워크 설정 등에 의존하지 않아도 됩니다. 반복적인 단위 테스트가 가능하다는 것은 테스트 주도 개발에서도 중요한 요소입니다. 오류 발생 시에도 코드를 빠르게 수정할 수 있어 모델을 수정하는 데 부담이 없습니다. 이렇듯 테스트에 드는 불필요한 리소스와 수정에 따라 파생되는 오류에 대한 부담이 없다면 얼마든지 안정적으로 설계할 수 있을 것입니다.

처음에 제대로 설계하지 않으면 그 대가는 결국 기술 부채로 돌아오게 됩니다. 이렇게 되면 기술 계층에서 울며 겨자먹기식으로 구색을 갖춰야 하는 문제가 발생합니다. 하지만 이러한 숨은 노력 역시 또 다른 기술 부채로 돌아와 나중에는 감당하기 힘들어질 것입니다.

3.2.5 아키텍처 설계 사례

현장에서의 클린 아키텍처

그림 3-3은 필자가 PHP의 프레임워크 Symfony를 사용한 경험에서 얻은 저만의 클린 아키텍처를 만들어 본 것입니다.

▼ 그림 3-3 필자가 실무 경험으로 구현한 클린 아키텍처 도식

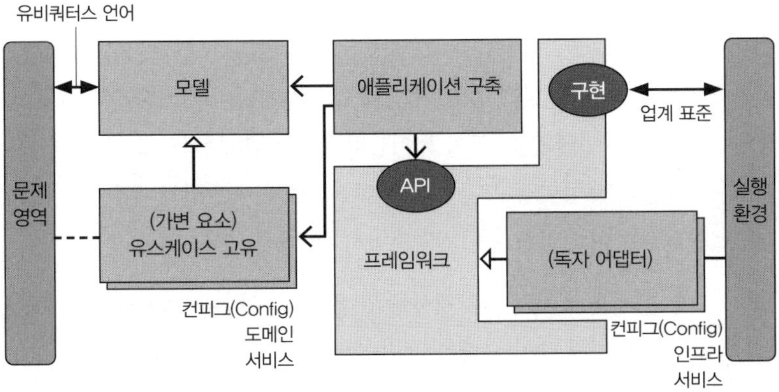

그림 3-3과 같이, 도메인에 해당하는 문제 영역과 모델이 유비쿼터스 언어로 상호작용하고 있습니다. 모델이 '추상적으로만 남겨 둔 부분'을 유스케이스에 특화된 도메인 서비스를 통해 실제로 구현하고 있습니다. 그리고 이러한 도메인 영역은 다른(오른쪽) 영역에 의존하지 않는다는 점이 중요합니다. 이렇게 외부 기술에 의존하지 않는 구조로 설계되어 있어 단위 테스트와 리팩터링을 통해 세 번이나 모델 설계 부분을 수정할 수 있었습니다.

애플리케이션 구현은 왼쪽 영역에 단방향으로 의존하며, 프레임워크의 API에도 의존하고 있습니다. 이렇게 외부 사양에 의존하면 변경하기 힘들지만, 구현체에 의존하는 게 아니라 인터페이스에 의존하는 것이므로 적당히 타협한 괜찮은 구조입니다. Symfony의 API를 클린 아키텍처에서 말하는 '인터페이스 어댑터의 일부'로 간주하기로 합니다.

프레임워크의 구현 일부분은 PHP 내장 함수, HTML, SQL 등과 같은 표준 기술을 통해 오른쪽 실행 환경과 연결되어 있습니다. 기존의 라이브러리들도 재사용할 수 있어서 직접 인프라를 구현

할 필요가 없습니다. 그리고 프레임워크가 자체적으로 제공하는 추상화 구조에 맞게 필요한 부분을 직접 구현할 수도 있습니다. 이런 의존 관계를 놓고 보면 Symfony가 클린 아키텍처의 인터페이스 어댑터 계층 역할을 일부 한다고 했던 부분도 자연스럽게 설명됩니다.

Symfony는 강력한 의존성 주입(DI, Dependency Injection) 컨테이너를 제공하며 프레임워크 자체도 DI로 구현되어 있습니다. 이것은 도메인 서비스 생성이나 자체 제작한 어댑터를 삽입하는 데 도움이 됩니다.

그림 3-3에는 없지만 데이터베이스와의 연동에는 (PofEAA에서 소개된) DataMapper 타입의 ORM인 Doctrine을 사용하였습니다. DataMapper 패턴에서 데이터베이스와 연결되는 객체는 아무것도 상속하지 않는 클래스입니다. 이것은 클린 아키텍처에서 말하는 엔티티와 같기 때문에 같은 클래스로 처리할 수 있는 부분은 매핑 기능을 이용해 간단히 처리하였습니다.

클린 아키텍처는 하나의 예

아키텍처의 내부를 전부 구현하는 것은 정말 힘든 일입니다. 데이터와 엔티티 사이를 변환하는 반복적인 코드도 많이 작성해야 하므로 그만큼 일도 많이 늘어납니다. 이런 반복적인 코드의 증가는 개발자에게도 부담이 될뿐더러 효율성도 떨어집니다. 어디까지나 개발자가 판단해야 할 몫이겠지만, 이런 경우라면 오히려 잘 만들어진 프레임워크 API를 적절히 활용하는 것도 좋습니다.

그림 3-2를 따라 하는 것이 '클린 아키텍처'라고 생각해서는 안 됩니다. 이대로 적용했을 때 자신의 상황과 잘 맞지 않으면 클린 아키텍처에 대한 오해가 생길 수도 있기 때문입니다. 필자가 설명한 것도 하나의 예시일 뿐, 자신의 프로젝트 상황에 맞게 유연하게 적용하는 것이 중요합니다.

필자의 경우 외부의 영향을 절대로 받지 않는 순수한 영역은 왼쪽 절반뿐이었습니다. 그 덕분에 테스트 주도 개발(TDD)을 유연하게 할 수 있었습니다. 만약 그런 순수한 단위 테스트가 없었더라면 도메인 모델을 제대로 설계하지도 못한 채 오른쪽에 있는 화면이나 데이터베이스 등을 성급하게 구축해야 했을지도 모릅니다.

3.2.6 마무리

단순하게 Ruby on Rails 방식을 부정하기 위한 방편으로 클린 아키텍처를 적용하는 것은 옳지 않습니다. 깃허브나 트위터(Twitter)도, Ruby on Rails가 있었기에 나올 수 있었습니다. 단순히 어떤 것이 좋고, 어떤 것이 나쁜가의 문제가 아닙니다. 개발 도구든 개발 방법론이든 어떤 환경에서 어떻게 적용했을 때 이익이 되는지를 고려해 판단하는 것이 중요합니다.

간단한 CRUD가 목적일 때는 최소의 코드양으로 동작하는 소프트웨어를 개발할 수 있는 기존 프레임워크를 사용하는 것이 훨씬 편합니다. 하지만 독자적 흐름을 가지는 애플리케이션이나 웹 API를 만들 때는 그렇지도 않습니다. 클린 아키텍처에 익숙해지면 초보자용 프레임워크를 사용하는 방법을 배우는 것보다 쉬워집니다.

클린 아키텍처는 기존의 거대하고 무거운 아키텍처 제품과 비교하면 상대적으로 유연하고 부담 없습니다. 어느 부분에 이것을 적용하고 활용할지는 자유입니다. 다만, 처음부터 거창하게 접근하기보다는 이해를 바탕으로 '이렇게 해보면 편하겠지' 하는 가벼운 마음으로 활용하게 되면 나중에는 자연스럽게 그 진가를 느끼게 될 것입니다.

3.3 소스 코드로 이해하기: 전형적인 시나리오에서 클린 아키텍처의 핵심을 도출하자

DOMAIN DRIVEN DESIGN

클린 아키텍처에는 전형적인 시나리오가 있습니다. 이번 절에서는 그 시나리오를 기반으로 클린 아키텍처의 본질을 파악해 보겠습니다.

3.3.1 전형적인 시나리오

무언가를 깊이 있게 이해하기 위해서는 추상적인 것과 구체적인 것을 같이 생각하는 것이 중요합니다. 지금까지는 클린 아키텍처의 추상적인 측면을 다루었다면 이제부터는 구체적인 예시를 통해 확인해 보겠습니다.

클린 아키텍처는 특정한 구현 패턴을 지칭하고 있는 것이 아닙니다. 〈클린 아키텍처〉의 22장에서는 전형적인 시나리오를 그림 3-4와 같이 제시하고 있습니다.

▼ 그림 3-4 전형적인 시나리오

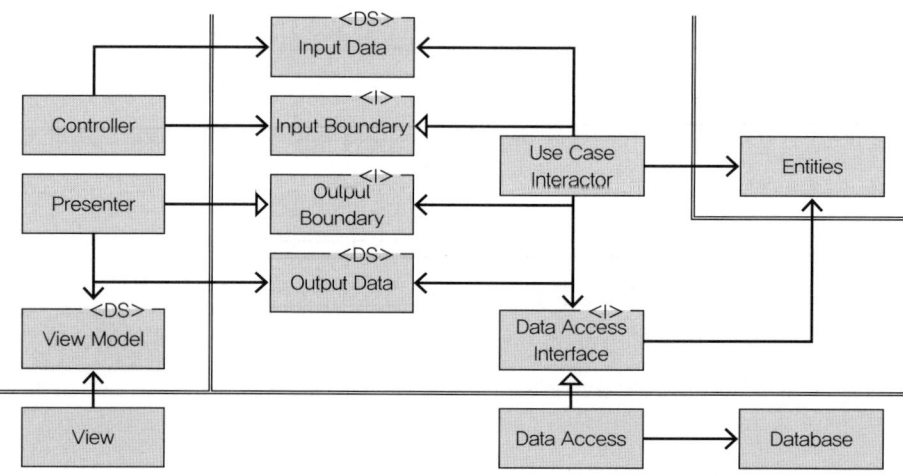

※ 〈클린 아키텍처〉의 그림 22-2를 기초로 작성

Controller나 Presenter 등은 특정 역할을 맡은 객체입니다. 이번 절에서는 이 시나리오에 따른 구현 과정을 확인하고, 클린 아키텍처의 본질을 구체적으로 파악해 보겠습니다. 덧붙여 여기서 제시하는 샘플 코드는 자바이며 프레임워크는 스프링 웹(Spring Web)을 이용합니다.[6]

화살표의 모양과 의미

그림 3-4의 화살표는 의존을 나타내며 화살표 끝에 있는 객체가 없으면 성립되지 않는다는 의미입니다.

화살표는 일반 화살표와 끝이 흰색인 화살표로 나누어져 있는 것을 알 수 있습니다. 이 두 가지의 화살표들은 각각 다른 의미가 있습니다.

일반 화살표는 참조를 의미합니다. 변수로 이용하거나 반환값으로 하거나 다양한 형태로 객체를 참조합니다.

끝이 흰색인 화살표는 일반화를 의미합니다. 인터페이스와 그 구현 클래스의 관계 등을 가리킵니다.

제어 흐름 확인하기

다음과 같은 순서로 전형적인 시나리오의 제어 흐름을 확인해 보겠습니다.

---

[6] 지면의 사정상 모든 코드를 다 작성할 수는 없어 코드 일부는 생략했습니다. 전체 코드를 확인하고 싶다면 다음 URL을 참고하십시오.
URL https://github.com/nrslib/gihyo_software_design_clean_architecture_sample

1. Controller가 사용자의 입력을 받아 Input Boundary에 데이터를 넘겨준다.
2. Input Boundary 구현인 Use Case Interactor가 처리를 맡고 Data Access Interface 등을 활용해 목적을 달성하고 처리 결과를 Output Boundary에 넘겨준다.
3. Output Boundary 구현인 Presenter가 처리를 맡아 Output Data에서 View Model 데이터를 생성한다.
4. View가 View Model을 참조해 화면을 표시한다.

계속해서 단계별로 처리하는 내용을 자세히 확인해 보겠습니다.

Controller와 주변 객체

먼저 Controller 구현에는 다음과 같은 객체가 등장합니다.

- Input Data
- Input Boundary
- Controller

그림 3-4의 왼쪽 위에 위치한 객체들로, 각각의 구현에 대해서 살펴보겠습니다.

Input Data 구현 확인하기

사용자 입력은 응용 프로그램이 원하는 형식으로 변환됩니다. Input Data는 애플리케이션에 전달할 데이터이며, 여기서 말하는 애플리케이션은 특정한 목적을 위한 프로그램입니다.

그림 3-4의 Input Data의 오른쪽 위에 적혀 있는 〈DS〉는 자료 구조(Data Structure)로 POJO(Plain Old Java Object)라고 불리는 단순한 클래스로 정의됩니다.

사용자가 조작하는 인터페이스는 다양합니다. 이를테면 웹 애플리케이션의 인터페이스로 사용되는 것은 브라우저입니다. 사용자 입력은 HTTP 형식으로 요청되고 이벤트를 발생시킵니다. 클라이언트 사용자는 마우스나 클릭 등을 통해 GUI를 조작하고 입력을 핸들링합니다. 요즘에는 사람의 음성을 이용한 입력 인터페이스도 있습니다.

이런 인터페이스 하나하나에 애플리케이션이 일일이 대응하는 것은 그다지 바람직한 것은 아닙니다. 그래서 코드 3-5와 같이 통일된 형식의 데이터를 우선 정의합니다.

코드 3-5 Input Data 구현하기

```
public record TypicalCreateInputData(String data) {}
```

이 데이터 타입을 공개함으로써 인터페이스가 통일된 규격의 Input Data로 가공됩니다. 물론 Input Data에 HTTP 세션 정보 등과 같이 특정 인터페이스에서만 사용되는 정부를 포함하는 것은 권장하지 않습니다.

Input Boundary 구현 확인하기

Boundary는 경계를 의미하며, Input Boundary는 인터페이스와 애플리케이션의 경계에 있습니다. 그림 3-1에서는 Use Case Input Port라고 되어 있어 조금 헷갈릴 수 있습니다.

그림 3-4의 Input Boundary 오른쪽 위에 있는 〈I〉는 프로그래밍 언어 기능으로 제공되는 인터페이스를 의미합니다. 따라서 Input Boundary를 구현하면 대략 코드 3-6과 같습니다.

코드 3-6 Input Boundary 구현하기

```
public interface TypicalCreateInputBoundary {
    void handle(TypicalCreateInputData inputData);
}
```

Controller 구현 확인하기

Controller는 MVC(Model-View-Controller)에서의 컨트롤러와 동일한 역할을 합니다. MVC의 컨트롤러는 사용자의 입력값을 애플리케이션을 위해 변환합니다. 따라서 Controller는 사용자가 입력한 데이터를 애플리케이션이 원하는 형태로 변환하여 Input Boundary에 전달하는 것이 주요 역할입니다.

스프링 웹에서는 코드 3-7과 같은 컨트롤러로 정의됩니다.

코드 3-7 Controller 구현하기

```
@RestController @RequestMapping("api/typical")
public class TypicalController {
    private final TypicalCreateInputBoundary createInputBoundary;
    ...생략...
    @PostMapping
    public void post(@RequestBody TypicalPostRequestModel request) {
        var inputData = new TypicalCreateInputData(request.data());
        createInputBoundary.handle(inputData);
```

        }
    }
}

HTTP 요청 데이터인 TypicalPostRequestModel에서는 애플리케이션이 원하는 입력 데이터인 TypicalCreateInputData를 생성해 InputBoundary에 전달합니다.

독자에 따라서는 post 메서드가 void 타입이라는 점에 약간의 의문을 가질 수도 있습니다. 이 부분은 3.3.2에서 자세히 설명하겠습니다.

Use Case Interactor와 주변 객체

Use Case Interactor 구현에는 다음의 객체가 등장합니다.

- Output Data
- Output Boundary
- Entities
- Data Access Interface
- Use Case Interactor

모두 그림 3-4의 Use Case Interactor와 거기에서 뻗어나간 의존 화살표 끝에 있는 객체들입니다.

Output Data 구현 확인하기

응용 프로그램에 대한 출력 데이터가 Output Data이며 사용 목적은 Input Data와 거의 동일합니다.

처리 결과를 확인하기 위한 인터페이스는 다양합니다. CUI의 경우에는 프롬프트이며, GUI의 경우에는 소프트웨어가 제공하는 클라이언트이며, VUI의 경우에는 음성이 하나의 인터페이스입니다. 출력을 인터페이스별로 구분하여 애플리케이션이 각각 대응하는 것은 현실성이 떨어집니다.

Output Data 오른쪽 위에도 〈DS〉가 있습니다. 이것도 Input Data와 마찬가지로 POJO에서 애플리케이션의 Output Data를 정의합니다(코드 3-8).

코드 3-8 Output Data 구현하기

```
public record TypicalCreateOutputData(UUID id, String data, LocalDateTime createdAt) {}
```

Output Boundary 구현 확인하기

Output Boundary는 Input Boundary와 동일한 목적으로 정의합니다. Input Boundary는 입력 인터페이스와 애플리케이션의 경계로 정의되는 반면, Output Boundary는 애플리케이션과 출력 인터페이스의 경계로 정의됩니다.

⟨I⟩가 표시되어 있으므로 Output Boundary는 인터페이스로 구현합니다(코드 3-9).

코드 3-9 Output Boundary 구현하기

```
public interface TypicalCreateOutputBoundary {
    void handle(TypicalCreateOutputData outputData);
}
```

각각의 소프트웨어는 자신에게 맞는 출력 형태로 데이터를 변환하는 인터페이스를 구현하게 됩니다.

Entities 구현 확인하기

Entities는 비즈니스 규칙을 캡슐화한 객체로, 도메인 객체로 불리는 것과 동일한 개념입니다.

예를 들면 에릭 에반스의 〈도메인 주도 설계〉에는 창고와 관련한 예시가 있습니다. 여기서 창고는 화학약품 창고로 다양한 화학약품이 보관되어 있습니다. 화학약품은 폭발할 수 있는 물질이라서 강화된 컨테이너가 필요하다는 조건이 있습니다. 하나의 단순한 예로써, 그러한 규칙 등이 기술되는 객체를 Entities라고 표현합니다.

코드 3-10에서는 컨테이너가 드럼통과 같은 물건을 적재할 수 있는지를 확인합니다. 컨테이너가 드럼통의 크기를 수용할 수 있을 정도의 사양인지 등을 확인할 수 있습니다. 여기서는 아주 단순한 객체를 먼저 정의한 뒤 이것을 비즈니스 규칙을 갖춘 목업처럼 사용하고 있습니다. 이 부분에 대해 자세히 설명하려면 내용이 너무 많고 이 책의 주제와도 거리가 머니, 여기서 마무리하겠습니다.

코드 3-10 Entities에 속하는 객체의 예

```
public class Container {
...생략...
    public boolean hasSpaceFor(Drum aDrum) {
        return remainingSpace() >= aDrum.getSize();
    }
}

    public canAccommodate(Drum aDrum) {
```

```
        return hasSpeceFor(aDrum) // 공간은 문제없을까?
            && aDrum.getContainerSpecification().isSatisfiedBy(this); // 드럼통이 요구하는 컨테이너의 사양에 합치하는가?
    }
}
```

Data Access Interface 구현 확인하기

애플리케이션에서 사용되는 데이터는 대부분 지속적으로 보관합니다. 앞의 Entities에 소속된 객체도 수명주기가 존재한다면 이를 데이터 저장소에 저장하고 읽을 수 있어야 합니다. 시스템에 필요한 저장 처리를 위한 객체가 Data Access Interface입니다.

Data Access Interface에는 다양한 선택 옵션이 있습니다. 대표적인 것은 데이터베이스 접근을 추상화하는 DAO(Data Access Object) 패턴이나 도메인 객체를 주체로 하여 데이터에 접근하는 리포지터리 패턴 등입니다. 코드 3-11에서는 후자를 사용하고 있습니다.

코드 3-11 Data Access Interface 구현하기

```java
public interface SampleRepository {
    void save(Sample sample);
    void find(SampleId sampleId);
}
```

Use Case Interactor

Use Case Interactor는 애플리케이션 사용자의 목적에 따라 다양하며, 다양한 엔터티들을 잘 활용해서 사용자의 목적에 맞는 유스케이스를 실행하는 역할을 수행합니다.

예를 들어 생성된 객체의 수명주기를 시작하고 싶다면 코드 3-12와 같이 처리할 수 있습니다.

코드 3-12 Interactor로 객체의 수명주기 시작하기

```java
public class TypicalCreateInteractor implements TypicalCreateInputBoundary {
    private final SampleRepository sampleRepository;
    private final TypicalCreateOutputBoundary outputPort;
    ...생략...
    @Override
    public void handle(TypicalCreateInputData inputData) {
        var sample = new Sample(new SampleId(), inputData.data());
        sampleRepository.save(sample);
        outputPort.handle(new TypicalCreateOutputData(
            sample.getSampleId().value(),
```

```
            sample.getData()));
    }
}
```

먼저 인수로 전달된 InputData의 파라미터를 이용해 엔터티들로 임시로 정의한 Sample 객체를 인스턴스화합니다. 이때 번호도 같이 부여합니다. 그런 다음 생성한 Sample 객체를 Data Access Interface인 SampleRepository의 save 메서드로 호출해 저장합니다. 구체적인 저장 방법은 여기서 다루지 않겠습니다. 마지막으로 처리 결과를 TypicalCreateOutputData에 담아 TypicalCreateOutputBoundary에 넘겨주는 것으로 마무리하였습니다.

주목할 점은 TypicalCreateInteractor에는 웹을 호출하는 방법이나 데이터베이스에 엔터티를 저장하는 방법은 보이지 않는다는 점입니다. 그러므로 웹이 아닌 다른 인터페이스나 다른 데이터 저장소가 바뀌더라도 TypicalCreateInteractor는 아무런 영향을 받지 않습니다.

Data Access 구현 확인하기

계속해서 Use Case Interactor 주변 객체인 Data Access Interface의 Data Access를 구현하는 방법에 대해서 알아보겠습니다.

코드 3-13 Data Access 구현하기

```java
public class JpaSampleRepository implements SampleRepository {
    private final SampleDataModelJpaRepository jpaRepository;
    ...생략...
    @Override
    public void save(Sample sample) {
        var dataModel = SampleDataModel.builder()
            .id(sample.getSampleId().value())
            .data(sample.getData()).build();
        jpaRepository.save(dataModel);
    }
}
```

코드 3-13은 Data Access Interface인 SampleRepository를 구현한 객체로, 저장 기술로는 JPA(Java Persistence API)를 이용하고 있습니다.

JpaSampleRepository는 RDB를 전제로 하고 있습니다. 따라서 데이터 저장소에 NoSQL의 MongoDB를 이용할 때는 MongoDbSampleRepository와 같은 전용 Data Access를 정의해 사용합니다.

Presenter 구현 확인하기

마지막으로 그림 3-4의 왼쪽 중앙 부분에 있는 Presenter 구현에 대해서 알아보겠습니다.

Presenter는 Output Boundary를 구현하는 형태로 정의합니다. 이번에는 웹을 이용하므로 View Model은 HTTP 방식으로 합니다.

코드 3-14에서는 View Model인 TypicalPostResponseModel에 Output Data의 데이터를 사용하여 필드에 저장하고 있습니다. View Model을 전달받고자 하는 객체는 result 메서드를 호출하여 해당 값을 가져오는 구조입니다.

코드 3-14 Presenter 구현하기

```java
public class TypicalCreatePresenter implements TypicalCreateOutputBoundary {
    private TypicalPostResponseModel viewModel;

    @Override
    public void handle(TypicalCreateOutputData outputData) {
        viewModel = new TypicalPostResponseModel(outputData.id(), outputData.data());
    }

    public TypicalPostResponseModel result() {
        return viewModel;
    }
}
```

HTTP와 같이 해당 요청에 대해 응답을 바로 확인하는 방식에 익숙해져 있으면, 결과를 필드에 따로 저장한 뒤 다시 사용하는 이와 같은 형태가 이상하게 보일 수도 있습니다. 사실 필자도 그렇게 느꼈습니다. 이것에 관해서는 3.3.2에서 다시 설명할 예정이니, 일단은 이 형태로 진행합니다.

DI 컨테이너 설정하기

지금까지는 전형적인 시나리오에 등장하는 객체들이 어떻게 구현되는지를 살펴보았습니다. 객체 안에는 실제 수행을 하는 클래스와 개념만 정의된 인터페이스가 있습니다. 시나리오를 따라가려면 이러한 조합을 적용한 기법을 알고 있어야 합니다.

코드 3-15 샘플 코드의 DI 설정하기

```java
@Configuration
@EnableJpaAuditing
public class ApplicationConfiguration {
```

```
    @Bean
    public TypicalCreateInputBoundary typicalCreateInputBoundary(
        SampleRepository sampleRepository,
        TypicalCreateOutputBoundary typicalCreateOutputBoundary
    ) {
        return new TypicalCreateInteractor(sampleRepository, typicalCreateOutputBoundary);
    }

    @Bean
    TypicalCreateOutputBoundary typicalCreateOutputBoundary(
        TypicalCreatePresenter typicalCreatePresenter
    ) {
        return typicalCreatePresenter;
    }

    @Bean
    SampleRepository sampleRepository(SampleDataModelJpaRepository jpaSampleRepository) {
        return new JpaSampleRepository(jpaSampleRepository);
    }
    ...생략...
}
```

스프링 등과 같은 프레임워크에는 DI 컨테이너가 있습니다. 이것은 객체를 생성할 때 사전에 설정을 해주는 기능으로, 코드 3-15는 예제의 DI를 설정하는 부분입니다.

예를 들어 typicalCreateInputBoundary 메서드는 프레임워크가 있는 객체를 생성할 때 해당 객체가 TypicalCreateInputBoundary를 생성자 인수 등으로 요구할 때는 TypicalCreateInteractor를 생성하여 전달하도록 설정됩니다. 따라서 TypicalController(코드 3-7)의 createInputBoundary 필드에는 TypicalCreateInteractor의 인스턴스가 저장됩니다.

DI 컨테이너를 활용하면 일괄적으로 객체를 생성할 수 있습니다. 객체의 생성과 이용은 별개의 관심사로, 이처럼 DI 컨테이너를 이용하면 관심사를 분리하여 느슨한 결합을 구현할 수 있습니다. 이렇게 했을 때 TypicalCreateInputBoundary를 요구하면 테스트 스텁(test stub)[7] 등을 이용해서 빠르게 테스트해 볼 수 있다는 장점이 있습니다.

---

7 역주 여기서의 테스트 스텁은 TypicalCreateInteractor를 비롯해서 전달받은 데이터의 정확성을 확인하고, 데이터베이스와 연동해서 형식에 맞게 저장하고 그 처리 결과 값을 돌려주는 과정을 다 생략한 채 임의의 결과 값만 반환하도록 간단하게 만들어진 모듈 혹은 컴포넌트라고 할 수 있습니다.

처리 흐름 확인하기

이제 전체적으로 어떤 순서에 따라 동작하는지, 처리의 흐름을 따라가 보겠습니다.

우선 사용자 입력은 HTTP 통신으로 TypicalController(코드 3-7)에 전달됩니다. 입력 데이터는 TypicalCreateInputData(코드 3-5)에서 처리되어 TypicalCreateInputBoundary(코드 3-6)에 전달됩니다. DI 설정에 의해 TypicalCreateInteractor(코드 3-12)로 제어가 옮겨지고 Entities 객체를 생성해 SampleRepository(코드 3-11)에 전달하는 것으로 데이터의 지속화를 구현합니다. 구상 클래스는 JpaSampleRepository(코드 3-13)이며 처리 결과는 TypicalCreateOutputBoundary(코드 3-9)에 전달됩니다. 제어는 TypicalCreatePresenter(코드 3-14)로 이동해 View Model인 TypicalPostResponseModel이 생성됩니다.

지금까지 그림 3-4의 전체적인 흐름을 살펴보았습니다. 이 흐름은 그림 3-1의 오른쪽 아래에 있는 제어의 흐름(Flow of control)과도 어느 정도 일치합니다. 그리고 그림에 나와 있는 Controller, Use Case Interactor, Presenter 등 익숙한 용어도 보이며, 〈I〉나 두 가지 종류의 화살표도 있습니다. 이렇듯 3.1절에 소개되었던 네 개의 동심원 그림의 오른쪽 아래에 그려진 그림은 전형적인 시나리오를 간단하게 표현한 것입니다. 여기서 말하는 Input Port는 Input Boundary에, Output Port는 Output Boundary에 각각 대응합니다. 화살표는 각각 참조와 일반화를 나타내고 있고 'Flow of control의 화살표'는 실제로 Controller에서 Use Case Interactor로 제어가 넘어가고, 이어 Use Case Interactor에서 Presenter로 처리가 진행되는 흐름을 표현하고 있습니다.

코드 3-16 HTTP 응답 생성하기

```java
public class ResultFromPresenterInterceptor implements HandlerInterceptor {
    private final ObjectMapper mapper;
    private final TypicalCreatePresenter createPresenter;
    ...생략...
    @Override
    public void postHandle(
        HttpServletRequest request,
        HttpServletResponse response,
        Object handler,
        ModelAndView modelAndView
    ) throws Exception {
        if (handler instanceof HandlerMethod handlerMethod) {
            if (handlerMethod.getBeanType() == TypicalController.class) {
                if (handlerMethod.getMethod().getName().equals("post")) {
                    var result = createPresenter.result();
                    var responseModel = new TypicalPostResponseModel(result.id(), result.data());
```

```
                    var contents = mapper.writeValueAsString(responseModel);
                    response.getWriter().println(contents);
                }
            }
        }
    }
]
```

HTTP 응답은 어떻게 할 것인가

전형적인 시나리오에 따를 때 한 가지 문제가 되는 것은 HTTP 응답에 관한 것입니다. 일반적인 MVC 흐름을 따르는 웹 프레임워크에서는 Controller가 HTTP 응답 데이터를 생성합니다. 그러므로 Controller는 결과를 받아야 하는데, 그림 3-4에서는 Controller에서 Output Data나 View Model로 화살표가 나가지 않습니다.

이 시나리오를 충실하게 재현하려면 별도의 처리 로직이 필요합니다. 샘플 프로젝트에서는 코드 3-16과 같이 Presenter에서 HTTP 응답을 생성하도록 구현하고 있습니다.

스프링 웹에는 핸들러 메서드의 처리를 가져올 수 있는 기능으로 인터셉터(Interceptor)가 있습니다. ResultFromPresenterInterceptor는 핸들러 메서드의 처리가 끝난 후에 제어를 가로채어, 적절한 Presenter로부터 데이터를 결과를 가져와서 HTTP 응답 데이터를 생성합니다.

이상으로 전형적인 시나리오를 따르는 구현에 대한 전체적인 내용을 살펴보았습니다.

3.3.2 실천으로 이어지는 변화

프레임워크가 제공하는 일반적인 기법과는 달리, 인터셉터를 이용해 HTTP 응답을 작성하는 방식에 거부감을 느끼는 분들도 있을 것입니다. 특히 많은 개발자가 컨트롤러의 처리와 HTTP 응답이 어떻게 연결되는지 혼란스러워할 수 있습니다.

앞에서 제시한 기법은 어디까지나 전형적인 시나리오를 충실히 재현하기 위한 선택이었습니다. 하지만 클린 아키텍처가 제안하는 것은 전형적인 시나리오에 따라야 한다는 것이 아닙니다. 뭔가 맞지 않는 점이 있으면 어떻게든 상황에 맞게 수정해도 문제없으니, 이러한 클린 아키텍처의 취지에 따라 형태를 조금 바꿔 보겠습니다.

클린 아키텍처의 본질을 생각하기

집을 리모델링한다고 해서 중심이 되는 큰 기둥을 자를 수는 없습니다. 우선 전형적인 시나리오를 수정하기에 앞서 그 본질을 다시 확인해 보겠습니다.

클린 아키텍처가 요구하는 것은 단순합니다. 동심원의 그림과 같이 모든 의존 관계가 바깥에서 안쪽을 향하게 함으로써 업무 로직과 같은 상위 계층이 결정권을 가지게 하는 것입니다. 바꿔 말하면, 외부에 있는 인터페이스나 데이터 저장소 등과 같은 하위 수준이 업무 로직을 휘두르게 하고 싶지 않다는 것입니다.

예를 들어 Input Data에 세션 등과 같은 HTTP 정보를 포함하지 않도록 하는 것도, 이후의 처리가 HTTP 기술에 의존하지 않도록 하기 위해서입니다. 이렇게 하면 애플리케이션은 웹 이외에도 활용할 수 있습니다. 또 Use Case Interactor가 Data Access Interface를 이용하여 데이터 저장소 기술을 직접 다루지 않는 것도 특정 기술에 종속되지 않기 위해서입니다. 특정 데이터 저장소 기술에 의존하게 되면 기술의 버전이 변경되었을 때 유연하게 대응하기 어려워집니다.

이렇게 기둥이 되는 핵심 구조는 그대로 두고, 다른 부분을 변경 대상으로 해서 적용해 보겠습니다.

방법은 DTO

소프트웨어에서 계층을 넘어 데이터를 전달하는 방법으로 전용 객체를 이용하는 데이터 전송 객체(DTO, Data Transfer Object)가 있습니다. Input Data는 인터페이스와 애플리케이션의 경계를 넘을 때 DTO를 사용합니다. 이번 예는 HTTP 기술에 의존하지 않고도 데이터 객체를 이용해 인터페이스와 애플리케이션 간에 데이터를 주고받을 수 있습니다.

현재 문제가 되고 있는 것은 Presenter의 처리인데, Presenter의 목적은 프레젠테이션이 처리해야 할 일을 애플리케이션이 하지 않도록 하는 것입니다. 여기서 주목해야 할 것은 Output Data의 존재인데, Output Data는 Input Data와 비슷한 목적을 가지고 있습니다. Output Data는 애플리케이션과 프레젠테이션의 경계를 넘나드는 DTO로, 애플리케이션이 프레젠테이션에 의존하는 것을 방지합니다.

사실 Output Data에 데이터를 채운 시점에서 의존을 끊었다고 볼 수 있으므로 Output Data를 Output Boundary에 넘겨주는 것이 아니라 Output Data를 반환값으로 해버리면 훨씬 간단해집니다.

변화된 프로그램 확인하기

전형적인 시나리오와 동일한 부분은 제외하고, 바뀐 부분을 중심으로 살펴보겠습니다. 예시 클래스를 쉽게 구분하고자 접두사를 Typical에서 Practical로 변경하였습니다.

Input Boundary와 Use Case Interactor

우선 객체가 바로 반환값을 돌려주도록 수정해야 합니다(코드 3-17, 3-18).

특히 코드 3-18에서는 PracticalCreateOutputData 값을 반환하게 되면서 Output Boundary가 사라졌습니다. 따라서 Output Boundary와 Presenter는 불필요해졌습니다.

코드 3-17 Input Boundary의 메서드는 반환값을 반환한다

```java
public interface PracticalCreateInputBoundary {
    PracticalCreateOutputData handle(PracticalCreateInputData inputData);
}
```

코드 3-18 Interactor는 Input Boundary의 변화에 따라 반환값을 반환한다

```java
public class PracticalCreateInteractor implements PracticalCreateInputBoundary {
    private final SampleRepository sampleRepository;
    ...생략...
    @Override
    public PracticalCreateOutputData handle(PracticalCreateInputData inputData) {
        var sample = new Sample(new SampleId(), inputData.data());
        sampleRepository.save(sample);
        return new PracticalCreateOutputData(
            sample.getSampleId().value(),
            sample.getData()));
    }
}
```

Controller의 변화

다음은 Controller의 변화입니다. Presenter의 역할은 이제 Controller가 수행합니다(코드 3-19).

코드 3-19 Controller는 Presenter의 역할을 수행한다

```java
@RestController @RequestMapping("api/practical")
public class PracticalController {
    private final PracticalCreateInputBoundary createInputBoundary;
```

```
...생략...
@PostMapping
public PracticalPostResponseModel post(@RequestBody PracticalPostRequestModel request) {
    var inputData = new PracticalCreateInputData(request.data());
    var outputData = createInputBoundary.handle(inputData);

    return new PracticalPostResponseModel(outputData.id(), outputData.data());
    }
}
```

Output Data에서 HTTP 응답 데이터를 생성하여 반환하고 있습니다. 이것은 MVC 프레임워크에 익숙한 개발자들에게는 눈에 익은 코드일 것입니다. 사실 필자가 주도한 프로젝트에서는 이런 형태로 운영되고 있는 곳들이 많이 있습니다.

왜 로버트 C. 마틴이 동심원의 그림이나 전형적인 시나리오에서 Presenter를 정의하고 있는지 유추해 보면, 아마도 UI를 분리하여 처리하려는 것과 관련된 것은 아닐까요?

원래 MVC는 소프트웨어 UI에 폭넓게 적용되는 모델로 웹에만 국한된 것이 아닙니다. 웹 프레임워크의 요청과 응답을 전제로 하는 MVC는 별도로 MVC2라고 불리기도 합니다. 요즘은 웹의 중요성이 커져, 원래의 MVC 모델은 고전적 MVC라고도 하는데, 클린 아키텍처의 발상에 가까운 것은 고전적 MVC입니다.

클린 아키텍처는 웹에만 국한된 것이 아니기 때문에 UI를 의식한 Presenter의 존재가 전형적인 시나리오에 포함되어 있다고 생각됩니다.

에피소드

웹 프레임워크 구조에 맞게 앞에서 소개한 아키텍처를 저는 몇몇에 사용하고 있습니다. 2018년도에 클린 아키텍처의 전형적인 시나리오를 소개하는 기사[8]를 블로그에 작성하였습니다. 마침 첫 번째 제품이 출시된 것도 2018년도였기 때문에 적어도 4년 이상은 운영되고 있다고 볼 수 있습니다. 이번 기회에 그 내용을 조금 소개하겠습니다.

물론 이 제품들은 현재 제 손에서 완전히 벗어났습니다. 팀원도 교체되었지만, 컨트롤러에서 Input Boundary를 호출하고 결과를 반환하는 등의 기본적인 코드는 잘 구현되어 유지되고 있습니다. 의사소통이 어려운 해외 팀과의 개발에서도 마찬가지입니다. 이런 것들이 꼭 아키텍처만의 효과라고 보기는 힘듭니다.

---

[8] URL https://qiita.com/nrslib/items/a5f902c4defc83bd46b8

애초에 이 아키텍처는 어느 정도 부담이 될 것임을 예상하고 있었기에, 개발에 도움이 되는 도구를 미리 만들었습니다. 이것은 유스케이스를 만들고자 할 때 몇 가지 입력만 하면 Input Boundary나 Use Case Interactor 등의 기본 코드를 스캐폴딩(Scaffolding)해 주는 도구입니다. 운영 단계에서도 새로운 기능을 추가할 때는 이 도구는 매우 유용하게 쓰였고, 덕분에 아키텍처가 꾸준히 잘 유지되었을 것이라 생각합니다. 만약 아키텍처를 따르는 과정이 번거롭고 불편하게 느껴졌다면, 무질서한 코드가 훨씬 많이 생겨났을지도 모릅니다.

이 아키텍처의 형태를 지킴으로써 결과적으로는 개발이나 유지보수에는 분명히 좋은 영향을 미치고 있습니다. 코드의 수정 이력을 봐도 엉뚱한 곳을 고쳐야 했던 상황은 보이지 않습니다. 이는 의존성이 항상 내부를 향하도록 설계된 구조 덕분입니다. 덕분에 세부적인 부분에서 수정이 필요할 때 그 영향은 주로 동심원 구조의 바깥쪽에 국한됩니다. 물론 수정이 추상적인 부분이라도 그 수정 내역은 정확하게 전달됩니다. 또한 유스케이스들이 분리되어 있어, 불필요한 의존 관계가 발생하지 않다 보니 좋은 결과를 가져왔습니다.

운영 중인 몇 명의 구성원에게 피드백을 받아보았는데, 한결같이 학습 비용은 많이 들었지만 그만큼 운영 단계에서 효율적으로 사용할 수 있다고 하였습니다. 의존 방향이 적절하고 객체의 책임이 분산되다 보니 무언가를 변경할 때도 영향 범위를 파악하기가 쉬웠기 때문입니다.

제품을 둘러싼 환경은 다양하므로 전체에 클린 아키텍처가 적용되었다고는 볼 수 없지만, 몇 년이 지난 지금도 코드는 깨끗하게 유지되고 있습니다.

3.3.3 요약

코드는 계승되는 것입니다. 여기서 말하는 계승은 특정 제품에만 그치는 게 아니라 계속해서 이어진다는 의미입니다.

사람들은 코드를 통해 다양한 감정을 느낍니다. 이를테면 지저분하게 작성된 코드를 통해 반면교사로 삼고, 깔끔하게 잘 작성된 코드를 보면 감동합니다. 이렇듯 코드는 형태를 바꾸어 가면서 미래의 제품으로 이어지고, 좋은 아키텍처는 좋은 제품의 든든한 울타리가 됩니다.

아키텍처의 진가가 나타나기까지는 시간이 많이 필요하므로 미래를 내다보고 그 형태를 결정할 수 있는 안목을 가지는 것은 중요합니다. 클린 아키텍처에서 말하고 있는 규칙은 보편적인 것들로 제품에 필요한 핵심 방안을 찾기 위한 힌트로서 더할 나위 없이 좋습니다.

3.4 응용 프로그램을 통해 이해하기: 강한 결합 →느슨한 결합→클린 아키텍처 체감하기

DOMAIN DRIVEN DESIGN

이번 절에서는 간단한 애플리케이션 코드를 실제로 리팩터링하는 과정을 통해 클린 아키텍처의 설계를 설명합니다. 관심사 분리와 이상적인 의존 관계로 변화시켜 가는 과정을 통해 이해도를 더욱 높일 수 있을 것입니다.

3.4.1 들어가기 전에

여기서부터는 간단한 애플리케이션 예제를 통해 클린 아키텍처를 설명합니다. 클린 아키텍처가 아닌 (비클린 아키텍처) 애플리케이션을 대상으로 점점 클린 아키텍처에 가까워지도록 리팩터링합니다.

초기 코드는 느슨한 결합도 되어 있지 않은 간단한 구현에서 시작합니다. 클린 아키텍처를 구현하려면 그 전제 조건으로 느슨한 결합이 필요하기 때문에 우선 느슨한 형태의 결합으로 리팩터링한 후에 다시 클린 아키텍처로 바꾸겠습니다.

이 과정에서 비클린 아키텍처의 단점과 클린 아키텍처의 장점을 더욱더 이해할 수 있을 것입니다. 그리고 이미 존재하는 코드를 좀 더 깔끔하게 정리하기 위한 힌트도 얻을 수 있을 것입니다.

전제 조건

이번 절에서의 소프트웨어 동작 환경은 다음과 같습니다.

- Windows 10 또는 Windows 11
- .NET Framework 4.8
- Visual Studio 2022

코드 자체는 굉장히 간단하므로 꼭 C#이 아니더라도 다른 언어에 대한 프로그래밍 경험이 있다면 충분히 이해할 수 있을 것입니다. 해당 소스 코드는 깃허브[9]에서 공개하고 있습니다.

---

9 URL https://github.com/nuitsjp/SoftwareDesign202306

3.4.2 애플리케이션의 사례

이번 예제는 주변의 레스토랑을 목록으로 보여 주는 콘솔 애플리케이션인 핫페퍼(그림 3-5)[10]입니다. GUI를 주제의 중심으로 하면 설명이 이쪽으로 치우칠 우려가 있습니다. 그래서 이번에는 단순한 UI인 콘솔 애플리케이션을 선택했습니다.

▼ 그림 3-5 핫페퍼

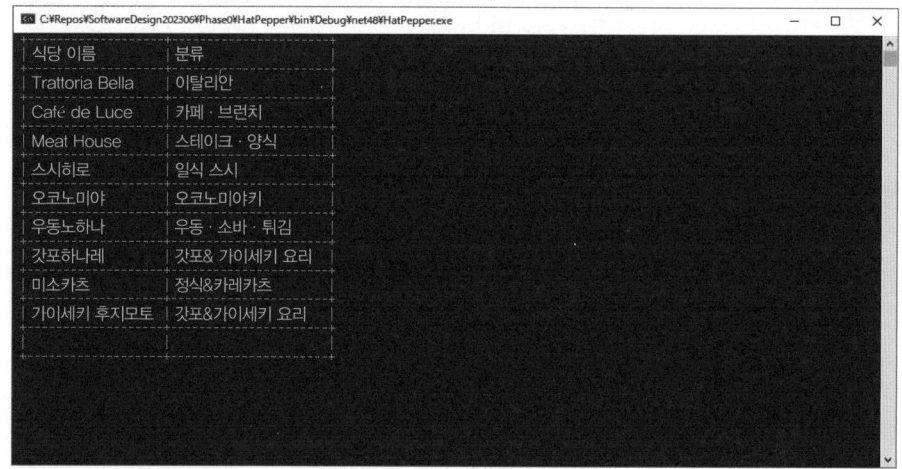

이것은 디바이스의 현재 위치 정보를 기반으로 검색 웹 API를 호출하여 인근 레스토랑 목록을 가져오는 애플리케이션입니다. 레스토랑 이름과 장르는 콘솔에 표시하며 시간이 11시~14시 사이인 경우는 점심 영업을 하는 레스토랑만 표시합니다.

웹 API는 대상 애플리케이션과 별도의 조직이나 부서로 제공되는 외부 서비스입니다. 그래서 불필요한 정보가 포함되어 있거나, 자사 애플리케이션과 관계없이 수정될 가능성이 있습니다.

애플리케이션은 위치 정보, 시간, 외부 웹 API와 같은 요소가 포함되어 있어 테스트가 조금 까다롭게 되어 있습니다.

---

[10] 일본 전국의 음식점, 미용실, 네일샵 등을 검색·예약할 수 있는 종합 정보 포털 사이트입니다.

3.4.3 강한 결합 애플리케이션의 구조와 그 과제

강한 결합 구조

초기 애플리케이션의 구조는 그림 3-6과 같습니다. 이번 절의 핵심과 거리가 먼 내용은 우선 제외하였습니다.

▼ 그림 3-6 강한 결합 상태의 애플리케이션 구조

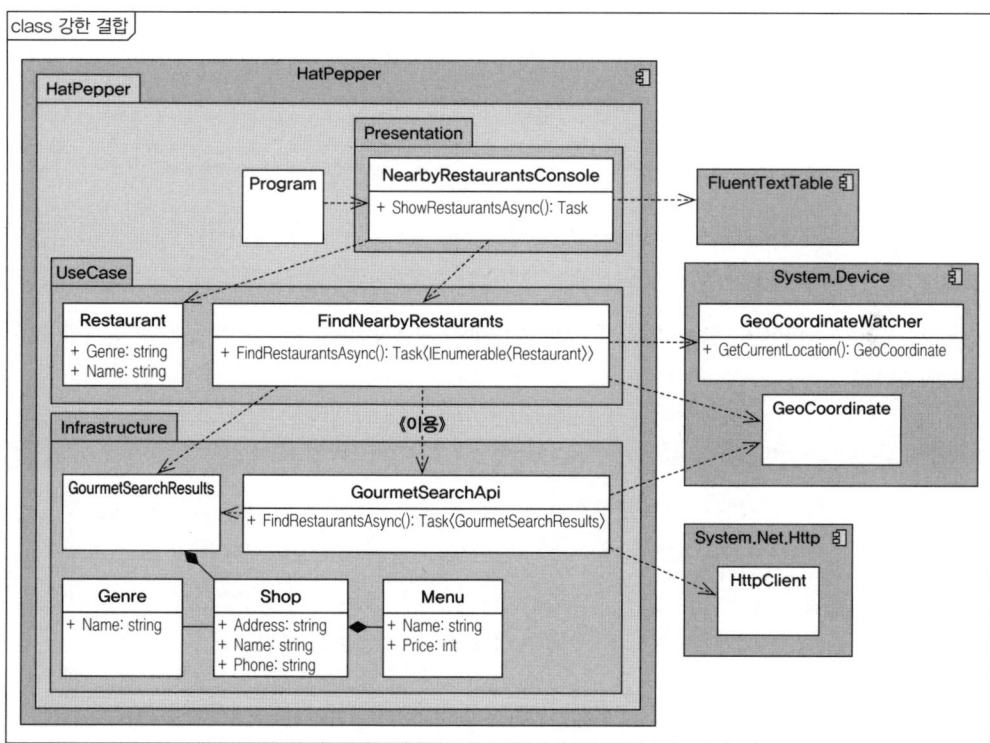

대표적인 컴포넌트로 다음 네 가지가 있습니다.

① `HatPepper`

② `FluentTextTable`

③ `System.Device`

④ `System.Net.Http`

①은 이번에 개발하는 애플리케이션의 메인으로, 윈도우의 `HatPepper.exe`로 빌드합니다. ②는 필자가 공개하고 있는 소프트웨어(OSS, Open Source Software)이며 그림 3-5와 같은 콘솔의 표를 유연

하게 다루기 위한 라이브러리입니다. ③은 디바이스의 위치 정보를 이용하기 위해 이용하며 ④는 웹 API를 호출하기 위한 Http Client가 포함되어 있습니다.

코드 확인하기

그럼 이제 코드를 살펴보겠습니다. 핫페퍼를 실행하면, 애플리케이션의 시작 지점인 Program 클래스(코드 3-20)가 호출됩니다.

코드 3-20 Program 클래스

```
var console = new NearbyRestaurantsConsole();
await console.FindRestaurantsAsync();
```

프레젠테이션 계층의 NearbyRestaurantsConsole 클래스를 인스턴스화하여 레스토랑을 표시합니다. 코드 3-21의 프레젠테이션 계층의 내용을 보면, 유스케이스 계층의 FindNearbyRestaurants 클래스를 인스턴스화하여 레스토랑을 검색하고 FluentTextTable을 이용하여 콘솔에 결과를 표시하고 있습니다.

코드 3-21 프레젠테이션 계층

```
public async Task ShowRestaurantsAsync()
{
    // 레스토랑을 검색한다
    var restaurants =
        await new FindNearbyRestaurants().FindRestaurantsAsync();

    // 레스토랑을 표시한다
    Build.TextTable<Restaurant>(builder =>
        {
            builder
                .Columns.Add(x => x.Name).NameAs("레스토랑")
                .Columns.Add(x => x.Genre).NameAs("장르");
        })
        .WriteLine(restaurants);
}
```

계속해서 FindNearbyRestaurants 메서드(코드 3-22)를 살펴보겠습니다. GeoCoordinateWatcher를 이용하여 현재 위치 정보를 수집하고, 현재 시각에서 점심 시간인지를 판단합니다. 이 정보를 GourmetSearchApi에 전달하여 레스토랑을 검색하고 결과를 Restaurant로 변환하여 반환합니다.

코드 3-22 FindNearbyRestaurants 메서드

```csharp
public async Task<IEnumerable<Restaurant>> FindRestaurantsAsync()
{
    // 현재 위치를 수집한다
    var locationProvider = new GeoCoordinateWatcher();
    var location = locationProvider.GetCurrentLocation();

    // 점심 시간인지를 판단한다
    var now = DateTime.Now;
    var lunchOnly = 11 <= now.Hour && now.Hour <= 14;

    // 레스토랑을 검색한다
    var gourmetSearchApi = new GourmetSearchApi();
    GourmetSearchResults result =
        await gourmetSearchApi.FindRestaurantsAsync(location, lunchOnly);

    // Restaurant로 변환해 반환한다
    return result.Shops
        .Select(x => new Restaurant(x.Name, x.Genre.Name));
}
```

마지막으로 GourmetSearchApi(코드 3-23)를 보겠습니다. 인수에 위치 정보 좌표와 점심으로 한정할지의 여부를 받아 웹 API를 호출하고 있습니다.

코드 3-23 GourmetSearchApi

```csharp
public async Task<GourmetSearchResults> FindRestaurantsAsync(
    GeoCoordinate location,
    bool lunchOnly)
{
    var uri = "https://nuitsjp.github.io/SoftwareDesign202306/restaurants.json?" +
        $"&lat={location.Latitude}" +
        $"&lng={location.Longitude}" +
        $"{(lunchOnly ? "&lunch=1" : string.Empty)}";
    return (await HttpClient.GetFromJsonAsync<GourmetSearchResults>(uri))!;
}
```

보는 것처럼, 실제 웹 API를 사용하는 게 아니라 깃허브에 올려둔 JSON 파일을 참조만 하고 있습니다. 위도, 경도와 같은 위치 정보나 점심 시간 정보 같은 실제 서비스 데이터를 호출하게 되면 보안 문제가 발생하므로 여기서는 외부 서비스를 호출하고 있다는 정도로만 이해하면 됩니다.

3.4.4 강한 결합의 과제

언뜻 보기에는 계층이 확실히 분리되어 있고 계층 간 역할도 명확해서 그다지 나쁘지 않은 설계로 보입니다. 관심사 분리(SoC, Separation of Concern)도 잘 이루어지고 있는 것처럼 보입니다.

하지만 실제로는 '테스트가 너무 어렵다'라는 문제가 있습니다. 앞의 유스케이스의 메서드 FindRestaurantsAsync를 보면, 여기에는 다음과 같은 문제가 있습니다.

- 위치 정보가 단말의 위치 기능에 직접 의존하고 있다.
- 점심 시간 여부의 판단이 실행 시간에 의존하고 있다.
- 검색 결과가 어떤 웹 API를 쓰는가에 따라 달라진다.

이것을 테스트하려면 노트북을 가지고 지하철을 타서 아침부터 저녁까지 측정하는 수밖에 없습니다. 게다가 다음에 다시 같은 장소에서 테스트한다고 해도 새로운 레스토랑이 생겨날 수도 있어 결과가 달라질 가능성이 있습니다.

이에 대한 답은 결국 '느슨한 결합'으로 외부 환경에 대한 의존성을 분리하는 것입니다. 위치, 시간, 웹 API와 유스케이스 로직의 결합을 느슨하게 유지함으로써 유스케이스를 테스트할 때 위치나 시간을 임의로 지정할 수 있도록 합니다.

3.4.5 느슨한 결합과 리팩터링

느슨한 결합으로 하려면 코드를 어떻게 수정해야 할까요? 이것을 풀어 나가기 위해서는 먼저 '어떻게 강한 결합을 하고 있는가'를 제대로 이해해야 합니다.

유스케이스 FindNearbyRestaurants와 웹 API GourmetSearchApi의 관계를 살펴봅시다(그림 3-7). 이 두 클래스 사이에는 의존 관계(점선)가 있습니다. 그러나 사실 여기에는 그림 3-8과 같은 두 종류의 의존이 있습니다.

코드를 보면 인스턴스를 생성해 이용하고 있습니다(코드 3-24). 이 클래스 사이를 느슨하게 결합하려면 다음 두 가지 수단이 필요합니다.

❶ 이용 관계의 배제
❷ 생성 관계의 배제

▼ 그림 3-7 그림 3-6에서의 FindNearbyRestaurants와 GourmetSearchApi의 관계

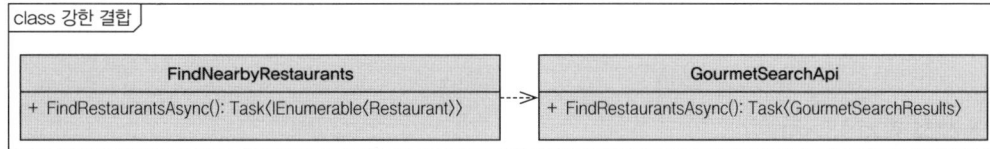

▼ 그림 3-8 실제로 존재하는 두 가지 의존적인 관계

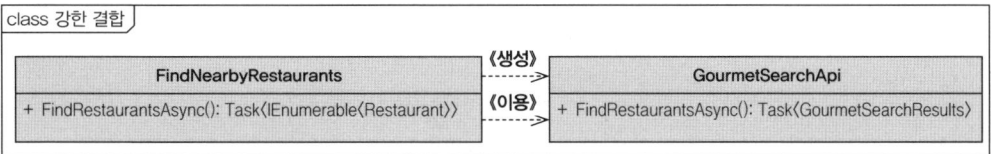

코드 3-24 코드 3-22에서 두 가지 의존성이 있는 부분

```
// 레스토랑을 검색한다
var gourmetSearchApi = new GourmetSearchApi();
GourmetSearchResults result =
    await gourmetSearchApi.FindRestaurantsAsync(location, lunchOnly);
```

❶ 이용 관계 제거하기

클래스 간 직접적인 이용을 막기 위해 인터페이스를 호출합니다. 그림 3-9와 같이 이용 관계를 인터페이스로 옮기는 방법은 코드 3-25와 같습니다.

▼ 그림 3-9 이용 관계를 인터페이스 쪽으로 옮긴다

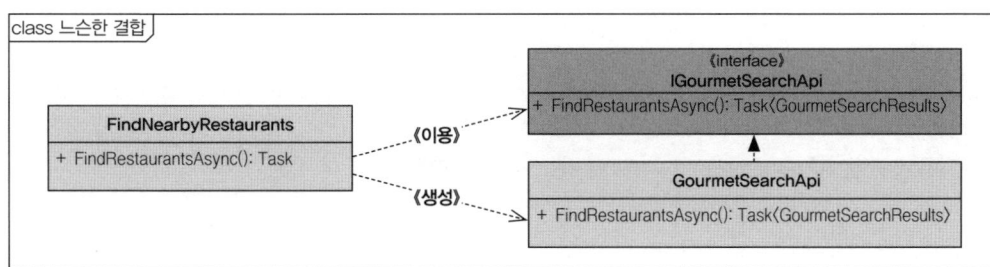

코드 3-25 이용 관계를 인터페이스로 옮기는 코드

```
// 레스토랑을 검색한다
var gourmetSearchApi = (IGourmetSearchApi)new GourmetSearchApi();
GourmetSearchResults result =
    await gourmetSearchApi.FindRestaurantsAsync(location, lunchOnly);
```

FindRestaurantsAsync는 구현 클래스가 아닌 인터페이스를 통해 호출되므로, FindNearby Restaurants 클래스가 GourmetSearchApi 클래스를 직접 이용하는 강한 결합을 막았습니다.

❷ 생성 관계 제거하기

생성 코드를 제거하기 위한 방법으로 다음 두 가지의 대표적인 디자인 패턴이 있습니다.

(1) 의존성 주입(DI, Dependency Injection) 패턴

(2) 서비스 로케이터(Service Locator) 패턴

(1)은 외부에서 의존 객체를 주입하는 패턴(Push 패턴)입니다. (2)는 내부에서 의존 객체를 가져오는 패턴(Pull 패턴)으로, 이 책에서는 자세히 다루지 않습니다. 다만 (2)번 패턴을 사용할 경우, 정적인 레지스트리에서 의존 객체를 참조하기 때문에 테스트 스텁이나 목업을 병렬로 실행하기 어려운 상황이 자주 발생했습니다. 따라서 필자는 가능한 한 (1)의 DI 패턴을 적용하려고 합니다.

하지만 DI 패턴을 항상 사용할 수 있는 것은 아닙니다. 트리 구조의 루트가 되는 객체를 가져올 때는 Pull 방식으로 특정한 레지스트리에서 가져와야 하며, 대부분은 DI 컨테이너가 그 레지스트리 역할을 수행하게 됩니다. 다만 프레임워크에서는 이 부분을 내부적으로 알아서 처리해 주므로 개발자가 직접 개발할 일은 거의 없습니다.

그래서 여기서는 DI를 활용해서 객체를 생성하는 대신 외부에서 가져오는 방식으로 해 볼 것입니다. 이건 코드를 보면 더 이해하기 쉽습니다. 예를 들어 코드 3-26처럼 외부에서 IGourmetSearchApi 인스턴스를 생성자 주입(Constructor Injection)으로 받아와서, 필드에 저장하고 필요할 때 사용하는 방식입니다.

코드 3-26 생성 관계를 제거한 코드

```csharp
private readonly IGourmetSearchApi _api;
public FindNearbyRestaurants(IGourmetSearchApi api)
{
    _api = api;
}

public async Task<IEnumerable<Restaurant>> FindRestaurantsAsync()
{
    ...생략...
    // 레스토랑을 검색한다
}
    var result = await _api.FindRestaurantsAsync(location, lunchOnly);
```

```
        return result.Shops
            .Select(x => new Restaurant(x.Name, x.Genre.Name));
}
```

그렇게 되면 이것을 호출하는 프레젠테이션 계층에서의 코드가 영향을 받습니다. 원래는 코드 3-27과 같았지만, 생성자가 변경되었으므로 코드 3-28과 같이 변경합니다.

코드 3-27 원래 코드

```
public async Task ShowRestaurantsAsync()
{
    // 레스토랑을 검색한다
    var findNearbyRestaurants = new FindNearbyRestaurants();
    var restaurants = await findNearbyRestaurants.FindRestaurantsAsync();
}
```

코드 3-28 생성자가 변경되어 개선한 코드

```
// 레스토랑을 검색한다
var findNearbyRestaurants = new FindNearbyRestaurants(new GourmetSearchApi());
var restaurants = await findNearbyRestaurants.FindRestaurantsAsync();
```

그런데 이 코드라면 GourmetSearchApi에 대한 의존 계층이 유스케이스 계층에서 프레젠테이션 계층으로 바뀌었을 뿐, 문제가 근본적으로 해결된 것은 아닙니다. 그 때문에 프레젠테이션 계층도 DI를 통해 해결하도록 구현하였습니다(코드 3-29). IGourmetSearchApi가 아니라 유스케이스 자체(IFindNearbyRestaurants)를 주입해야 합니다.

코드 3-29 프레젠테이션 계층도 주입되게 수정하기

```
private readonly IFindNearbyRestaurants _findNearbyRestaurants;
public NearbyRestaurantsConsole(IFindNearbyRestaurants findNearbyRestaurants)
{
    _findNearbyRestaurants = findNearbyRestaurants;
}

public async Task FindRestaurantsAsync()
{
    // 레스토랑을 검색한다
    var restaurants = await _findNearbyRestaurants.FindRestaurantsAsync();
```

계속해서 애플리케이션의 진입점(Entry Point)인 Program 클래스도 수정합니다(코드 3-30). 이로써 DI 패턴을 모두 적용했습니다. 참고로 이번에 DI 컨테이너는 사용하지 않습니다. DI 패턴 구현을 위한 도구이긴 하지만, 이 정도의 코드에서 사용하면 오히려 복잡해질 수 있기 때문입니다. 특히 이번 절의 중심 주제는 DI 자체가 아니기 때문에, DI 패턴만 적용하였습니다.

코드 3-30 Program 클래스 수정하기

```
var console =
    new NearbyRestaurantsConsole(
        new FindNearbyRestaurants(
            new GourmetSearchApi()));
await console.FindRestaurantsAsync();
```

코드 수정 후의 의존 관계 확인하기

이제 코드 수정은 끝났습니다. 어떤 의존 관계로 바뀌었는지 그림 3-10을 통해 살펴보겠습니다.

▼ **그림 3-10** GourmetSearchApi가 느슨하게 결합한 모델 다이어그램

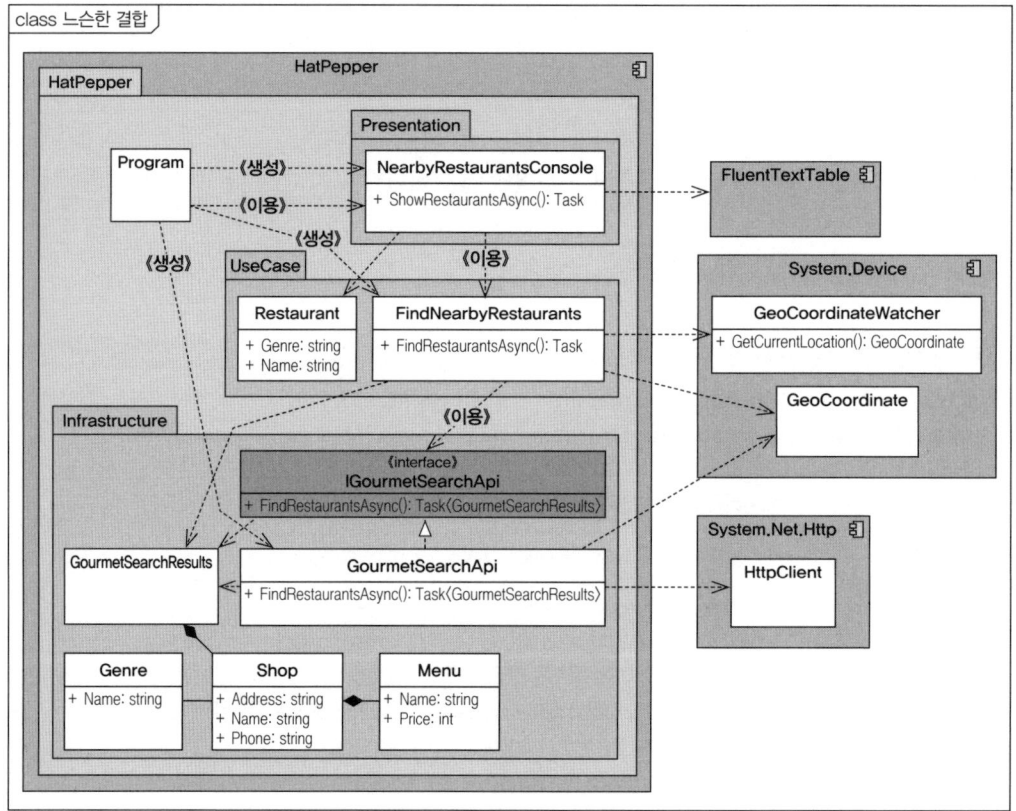

유스케이스 계층에서 인프라스트럭처 계층으로 의존하던 것이 완전히 제거되어 실제 클래스 생성은 모두 Program 클래스로 전달되었습니다.

일반적인 애플리케이션에서는 Program 클래스에서 DI 컨테이너를 초기화합니다. 이 부분은 실제 구현하고자 하는 클래스에 의존해도 괜찮습니다. 바꾸어 말하면 계층 간에는 구체적인 구현 클래스에 의존하지 않도록 하는 것이 좋습니다.

그런데 Restaurant 같은 객체도 인터페이스를 이용해야 할까요? 이것은 생산성과 유연성 사이의 트레이드오프 관계를 가집니다. Restaurant 객체에 중요한 업무 로직이 있을 때는 테스트 용이성을 위해 인터페이스 분리를 고려해 볼 필요가 있습니다.

예를 들면 레스토랑을 새로 등록할 때 프레젠테이션 계층에서 새로운 Restaurant 인스턴스를 생성해 유스케이스 계층으로 전달할 수 있습니다. 이때 인터페이스에서 직접 인스턴스를 생성할 수 없으므로 별도로 팩토리 역할을 할 객체를 생성해야 합니다. 특히 GourmetSearchResults와 같은 트리 구조의 객체를 모두 인터페이스로 정의하려면 많은 비용이 발생합니다.

그럼에도 불구하고, 테스트 용이성이 비용보다 중요한 로직의 경우 인터페이스를 만들어야 합니다. 하지만 이번 예제에서는 그 정도의 가치가 없으니, 반환값 객체에 대한 별도의 인터페이스를 생성하지는 않습니다.

남은 과제 해결하기

GourmetSearchApi는 느슨한 결합으로 리팩터링할 수 있었지만, 아직도 다음과 같은 과제가 남아 있습니다.

- 위치 정보나 시간의 테스트 용이성이 확보되어 있지 않다.
- 프레젠테이션 계층이 유스케이스 계층에 강한 결합하고 있다.

시간과 위치 정보를 테스트하기 쉽게 만들기

닷넷(.NET)에서 제공하는 클래스라 하더라도 위치 정보나 시간의 경우는 직접 이용하는 것보다는 추상화 계층을 통해 사용하는 것이 좋습니다.

이번에는 ILocationProvider와 ITimeProvider라는 인터페이스를 각각 만들고, 하부 구현을 위한 인프라스트럭처 코드는 Api, Location, Time이라는 서브 패키지로 나누어 정리해 보겠습니다. 이것이 실제로 적용된 설계 모델은 그림 3-11과 같습니다. 그리고 Program 클래스의 객체 생성에 관한 의존 관계는 너무 복잡해지는 것을 막기 위해 생략하였습니다.

▼ 그림 3-11 추상화 계층을 추가한 다이어그램

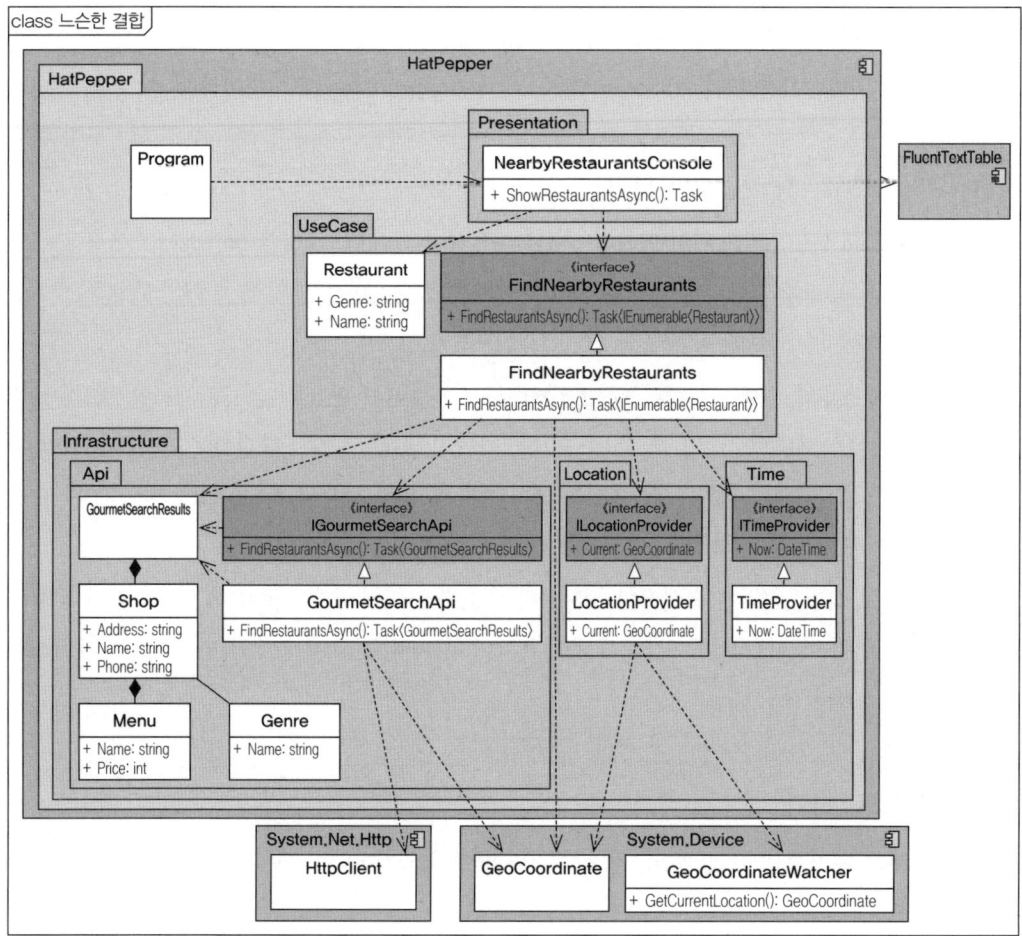

이 상태로 유스케이스 계층을 코드 3-31에서 보겠습니다. 인프라스트럭처 계층이 디바이스의 위치나 실행 시간에 의존하지 않게 되었고, 그 결과 유스케이스 계층의 테스트도 한층 쉬워졌습니다.

코드 3-31 추상화 계층을 넣은 유스케이스 계층

```
public class FindNearbyRestaurants : IFindNearbyRestaurants
{
    private readonly ILocationProvider _locationProvider;
    private readonly ITimeProvider _timeProvider;
    private readonly IGourmetSearchApi _api;

    public FindNearbyRestaurants(
        ILocationProvider locationProvider,
        ITimeProvider timeProvider,
```

```
            IGourmetSearchApi api)
    {
        _locationProvider = locationProvider;
        _timeProvider = timeProvider;
        _api = api;
    }

    public async Task<IEnumerable<Restaurant>> FindRestaurantsAsync()
    {
        var location = _locationProvider.Current;

        var now = _timeProvider.Now;
        var lunchOnly = 11 <= now.Hour && now.Hour <= 14;

        var result = await _api.FindRestaurantsAsync(location, lunchOnly);
        return result.Shops
            .Select(x => new Restaurant(x.Name, x.Genre.Name));
    }
}
```

3.4.6 비클린 아키텍처의 과제

앞에서 설명했던 설계는 일반적인 수직 계층 아키텍처[11]입니다. 클린 아키텍처가 더 나은 설계라고 한다면 상대적으로 수직 계층 아키텍처에는 문제가 있다는 뜻도 됩니다. 그것은 '계층 간의 의존 방향', '유연성과 안정성'이라는 관점에서 보면 이해할 수 있습니다.

수직 계층 모델에서의 의존 관계는 위에서 아래로 향합니다. 이때 각 계층의 유연성과 안정성은 그림 3-12와 같습니다.

---

11 클린 아키텍처도 계층을 동심원으로 나타내고 있으므로 계층 아키텍처입니다. 그 때문에 여기서는 일반적인 계층이 수직으로 겹친 모델을 '수직 계층 아키텍처'로 부르기로 합니다.

▼ 그림 3-12 수직 계층 모델에서의 의존 관계와 유연성/안정성 그림

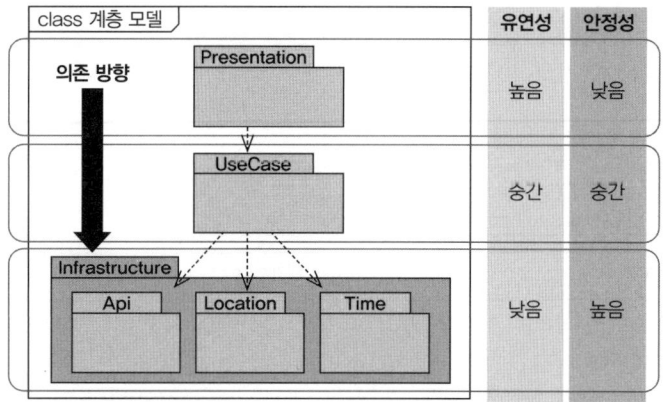

계층은 물론 객체 사이에도 의존하는 경우, 일반적으로 표 3-2의 관계가 성립됩니다.

▼ 표 3-2 의존 관계와, 유연성/안정성의 일반적인 관계성

계층	유연성	안정성
상위 계층	높음	낮음
하위 계층	낮음	높음

상위 계층은 하위 계층에 의존하므로, 하위 계층이 변경되면 상위 계층은 영향을 받습니다. 즉, 상위 계층은 하위 계층보다 안정성이 낮습니다. 반대로 상위 계층을 변경해도 하위 계층에는 영향이 발생하지 않으므로 상위 계층은 유연성이 높습니다. 유연성과 안정성은 의존 방향에 의해 결정되는 트레이드오프입니다.

그림 3-12의 유연성과 안정성은 이상적인 상태가 아닙니다. 기본적으로 중요한 계층의 안정성이 가장 높아지도록 의존성을 잘 관리해야 합니다.

그렇다면 가장 중요한 계층은 어디일까요? 그것은 사용자의 '가치'를 추상화한 계층으로 여기에서는 유스케이스 계층에 해당합니다.

따라서 유스케이스 계층의 안정성이 높고 유연성이 낮게 해야 하며, 프레젠테이션 계층과 인프라스트럭처 계층은 그 반대가 되도록 설계해야 합니다.

그런데 현재 의존성 방향은 제어 흐름(호출 방향)과 일치합니다. 이것은 인프라스트럭처 계층에서 유스케이스 계층을 호출할 수 없다는 의미입니다.

3.4.7 클린 아키텍처를 향한 리팩터링

제어 흐름과 의존 방향을 분리해 통제하려면 각각의 사이에 있는 인터페이스를 어느 쪽의 문맥(컨텍스트)으로 정의하는지가 중요합니다. 우선 유스케이스와 API 사이의 인터페이스를 살펴보겠습니다.

그림 3-13과 같이 현재의 IGourmetSearchApi는 인프라스트럭처 계층에 포함되어 있습니다. 이것은 느슨한 결합을 위해, GourmetSearchApi의 문맥에 따라 추출되었습니다. 따라서 IGourmetSearchApi 인터페이스의 문맥은 인프라스트럭처 계층의 맥락에서 작성되었습니다. 구체적으로 IGourmetSearchApi 인터페이스는 웹 API의 JSON 응답 형태 그대로 되어 있습니다.

▼ 그림 3-13 느슨한 결합 상태의 유스케이스 계층과 인프라스트럭처 계층

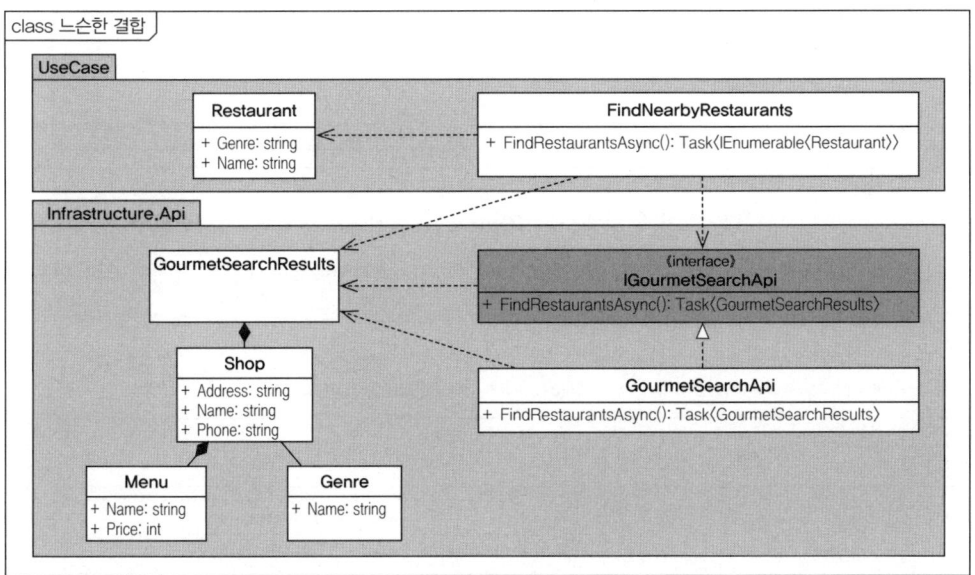

그러므로 현재 유스케이스 계층이 인프라스트럭처 계층에 의존하는 형태가 되었습니다.

이 인터페이스를 유스케이스 계층의 문맥으로 기재함으로써 '문맥적으로' 의존 방향을 반대로 할 수가 있습니다.

그럼 실제로 해보겠습니다. 우선은 IGourmetSearchApi 인터페이스를 유스케이스 계층으로 이동합니다(그림 3-14). 이 시점에서 IGourmetSearchApi의 메서드 반환값은 인프라스트럭처 계층에서 정의된 GourmetSearchResults, 즉 웹 API의 응답 형식을 그대로 사용하는 모델입니다. 이대로는 유스케이스 계층이 문맥적으로 외부 서비스에 직접 의존하게 됩니다.

▼ 그림 3-14 IGourmetSearchApi 인터페이스를 유스케이스 계층으로 이동

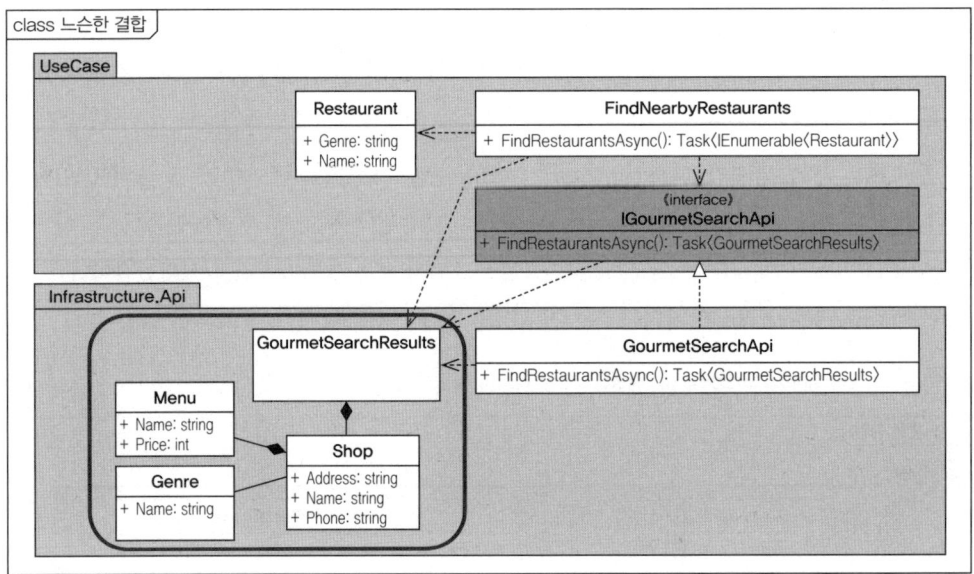

이 의존을 끊어 보겠습니다. 그러기 위해서는 IGourmetSearchApi 인터페이스를 모두 유스케이스 계층의 문맥으로 작성해야 합니다. 그림 3-15와 같이 IGourmetSearchApi 인터페이스의 반환값을 유스케이스 계층의 Restaurant 객체로 변경합니다.

▼ 그림 3-15 IGourmetSearchApi 인터페이스의 반환값을 유스케이스 계층의 Restaurant 객체로 변경

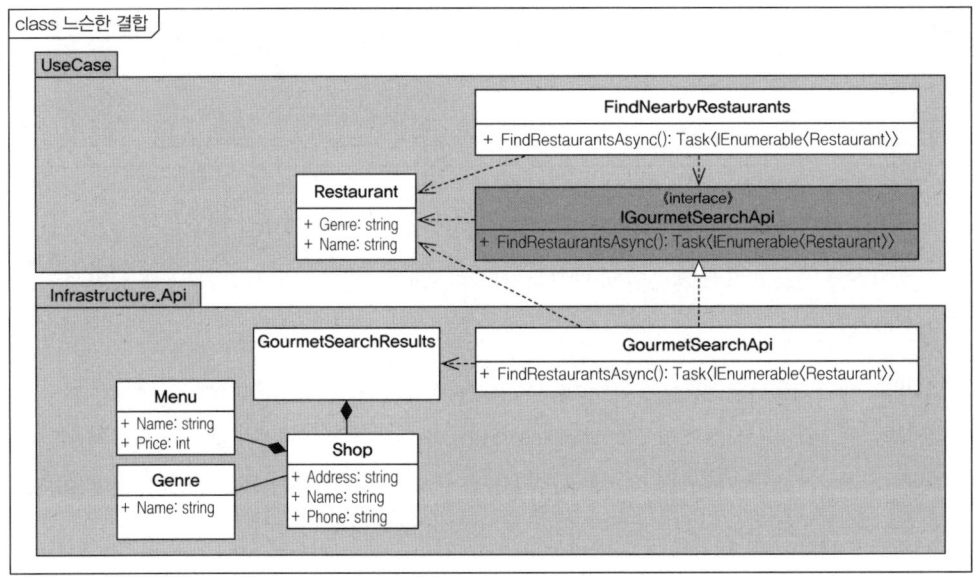

코드 3-32는 수직 계층 아키텍처의 코드입니다. 인프라스트럭처 계층에서는 웹 API 호출 결과를 그대로 되돌리고 있고, 유스케이스 계층에서는 Restaurant로 교체하고 있습니다. 즉 유스케이스 계층이 인프라스트럭처 계층의 문맥에 의존하고 있습니다.

코드 3-32 수직 계층 아키텍처의 코드

```
public class GourmetSearchApi : IGourmetSearchApi
{
    ...생략...
    public async Task<GourmetSearchResults> FindRestaurantsAsync(GeoCoordinate location, bool lunchOnly)
    {
        ...생략...
        return (await HttpClient.GetFromJsonAsync<GourmetSearchResults>(url))!;
    }
}

// 유스케이스 계층
public class FindNearbyRestaurants : IFindNearbyRestaurants
{
    ...생략...
    public async Task<IEnumerable<Restaurant>> FindRestaurantsAsync()
    {
        ...생략...
        var result = await _api.FindRestaurantsAsync(location, lunchOnly);
        return result.Shops
            .Select(x => new Restaurant(x.Name, x.Genre.Name));
    }
}
```

코드 3-33은 인터페이스의 컨텍스트를 유스케이스 계층으로 이동한 이후의 코드입니다. 잘 비교해 보면 웹 API에 의존하던 객체를 유스케이스 계층의 Restaurant 객체로 교체하는 로직이 인프라스트럭처 계층으로 이동했습니다. 이것을 통해 유스케이스 계층은 인프라스트럭처 계층에서 완전히 독립하고, 반대로 인프라스트럭처 계층은 유스케이스 계층에 의존하게 되었습니다.

코드 3-33 인터페이스의 컨텍스트를 유스케이스 계층으로 이동시키기

```
// 인프라스트럭처 계층
public class GourmetSearchApi : IGourmetSearchApi
{
    ...생략...
```

```csharp
        public async Task<IEnumerable<Restaurant>> FindRestaurantsAsync(GeoCoordinate location, bool lunchOnly)
        {
            ...생략...
            return (await HttpClient.GetFromJsonAsync<Root>(url))!
                .Shops
                .Select(x => new Restaurant(x.Name, x.Genre.Name));
        }
    }

    // 유스케이스 계층
    public class FindNearbyRestaurants : IFindNearbyRestaurants
    {
        ...생략...
        public async Task<IEnumerable<Restaurant>> FindRestaurantsAsync()
        {
            ...생략...
            return await _api.FindRestaurantsAsync(location, lunchOnly);
        }
    }
```

그림 위치 정보와 시간도 같이 수정해 보겠습니다(그림 3-16). LocationProvider의 반환값은 원래 System.Device의 GeoCoordinate였지만, 유스케이스 계층에 Location 클래스를 만들어 그쪽에 의존하도록 수정하였습니다. 유스케이스 계층이 무심코 System.Device의 객체를 이용해 버리면 해당 플랫폼에 종속되어 안정성이 크게 손상됩니다. 그러므로 System.Device에 대한 의존은 Location 안에서만 사용하도록 제한해야 합니다.

이에 따라 계층 간의 의존 관계는 그림 3-17과 같이 제어의 방향은 위에서 아래로 그대로 두고, 의존 관계만 유스케이스 계층을 향하도록 변경할 수 있었습니다. 그 결과 유스케이스 계층의 안정성이 가장 높아졌고, 프레젠테이션 계층과 인프라스트럭처 계층의 유연성을 얻을 수 있었습니다. 예를 들어 프레젠테이션 계층은 유스케이스 계층에 영향을 주지 않고 변경할 수 있으며 웹 API의 JSON 사양이 변경되더라도 인프라스트럭처 계층에서 처리할 수 있게 되었습니다.

이 인프라스트럭처 계층은 도메인 주도 설계에서 말하는 부패 방지 계층으로도 작용합니다.

▼ 그림 3-16 위치 정보와 시간도 수정

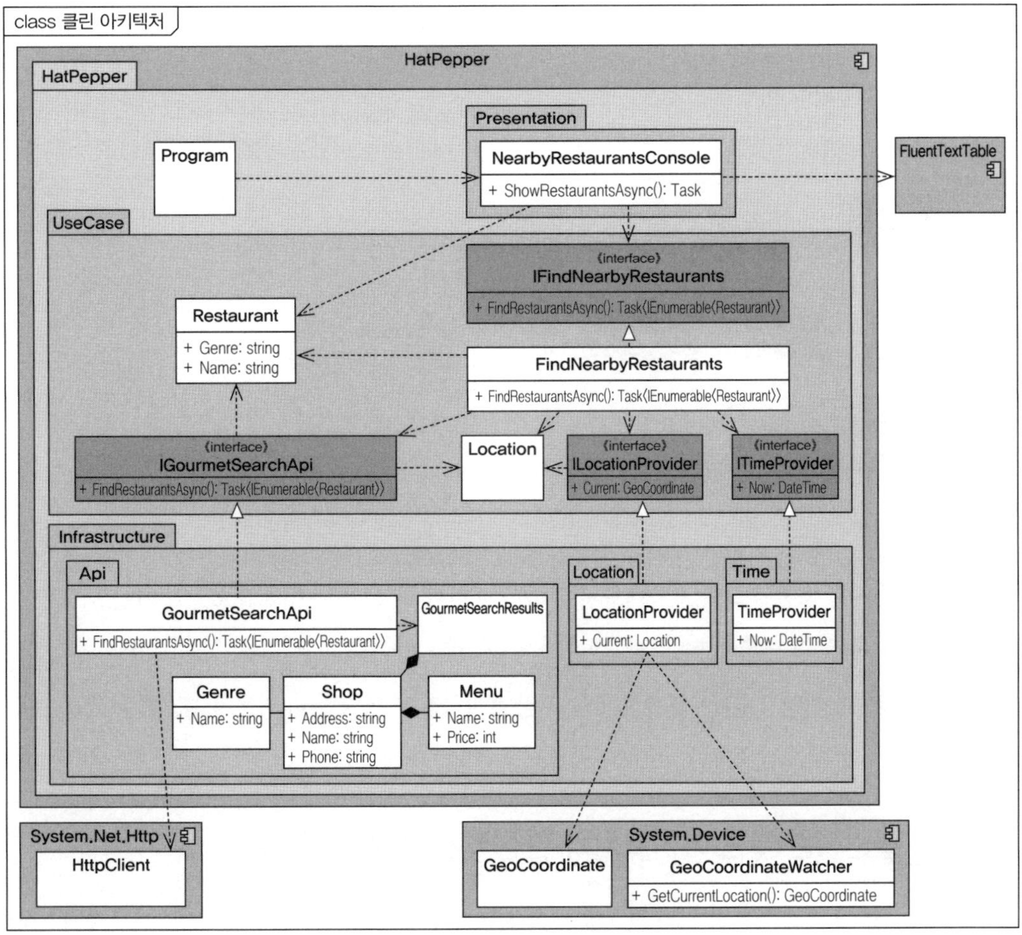

▼ 그림 3-17 수정 후 계층 간 의존 관계

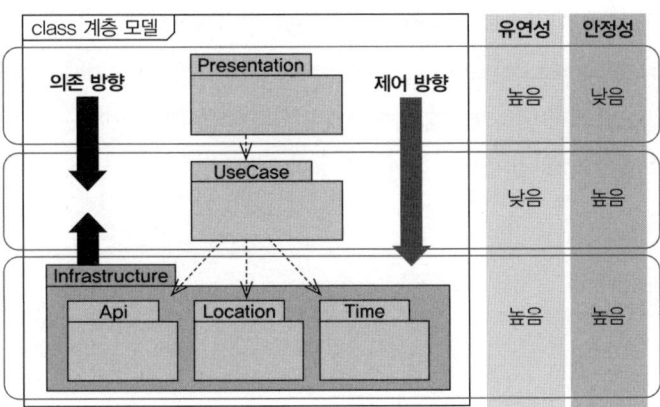

이제 이것들을 원형 구조로 다시 배치해 보면 유스케이스가 중심에 위치하고, 그 주변 계층들에서 모든 의존성이 중심을 향한다는 걸 알 수 있습니다(그림 3-18). 이것이 바로 클린 아키텍처입니다.

▼ 그림 3-18 클린 아키텍처가 된 예시 애플리케이션

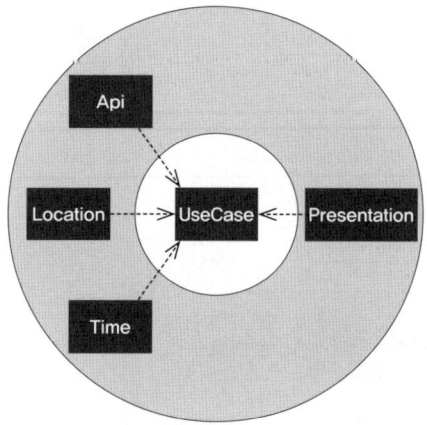

클린 아키텍처는 동심원 그림 모양대로 구현하라는 것이 아닙니다. 가장 중요한 도메인 모델을 중앙에 배치하고, 모든 의존 관계가 밖에서 안으로 향하는 형태의 아키텍처를 의미합니다.

이것으로 클린 아키텍처를 대부분 이해했을 거라 생각하지만, 조금만 더 이어서 설명해 보겠습니다.

3.4.8 불안정한 클린 아키텍처와 안정적인 클린 아키텍처

이렇게 애플리케이션에 클린 아키텍처를 적용할 수 있었습니다. 다만 아직도 조금 불안정한 상태가 남아 있습니다.

그림 3-19와 같이 리팩터링하는 도중 일시적으로 IGourmetSearchApi 인터페이스만 유스케이스 계층으로 이동하였습니다. 이 순간 IGourmetSearchApi 인터페이스는 인프라스트럭처 계층에 의존하고, GourmetSearchApi 클래스는 유스케이스 계층에 의존하게 되었습니다. 계층 간에 순환 참조 상태가 되어 버린 겁니다. 이런 것은 보통 컴파일도 통과되고 동작도 잘 되지만, 유지보수성을 위해서라도 피하기를 권장합니다.

▼ 그림 3-19 일시적으로 IGourmetSearchApi를 유스케이스 계층으로 이동

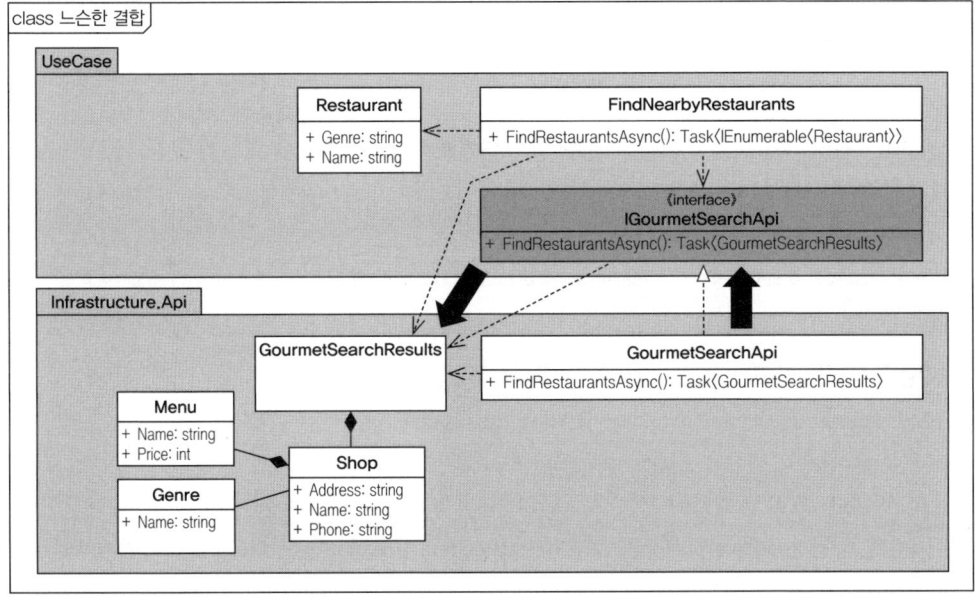

지금까지의 설계에서 모든 객체는 HatPepper.exe 컴포넌트에 포함되어 있습니다. 그 안의 계층은 어디까지나 논리적인 것으로 계층 간의 의존 관계는 개발자가 풀어 나가야 할 과제였습니다.

하지만 필자의 경험상 이것은 리스크가 매우 큽니다. 설계나 구현을 하다 보면 실수로 의존 관계를 잘못 설정하는 경우가 가끔 발생합니다. 시간이 지나도록 이런 상황을 아무도 눈치채지 못한다면 이것은 시스템의 안정성과 유연성이 체계적으로 관리되지 않고 있다는 의미입니다. 이런 상태에서 새로운 기능을 추가하거나 기존 기능을 수정한다면 영향 받는 범위를 명확하게 통제할 수가 없어, 결국 품질이 저하되는 현상이 생깁니다.

어떻게 보면 기능을 호출하는 쪽이 의존하는 게 자연스러운 일일지도 모릅니다. 하지만 사람이 일일이 의존 관계를 신경 써서 유지하기란 참으로 어렵습니다. **불안정한 클린 아키텍처**라 할 수 있습니다.

이런 문제를 방지하고자 개발 언어별로 제공하는 기능을 이용해 **안정적인 클린 아키텍처**를 구현하는 것이 좋습니다. 이번 예제는 닷넷이므로 계층을 컴포넌트(프로젝트) 단위로 분할하고 제어하는 방식으로 안정적인 의존 관계를 만들어 보겠습니다.

실제로 컴포넌트를 분리한 모델이 그림 3-20입니다. 컴포넌트 간의 의존 관계를 계층 의존 관계와 맞춤으로써, 유스케이스 컴포넌트에서 인프라스트럭처 계열 컴포넌트를 호출할 수 없도록 만들 수 있습니다.

▼ 그림 3-20 컴포넌트를 분리한 모델

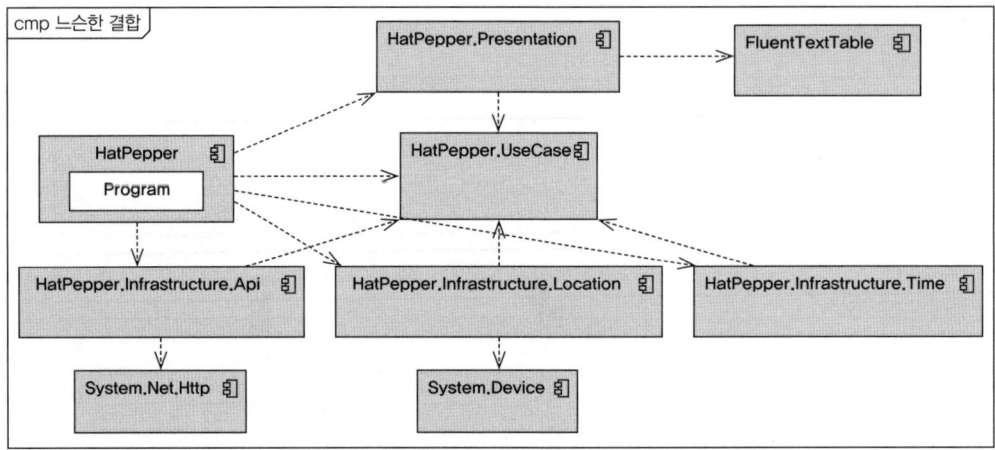

또한 System.Net.Http나 System.Device 같은 프레임워크에서 핵심 로직인 유스케이스를 분리합니다. 이렇게 하면 Program 클래스를 포함한 HatPepper 컴포넌트만이 DI를 관리하면서 외부 라이브러리에 의존하게 됩니다.

3.4.9 요약

지금까지 강한 결합 상태의 아키텍처에서 클린 아키텍처로 리팩터링하는 방법을 설명했습니다.

여기서 정말 중요한 것은 '가장 중요한 요소에 의존성이 향하도록 제어하는 것'입니다. 이것을 실현하기 위해 다음과 같은 방법이 있습니다.

- 인터페이스와 구현을 분리하고 구현체를 직접 이용하지 않는다.
- 객체를 직접 생성하지 않고 DI 패턴이나 서비스 로케이터(Service Locator) 등을 활용한다.
- 인터페이스의 문맥을 통제함으로써 의존 방향을 제어 흐름과 분리한다.
- 가능하면 원치 않는 의존이 발생하지 않는 기법을 도입한다.

이제 여러분도 안정적인 클린 아키텍처를 구현할 수 있을 것입니다.

3.5 실전 모바일 앱 개발: 앱 아키텍처 가이드를 기반으로 현실적인 방법을 생각하기

이번 절에서는 안드로이드로 모바일 앱을 개발하는 방법을 소개합니다. MVVM 아키텍처, 모듈화 등 안드로이드 앱 아키텍처의 논점을 정리하고, 코틀린(Kotlin)의 코드 예시를 참조하면서 안드로이드 앱 개발에 클린 아키텍처를 적용하는 방법을 확인합니다.

3.5.1 들어가기 전에

안드로이드는 공식적으로 앱 아키텍처 가이드를 제시하고 있습니다. 이 아키텍처 가이드에는 안드로이드 앱 개발에 있어서 아키텍처의 모범 사례(Best Practice)나 권장 사항이 나와 있습니다. 이 가이드를 따르는 것만으로도 높은 품질의 안드로이드 앱을 개발할 수 있습니다. 여기서는 안드로이드 앱의 아키텍처에 관한 핵심 주제를 정리하고 클린 아키텍처를 적용한 안드로이드 앱의 예제 코드를 코틀린으로 설명합니다.

3.5.2 앱 아키텍처 가이드

앱 아키텍처 가이드에는 안드로이드 앱 개발에 대한 권장 사항을 설명하고 있습니다. 예를 들어 관심사 분리, 데이터 모델에 의한 UI 조작, SSOT(Single Source of Truth)와 같은 것들입니다. 이들은 안드로이드 앱 개발 외에도 적용할 수 있는 것들이며, 앱 아키텍처 가이드에서는 이러한 권장 사항을 안드로이드 앱 개발에 적용하기 위한 방법도 제시하고 있습니다.

가이드에 제시되는 안드로이드 앱의 권장 아키텍처는 관심사를 분리하기 위해 적어도 다음 두 가지 계층이 필요하다고 나와 있습니다.

- 화면에 앱 데이터를 표시하는 UI 계층
- 앱의 업무 로직과 앱 데이터를 공개하는 데이터 계층

대규모 앱의 경우는 업무 로직을 캡슐화하기 위한 '도메인 계층'을 추가해도 좋다고 합니다. 또 계층 간의 의존 방향에 대해서, 도메인 계층을 도입하는 경우는 UI 계층에서 도메인 계층으로, 도메

인 계층에서 데이터 계층으로 의존 방향을 향하도록 하고 있습니다(그림 3-21 왼쪽). 즉, 앱 아키텍처 가이드가 추천하는 아키텍처는 계층적으로 되어 있습니다.

▼ 그림 3-21 계층 간 의존 방향

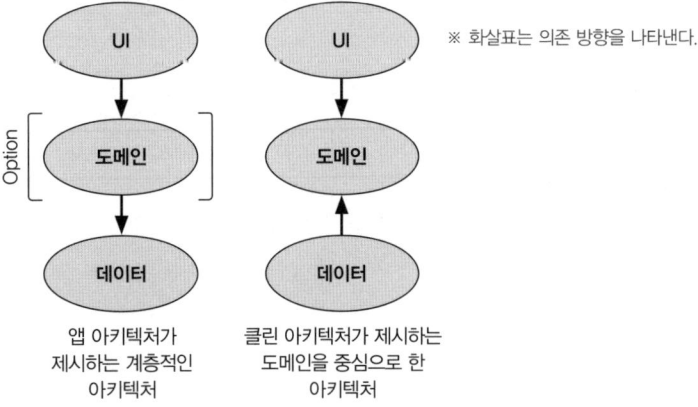

한편 클린 아키텍처에서는 비즈니스 규칙인 도메인 계층을 중심으로 두고 있습니다. UI 계층, 도메인 계층, 데이터 계층, 세 계층이 있는 경우는 UI 계층에서 도메인 계층으로, 데이터 계층에서 도메인 계층으로 의존 관계가 향합니다(그림 3-21 오른쪽). 앱 아키텍처 가이드가 추천하는 아키텍처와 비교하면 도메인 계층과 데이터 계층의 의존 방향이 반대로 되어 있습니다.

앱 아키텍처 가이드와 클린 아키텍처는 이렇게 다른 부분이 있지만, 클린 아키텍처를 채택했을 때도 앱 아키텍처 가이드가 제시하는 권장 사항의 대부분은 클린 아키텍처에 적용할 수 있습니다. 흔히 말하는 것이지만 아키텍처에 정답은 없습니다. 권장 사항을 이해한 후에 상황에 따라 적절한 아키텍처를 선택하면 됩니다.

3.5.3 MVVM 아키텍처

'안드로이드 앱 개발은 MVVM 아키텍처이다'라는 말을 들어본 적이 있을 것입니다.[12] MVVM 아키텍처는 MVC(Model-View-Controller) 아키텍처에서 파생된 패턴의 하나로, 소프트웨어의 아키텍처를 Model, View, ViewModel로 나눈 것입니다. View와 ViewModel, 즉 UI 계층을 어떻게 구현할 것인가를 중시합니다. 한편으로는 MVVM 아키텍처는 UI 계층의 구현 방식 중 하나라고 볼 수도 있습니다. 좀 더 극단적으로 말하면, UI 외의 다른 계층에 대해서는 아무 관심이 없는 구

---

[12] MVVM 아키텍처는 한때 안드로이드 앱 개발에 널리 채택되었습니다. 단, 안드로이드 앱 개발에 선언적 UI의 패러다임을 가져오다가 2021년 Jetpack Compose가 정식 출시됨에 따라 현재는 MVVM 아키텍처가 채택될 기회가 이전보다 적어졌습니다.

조라고 할 수도 있습니다. 클린 아키텍처에서는 UI 계층을 도메인 로직보다 바깥쪽에 있는 기술적인 부분으로 봅니다. 따라서 MVVM은 UI라는 복잡한 기술 영역을 어떻게 구성하면 좋을지에 대한 하나의 설계 패턴이므로 클린 아키텍처의 일부로 볼 수도 있다는 의미이기도 합니다.

3.5.4 모듈화

하나의 안드로이드 프로젝트는 여러 모듈로 분리해 개발할 수 있습니다. 모듈화를 통해 개발자는 다양한 이점을 얻을 수 있지만, 아키텍처 관점에서도 의존 관계의 규칙을 개발자에게 강제할 수 있습니다. 즉, 계층마다 모듈로 나누고 모듈 간의 의존 방향을 제어함으로써 목표로 하는 아키텍처 의존 관계 규칙을 개발자에게 강제할 수 있는 것입니다.

실제로 모듈을 작성해 보겠습니다.[13] 안드로이드 스튜디오(Android Studio)에서 새로운 모듈을 작성하려면 안드로이드 스튜디오의 메뉴에서 [File] → [New] → [New Module]을 선택하고, Create New Module 대화상자에서 [Android Library]를 추가합니다. Module name에 모듈의 이름을 정하고 [Next]를 클릭한 뒤 계속해서 모듈을 생성합니다.

▼ 그림 3-22 Android Library 추가

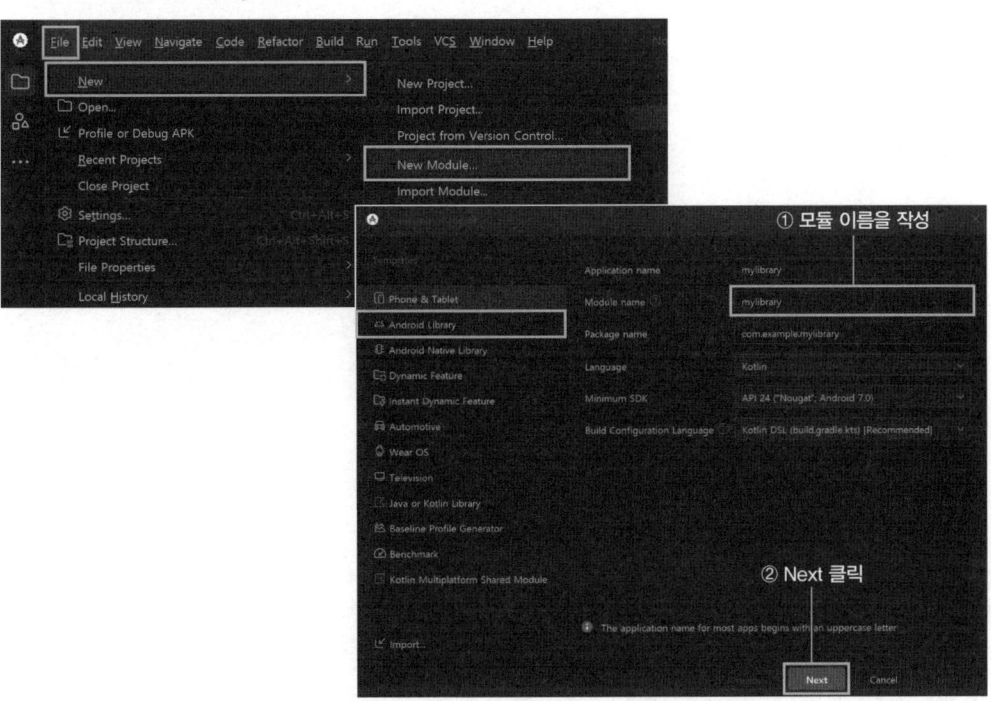

---

[13] 이번 절에서는 안드로이드 스튜디오(Electric Eel)를 사용합니다. 설치 방법 등은 공식 페이지를 확인해 주세요.
URL https://developer.android.com/studio

안드로이드 스튜디오에서 신규 프로젝트를 생성할 경우 app 모듈이 자동으로 생성됩니다. 작성한 신규 모듈에 대한 의존을 app 모듈에 추가하려면 app 모듈의 build.gradle.kts에 다음을 추가합니다. mylibrary 부분은 그림 3-22에서 Module name으로 설정한 모듈의 이름입니다.

```
dependencies {
    // ↓추가
    implementation(project(":mylibrary"))
    ...생략...
}
```

이렇게 앱을 모듈화하고 모듈 간의 의존 관계를 build.gradle에 작성하는 것으로 모듈 간의 의존 방향을 제어할 수 있습니다.

모듈화에 관한 자료 중 '안드로이드 앱 모듈화 가이드'가 있습니다. 다음 절에서는 이것을 기반으로 안드로이드 앱에 클린 아키텍처를 적용하는 방법을 설명합니다.

3.5.5 안드로이드 앱에서의 클린 아키텍처

이번 절에서는 안드로이드 앱에 클린 아키텍처를 적용한 예제 프로젝트[14]를 보여 줍니다. 예제 프로젝트에서는 프로그램을 그림 3-23과 같이 모듈화합니다. 또, 이 아키텍처를 실현하고자 안드로이드 앱 개발에 대해 널리 이용되는 DI 컨테이너인 Hilt[15]를 활용합니다.

▼ 그림 3-23 이번 절에서 지향하는 아키텍처

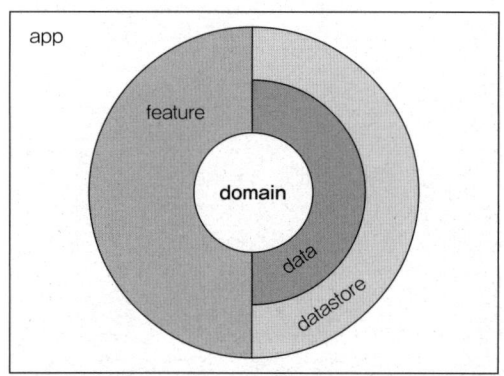

[14] 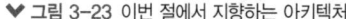 https://github.com/okuzawats/android-cleanarchitecture-sample-app
[15] URL https://dagger.dev/hilt/

그럼 각 모듈의 역할과 샘플 코드를 살펴보겠습니다.

domain 모듈

domain 모듈은 업무 로직을 캡슐화하기 위한 도메인 계층 모듈입니다. 도메인 계층은 다른 계층에 의존하지 않으므로 domain 모듈은 다른 모듈과 의존 관계가 없습니다. 또한 이 모듈은 안드로이드 특유의 코드를 포함하지 않고 순수 프로그래밍 언어와 소수의 라이브러리로만 구성합니다. 또한 하나의 앱에 여러 개의 도메인이 존재할 수 있으며, 이 경우에는 독립된 여러 domain 모듈을 생성하게 됩니다.

업무 로직을 캡슐화하기 위해 유스케이스 인터페이스를 정의합니다. 유스케이스는 '동사+명사+UseCase'라는 명명에 따르는 단일한 메서드만을 갖습니다. 메서드의 반환값은 도메인을 나타내는 데이터 모델로 합니다. 코틀린의 경우 다음과 같이 정의함으로써 인스턴스에 대해 useCase()와 같이 메서드를 호출할 수 있습니다.

```kotlin
interface GetRandomDogUseCase {
    suspend operator fun invoke(): Flow<Dog>
}
```

리포지터리 인터페이스를 정의합니다. 리포지터리는 데이터 액세스 추상화를 제공합니다. domain 모듈에서 리포지터리 인터페이스를 정의함으로써 domain 모듈과 data 모듈 사이에 '의존 역전 원칙'을 적용하여 data 모듈에서 domain 모듈로 의존 관계가 향하도록 하고 있습니다.

```kotlin
interface DogRepository {
    suspend fun getRandom(): Dog
}
```

유스케이스를 구현합니다. 앞에서 작성한 리포지터리를 생성자로 주입하고 있습니다. @Inject constructor 부분은 DI 컨테이너(Hilt) 특유의 사용 방식입니다. 이 클래스에 업무 로직을 구현합니다(샘플 코드에서는 생략).

```kotlin
class GetRandomDogUseCaseImpl @Inject
constructor(
    private val dogRepository: DogRepository,
```

```
) : GetRandomDogUseCase {
    ...생략...
}
```

feature 모듈

feature 모듈은 하나의 특정한 기능을 구현하기 위한 부분으로, 화면을 구성하는 프레젠테이션 계층에 위치합니다. 하나의 앱에는 여러 기능이 있는 것이 보통이므로 feature 모듈은 여러 개 존재할 수 있습니다. feature 모듈은 domain 모듈에 의존하며, feature 모듈에서 다른 feature 모듈로는 의존하지 않도록 합니다.

```
dependencies {
    implementation(project(":domain"))
    ...생략...
}
```

〈클린 아키텍처〉에서는 UI와 Use Cases 사이에 프레젠터(presenter)가 있습니다. 이 예제 프로젝트에서는 한 개의 feature에 대한 UI의 구현을 한 개의 feature 모듈에 정리하고 있습니다. 책에서 제시된 아키텍처와 조금 다르긴 하지만, 클린 아키텍처가 제시하는 의존 규칙을 따르고 있기 때문에 이것 또한 클린 아키텍처라고 할 수 있습니다.

예제 프로젝트에서 domain 모듈에 정의된 UseCase를 참조하는 것은 ViewModel입니다(코드 3-34). ViewModel은 View의 추상화 계층입니다. ViewModel은 View에서 발생하는 이벤트를 받아 UseCase를 실행합니다. UseCase에서 반환되는 데이터 모델을 프레젠테이션용 데이터 모델로 변환한 후 UI를 업데이트하고 있습니다.

코드 3-34 예제 프로젝트의 ViewModel

```
@HiltViewModel
class MainViewModel @Inject constructor(
    private val getRandomDogUseCase: GetRandomDogUseCase,
    private val domainToPresentationMapper: DomainToPresentationMapper,
) : ViewModel<MainViewModelState, MainViewModelEvent>() {
    ...생략...
}
```

feature 모듈이 다른 feature 모듈에 의존하지 않도록 하기 위해, 화면 전환은 feature 모듈 내부에서 직접 구현하지 않는 것이 원칙입니다. 여기서는 화면 전환을 위한 인터페이스를 feature 모듈에서 정의하고 app 모듈에서 구현해야 합니다. 그리고 의존 관계 해결을 위해 DI 컨테이너를 활용합니다.

```
interface MainNavigator {
    fun toLicense()
}
```

data 모듈

data 모듈은 데이터 접근을 추상화하기 위한 모듈입니다. data 모듈에서는 domain 모듈에서 정의한 리포지터리를 구현합니다. 또한 데이터 소스 인터페이스를 정의합니다. data 모듈은 domain 모듈에만 의존합니다.

```
dependencies {
    implementation(project(":domain"))
    ...생략...
}
```

먼저 데이터 소스 인터페이스를 정의합니다. 이 인터페이스에는 문자열을 반환하는 비동기 함수를 정의하고 있습니다.

```
interface DogDataSource {
    suspend fun getRandomDogImage(): String
}
```

다음으로 리포지터리를 구현합니다. 리포지터리에는 위에서 설명한 데이터 소스와 데이터 모델 변환을 위한 클래스를 생성자로 주입하고 있습니다(코드 3-35). 데이터 소스의 비동기 함수로부터 반환값을 받아 도메인용 모델로 변환해서 반환하고 있습니다.

datasource 모듈

datasource 모듈은 Data Access를 구현하기 위한 모듈이며, data 모듈에서 정의한 데이터 소스를 구현합니다. datasource 모듈은 data 모듈에만 의존합니다.

```
dependencies {
    implementation(project(":data"))
    ...생략...
}
```

데이터 소스에는 HTTP 클라이언트인 ApiClient를 생성자로 주입하고 있습니다. 데이터 소스의 구현에 대해서는 안드로이드에 국한된 것으로 본 주제가 아니기 때문에 설명은 생략합니다.

```kotlin
class DogDataSourceImpl @Inject
constructor(
    private val apiClient: ApiClient,
) : DogDataSource {
    ...생략...
}
```

코드 3-35 예제 프로젝트 리포지터리

```kotlin
class DogRepositoryImpl @Inject constructor(
    private val dogDataSource: DogDataSource,
    private val dataToDomainMapper: DataToDomainMapper,
) : DogRepository {
    override suspend fun getRandom(): Dog {
        return try {
            val dogImage = dogDataSource.getRandomDogImage()
            dataToDomainMapper.toDomain(dogImage)
        } catch (e: Throwable) {
            dataToDomainMapper.toDomain(e)
        }
    }
}
```

app 모듈

app 모듈은 안드로이드 스튜디오에서 신규 프로젝트 생성 시 자동으로 생성되는 모듈로, 안드로이드 앱의 진입점이 됩니다. app 모듈에서는 feature 모듈 간의 화면 전환을 구현합니다. 본 프로젝트에서는 다음과 같이 필요한 모듈에 의존성을 추가합니다.

```
dependencies {
    implementation(project(":feature:dog"))
    implementation(project(":datasource"))
    ...생략...
}
```

feature 모듈에서 정의한 feature 간의 화면 전환를 위해 MainNavigator를 구현합니다. Activity는 안드로이드 앱에서의 화면을 나타내는 클래스라고 생각하면 됩니다. DI 컨테이너를 이용해 MainNavigator에 화면을 나타내는 인스턴스를 생성자로 주입하여 화면 전환 처리를 구현합니다. 화면 전환을 구현하는 부분도 안드로이드에 관한 내용이니 설명을 생략합니다.

```
class MainNavigatorImpl @Inject
constructor(
    private val activity: Activity,
) : MainNavigator {
    ...생략...
}
```

3.5.6 요약

이번 절에서는 안드로이드 앱 개발의 아키텍처 현황을 정리하고 클린 아키텍처와의 관계를 알아보았습니다. 또한, 예제 프로젝트를 만들고 안드로이드 앱에 클린 아키텍처를 적용했습니다. 모바일 앱 개발에 클린 아키텍처를 적용할 때 참고하기를 바랍니다.

찾아보기

A

Actor 149
aggregate 015
Akka 149
Annotation 149
Apache Pekko 149
Axon 프레임워크 149
Axon Server 160

B

bounded context 015

C

circular dependency 184
Command Query Responsibility Segregation 158
Constructor Injection 212
context 048
Controller 167
Conway's law 182
CQRS 158

D

Data Transfer Object 201
DDD 092
de facto standard 149
Dependency Injection 188
Dependency Inversion Principle 183
DI 188
DIP 183
domain 083
Domain Driven Design 092

domain event 101
DTO 201

E

entity 101
ES 158
Event Sourcing 158
Eventuate Tram 149
Extreme programming 030

F

facilitator 128
Flow of control 199
formal language 168

G

gateway 183
GUI 167

H

happy path 130
hexagonal architecture 179
hot spot 130

I

incremental 067
Interceptor 200
Interface Adapter Layer 178
ISP 181

J

Java DataBase Connectivity 161

JDBC 161

JSON 209

L

loosely coupled 160, 175

LSP 181

M

MDD 085

mob programming 160

model 083

Model 167

Model-Driven Design 085

Model-View-Controller 167

monolith 052

MVC 167

N

namespace 106

O

OCP 181

onion architecture 179

P

package 106

pair programming 160

presenter 232

Proto 149

R

RDB 151

RDBMS 178

refactoring 169

Relational Database 151

Ruby on Rails 167

S

SaaS 066

Scaffolding 204

Separation of Concern 210

Service Locator 212

Single Responsibility Principle 181

SoC 210

Software as a Service 104

SOLID 원칙 174

Spring Framework 149

Spring Web 190

SRP 181

T

TDD 188

technical debt 169

tightly coupled 175

U

UML 037

Unified Modeling Language 037

V
View 167

W
WBS 072, 078
Work Breakdown Structure 072

X
XP 030

ㄱ
간트 차트 078
값 객체 045
강한 결합 175
개방-폐쇄 원칙 181
객체지향 프로그래밍 014
게이트웨이 183
결합도 175
경계 컨텍스트 015, 053, 099
관심사 분리 210
기술 부채 169

ㄴ
네임스페이스 106
느슨한 결합 175

ㄷ
다중성 047
단일 책임 원칙 181
데이터 전송 객체 201

도메인 모델 033
도메인 모델 + 포트 & 어댑터 025
도메인 이벤트 101

ㄹ
리드 모델 135
리스코프 치환 원칙 181
리팩터링 030
리포지터리 090

ㅁ
마이크로서비스 052
마이크로서비스 아키텍처 056
마일스톤 080
명령 쿼리 책임 분리 158
모놀리스 052
모놀리스 아키텍처 054
모델 083
모델 주도 설계 085
모듈 104
모듈러 모놀리스 055
몹 프로그래밍 071

ㅂ
부패 방지 계층 222
분기 객체 049
분산 아키텍처 설계 014
비즈니스 프로세스 모델링 126

ㅅ

사실상의 표준 149
사용자 인터페이스 178
생성자 주입 212
서비스 로케이터 212
설계의 원칙 170
소프트웨어 시스템 모델링 126
순환 참조 184
스캐폴딩 204
스프링 웹 190
스프링 프레임워크 149

ㅇ

애그리게이트 015
애너테이션 149
애자일 014
애플리케이션 서비스 090
액터 135
어니언 아키텍처 179
엔터티 043
워터폴 방식 072
유비쿼터스 언어 015, 021
유스케이스 033
유스케이스 계층 222
응집도 174
의존성 175
의존성 주입 188
의존 역전 원칙 183
이벤트 소싱 092, 148
이벤트 스토밍 092
이벤트 스토밍 다이어그램 144
이지 오더 064

인터셉터 200
인터페이스 107
인터페이스 분리 원칙 181
인터페이스 어댑터 계층 178
인프라스트럭처 160, 178
인프라스트럭처 계층 222

ㅈ

전략적 설계 096
전술적 설계 096
제어의 흐름 199
조건 분기 136
증분형 067
지속적 통합 186
지수 백오프 153

ㅋ

캡슐화 031
컨텍스트 048
컨텍스트 맵 053
콘웨이의 법칙 182
쿼리 158
클린 아키텍처 025

ㅌ

타임박스 080
테스트 주도 개발 188
트랜잭션 스크립트 032
트레이드오프 057

ㅍ

패키지 106
팩토리 090
팰로앨토 167
퍼실리테이터 128
페어 프로그래밍 160
풀 오더 064
프레임워크 149
프레젠터 232
프레젠테이션 계층 222

ㅎ

핫 스팟 130
해피 패스 130
핵심 도메인 053, 088
헥사고날 아키텍처 025, 179
형식 언어 168